2€

CONSTANTIN MELNIK

PRÉSENTE

DJEBELS EN FEU

DU MÊME AUTEUR

BÉRETS-VERTS EN ALGÉRIE (Éd. Rossel).
LES HARKIS (Éd. B. M.).
LE BAROUDEUR (Éd. Grasset et Livre de Poche).
FUSILIERS MARINS ET COMMANDOS (Éd. Copernic).
LES FUSILIERS MARINS DE LA FRANCE LIBRE (Éd. Grasset).
LA PÊCHE À PIED (Éd. Pen-Duick).
LE GUERRIER (Éd. Grasset).
LE 1er RÉGIMENT DE CHASSEURS PARACHUTISTES, t. 1, 2 et 3 (Éd. Lavauzelle).
LE PARA (Éd. Grasset). Prix Maréchal Foch, 1983.
LE COMMANDO (Éd. Grasset).
ADIEU SERGENT (Éd. Grasset).
MOURIR À LANG SON (Éd. Grasset).

GEORGES FLEURY

DJEBELS EN FEU

BERNARD GRASSET
PARIS

En couverture :
Août 1960, un groupe du commando Trepel
progresse sur une dune de sable près d'Aïn Sefra.
De gauche à droite :
Lemarchand, Lebivic, Bartoli,
un harki et Michels.

1

LE DJEBEL DU GRAND SUD

Les soixante-quinze hommes du commando Jaubert, vestes camouflées aux couleurs patinées, pantalons de toile qui furent vert olive ou kaki, bérets verts informes et pataugas usés jusqu'à la corde, marchent, muets sous le soleil, depuis trois heures déjà. Ils étaient hier encore dans la région de Nemours, à l'extrême ouest du bord de mer oranais. Ils parcourent aujourd'hui l'inconnu désolé d'un djebel présaharien haut de mille sept cents mètres, le Bou Amoud. Leurs yeux, habitués aux repères d'une zone de combat mille fois parcourue, ne rencontrent rien de familier autour de leur procession chamarrée. Des hélicoptères, de type Sikorsky, les ont déposés huit par huit sur l'arête nord de la montagne inconnue vers dix heures du matin. Il est maintenant plus de treize heures. Une sueur aigre coule sur les visages émaciés des bérets-verts. Le voltigeur de tête de la section de pointe a reçu l'ordre de tracer la route du commando au sud-ouest, vers l'extrémité de la haute table empierrée et balayée par un vent tiède venu de l'immensité saharienne qui court au sud. Le pacha de Jaubert, Costagliola, est un lieutenant de vaisseau de petite taille aux cheveux très noirs et ras. Lui seul connaît le but de la marche. Il sait qu'il joue gros sur ce djebel pelé. La veille, 14 avril 1959, une compagnie de légionnaires du 2ᵉ R.E.I. a durement accroché une bande rebelle venue des camps d'entraînement de l'A.L.N. installés au Maroc tout proche. Les képis-blancs ont perdu neuf hommes dans l'affaire, dont le lieutenant Rigaud. L'officier de Marine, ancien d'Indochine, consulte machinalement sa montre-bracelet de dotation réglementaire, et grimace imperceptiblement.

— On va bientôt se retrouver au-dessus de l'endroit où les

légionnaires ont souffert hier, se dit-il en appréciant de son regard sombre l'impeccable étirement de ses trois sections de voltige.

Le marin aux trois galons est seulement armé d'un pistolet automatique Mac 50 dont la crosse noire s'échappe d'un étui de cuir brun frappé de l'aigle américaine. Il est suivi, à distance de sept mètres environ, par un adolescent de seize ans à peine, supplétif musulman qui lui sert tout à la fois d'ordonnance et de garde du corps. Le jeune Arabe, le Caïd, tient de la main droite une carabine américaine de 7,62 et marche du même pas automatique et souple que les soldats européens. Il singe toutes leurs attitudes depuis le jour, il y a presque trois ans déjà, où ils l'ont capturé en zone interdite, au flanc d'un djebel du bord de mer.

Deux autres harkis ont suivi le commando dans son voyage aérien vers Aïn Sefra. Ils sont nettement plus âgés que l'ancien petit berger et guide du F.L.N. Le premier, Rabah Oundi, un ancien rebelle, est un homme maigre aux yeux rapprochés. Il chemine avec les voltigeurs de la troisième section du commando, dont le chef est le premier maître Guillerm Yffic, un Breton massif aux tempes déjà grisonnantes. Le second, Ahmed Karouri, qui n'a pas servi dans la rébellion, marche à sa place au milieu de la voltige de la première section de l'enseigne de vaisseau Charles Alefsen de Boisredon d'Assier, un jeune officier légèrement frisé, très souple et plein de retenue.

La section de tête débouche au bout de la montagne sèche. Un ordre enraye sa progression. Les voltigeurs, les uns armés de mitraillettes Mat 49 et les autres de fusils Mas, se placent machinalement en défense. Rien ne bouge bientôt plus entre les pierres léchées de rares buissons d'épineux effeuillés. Les six tireurs au fusil-mitrailleur 24/29 du commando ont déniché en quelques secondes des emplacements parfaits pour appuyer le bipied de leur arme prête à ouvrir le feu. L'enseigne de vaisseau Fossat, chef de la deuxième section, se rapproche du pacha qui lit sa carte d'état-major étalée sur une pierre chaude. Un Piper vole bien en dessous du sommet surchauffé. Le dessus de ses ailes entoilées luit. Son pilote manœuvre sans cesse ses gouvernes pour frôler acrobatiquement les falaises qui croulent en éboulis vertigineux vers le sud. Les commandos suivent en connaisseurs les décrochements adroits de l'aviateur.

— C'est tout de même chouette, lâche, admiratif, un

béret-vert de la première section en s'adressant à son caporal voltigeur qui se tient au bord du vide.

— Ça serait encore plus chouette si on avait trouvé des fells, lui répond le quartier-maître Fleury.

L'avion poursuit inlassablement sa quête vaine. Des cliquetis de bidons portés à leurs lèvres sèches par les hommes de Costagliola accompagnent les emballements de son moteur.

— Oh, les mignons ! crie presque un second maître, on est pas au bistrot... Buvez tout doux... Le Sahara n'est pas loin !

Maurice Montjaux, l'officier marinier qui a lancé le conseil d'économie d'eau tiédie, est un solide et très brun Catalan. Son accent rocailleux est aussi chaud que le soleil qui poursuit lentement sa course hors du temps, vers l'ouest, au Maroc. Il était déjà au commando en Indochine, comme tous les chefs de groupe de Jaubert, et cultive les vertus militaires au paroxysme. Il ne laisse rien au hasard, ne vit que pour son métier de feu, et s'impose une rigueur qui frise parfois l'exagération. Son pantalon de combat est immaculé, sa veste camouflée, aux manches soigneusement relevées sur ses bras puissants et velus, est impeccablement arrangée sous le plastron porte-chargeurs de mitraillette qui couvre son dos et sa large poitrine comme une cotte de mailles de chevalier, cinq chargeurs devant et cinq derrière. Son béret vert est crânement ajusté sur ses cheveux coupés ras. Il sourit en apostrophant ses hommes. Ses dents de loup de guerre brillent, saines et bien alignées. Il boit à son tour. Seulement quelques gouttes, avalées doucement tout en fixant l'infini imprécis de l'horizon qui se meurt à des centaines de kilomètres, au désert.

Janssen, l'Ecossais, le second chef de groupe de la section Alefsen, est aussi blond que le Catalan est noir de peau et de poil. Il porte son béret ramené en pointe au-dessus de son nez bien droit. Lui aussi, comme tous les anciens d'Indochine, boit très peu sous le soleil. Il se tient à l'affût des réactions des chefs de section qui ont rejoint Fossat et écoutent les explications du pacha.

— Qu'est-ce qu'on attend pour redescendre de cette putain de montagne, grommelle un autre voltigeur de Fleury, on ne trouvera certainement plus personne dessus...

Le Piper capte à nouveau l'attention des commandos impatients et qui ont maintenant tous remis leur gourde d'aluminium dans l'étui de toile vert décoloré pendant à leur ceinturon de grosse tresse de toile alourdi de grenades offensives et défensives accrochées par la cuiller et qu'ils ont assurées par des élastiques de couturière. L'avion plonge au ras des rochers. Le chant de son moteur se fait plus aigu lorsque le pilote redresse sa trajectoire, en chandelle idéale.

— Il nous offre un meeting à lui tout seul, se dit Fleury qui se tient à trois mètres de Janssen, son chef.

Le jeune marin normand quitte soudain le Piper des yeux. Les trois chefs de section rejoignent leurs groupes à grandes enjambées. Le pacha replie soigneusement sa carte. Le Caïd réajuste son sac de combat sur ses épaules épaisses. Les chefs de groupe interrogent leur officier du regard. Montjaux, Janssen, et le second maître Leresteux, Titine, un Malouin au visage aigu, aux yeux vifs, souple comme un furet, entourent Alefsen.

— Alors, lance le Catalan de sa voix rauque, qu'est-ce qu'on glande, lieutenant ?

L'enseigne de vaisseau de réserve plisse les yeux et, comme toujours lorsqu'il donne un ordre, semble sourire en écartant à peine les lèvres.

— Alors, répond-il à l'impatience du second maître, on va descendre par là...

La main droite de l'officier montre l'éboulis étagé de la falaise fouillée du regard par le pilote du Piper. Les trois sous-officiers apprécient mieux le paysage lunaire.

— Pas du gâteau, se dit Montjaux en détaillant la pente en à-pic de près de quatre cents mètres et encombrée de chandelles de roches.

Ses deux compagnons se taisent, perplexes eux aussi.

— Bon, reprend le chef de section, c'est la trois qui va prendre la tête du mouvement...

Le Catalan ne peut réprimer une moue d'agacement.

— Bien sûr ! rumine-t-il. Comme ça, s'il y a de la casse, ça ne sera pas pour nous... Bien joué !

L'officier de réserve connaît bien son monde. Il saisit le dépit de son chef de groupe toujours avide de combat. La malice naturelle de son regard s'accentue.

— Et, poursuit-il en achevant de transmettre les consignes du commandant de Jaubert, la deuxième section doit glisser beaucoup plus au sud-est du cirque...

Montjaux rameute son groupe.

— Allez, au turf, les mignons ! Magnez-vous le train...

Le premier maître Guillerm lance ses hommes entre les éboulis. Le quartier-maître Legall, un Breton comme son chef, au visage en lame de couteau, ouvre la difficile progression. Ses mains se crispent, la droite sur la courte crosse pistolet de sa mitraillette et la gauche autour de la poignée de chargeur de l'arme d'acier gris-noir. Ses pataugas font rouler quelques pierres vers le bas de la falaise pendant que la deuxième section commence à s'étaler sur des escarpements impraticables et s'éloigne sur la droite. Le Piper bat des ailes pour saluer le mouvement qui s'ébranle, et poursuit son travail ingrat. Le pacha passe un message à l'aviateur à l'aide de son poste S.C.R. 300 qui grésille sur les épaules du matelot Giraud, le radio du groupe de commandement.

Les voltigeurs d'Alefsen assurent leur brêlage. Fleury caresse machinalement de la main gauche les deux grenades offensives de tôle jaune qu'il a arrimées sur sa poitrine, en haut de sa chasuble porte-chargeurs. Ses voltigeurs font, comme lui, un à un, les gestes rituels qui rythment chaque approche de zone dangereuse.

— Ça va être à nous, avance en exhibant la dent en or qui agrémente son perpétuel sourire de carnassier le quartier-maître Médina, un Vosgien d'Epinal, caporal voltigeur du groupe Montjaux, si on trouve du fell dans ce merdier, je veux bien devenir pape !

Le Catalan le bouscule d'une bourrade.

— En avant la Bohème, ordonne-t-il, et regarde bien où tu vas mettre les pataugas au lieu de dire des conneries...

Le dernier homme de la troisième section est déjà à une trentaine de mètres en contrebas. La voltige du Lorrain à la dent en or glisse à son tour entre les rochers maintenant dans l'ombre. Personne ne parle plus. Alefsen suit un instant des yeux l'avance des hommes de Fossat qui se fond dans la grisaille des enrochements.

— A nous, lance à Fleury le second maître Janssen en épointant encore un peu plus vers l'avant son vieux béret vert sans insigne.

Le chef de voltige normand s'engage sur la pente, entre les rocs brun clair. L'avion d'observation semble chercher des indices de présence rebelle plus au nord. Le ronronnement de son moteur décroît, puis se tait. Le silence, émietté par les chutes de pierres provoquées par l'avance malaisée des commandos, redevient le maître du désert escarpé.

2

DU SANG SUR LES ROCHERS

Legall parcourt prudemment un peu plus de cent cinquante mètres d'éboulis et s'arrête devant un gros rocher lui masquant le reste de la dénivellation cahoteuse. Ses compagnons bloquent aussitôt leur avance déséquilibrée. Le premier maître Guillerm se retourne pour voir jusqu'où sont parvenus les voltigeurs d'Alefsen. Ces derniers ne se sont pas aperçus de l'immobilisation soudaine de la troisième section. Ils continuent la descente acrobatique. Legall inspecte rapidement les abords du monolithe qui lui barre le chemin. Le canon de son arme suit au millimètre près les mouvements de ses yeux fureteurs. Le Breton décide d'avancer à nouveau et, s'appuyant de la main gauche contre le roc, s'apprête à le dépasser. Il fait quelques pas entre les hautes pierres tiédies par des heures de grand soleil. Ses compagnons, qui attendaient en silence le signal de la remise en route, emboîtent son pas à bonne distance. L'éclaireur détaille maintenant les éboulis restant à traverser pour parvenir au pied de la montagne. Son regard vif se pose soudain sur un détail anachronique : la toile délavée d'une chaussure de brousse. Il marque un nouveau temps d'arrêt en se plaquant cette fois tout contre le rocher.

— Ce doit être un vieux pataugas abandonné au cours d'une ancienne opération, se dit-il.

Depuis l'héliportage matinal du commando, le voltigeur a rencontré toutes sortes de vestiges de combats sur le sommet de la montagne matraquée par le soleil. Son instinct de vieux coureur de pistes l'empêche pourtant de négliger la nouvelle découverte. Il arme sans bruit sa mitraillette, en retenant son souffle. La chaussure aux couleurs passées bouge de quelques millimètres. Le mouvement est suffisant pour que le béret-vert aux sens alertés le remarque. Legall bondit souplement vers le trou de rocher d'où dépasse la chaussure suspecte. La paume de sa main droite écrase la poignée de sécurité de son arme. Son index droit presse la queue de détente de la Mat 49 et libère, au jugé, tout un chargeur de balles de 9 mm dans l'ombre menaçante. La chaussure disparaît complètement. Des râles de douleur répondent à la rafale du Breton pendant qu'il change prestement de chargeur. Ses compagnons de voltige se jettent entre les rochers pour cerner au mieux la petite grotte. Legall se penche au-dessus de l'homme qu'il a tué et qui n'a pas eu le temps de se servir du fusil Mauser frappé de l'aigle nazie qu'il tient convulsivement serré de ses deux mains. Deux autres corps gisent dans la pénombre empuantie par l'odeur piquante de la poudre brûlée. Ils sont morts eux aussi. Le Breton progresse encore de quelques mètres à flanc de falaise, de l'autre côté de la faille investie.

— Y a plus personne ! hurle-t-il à l'adresse de son chef de section qui le suivait des yeux.

Le reste du commando s'est figé dans les rochers dès les premières détonations de la rafale. Le pacha dévale la pente pour rejoindre Guillerm qui jubile. Les fellagha sont extirpés de leur trou. Les deux compagnons du premier homme abattu par surprise étaient eux aussi armés de fusils Mauser. Les trois corps sont vêtus d'uniformes neufs, tout propres. Leurs yeux, grands ouverts, semblent exprimer une sorte d'étonnement infini et fixent le ciel sans nuages.

Quelques rafales sont encore tirées, à l'aveuglette, dans des trous propices au recel d'autres djounouds de l'A.L.N. Le Piper revient tournoyer au-dessus du site de mort. Son pilote ne signale aucun mouvement suspect par radio.

— Ces trois-là, avance Guillerm en s'adressant au pacha perplexe, n'étaient certainement pas seuls dans le coin. Il faut fouiller serré...

Costagliola est tout à fait de l'avis du chef de section. Des voltigeurs se coulent souplement entre les rochers. Quelques minutes passent. Ils ne trouvent rien et rejoignent, déçus, l'axe initial de leur progression. La section de l'officier-marinier breton est maintenant très étalée, pour offrir le minimum de prise à des tirs éventuels. Les regards des bérets-verts des deux autres sections sont tous braqués vers le lieu du mortel engagement. Montjaux regrette de plus en plus de n'avoir pas été désigné pour lancer son groupe en tête du commando. Il approche de son chef de section.

— Lieut', annonce-t-il sans s'arrêter, je vais voir ce qui s'est passé en bas...

L'officier, qui se tient près de Gurtner, son radio chargé d'un poste S.C.R. 300, acquiesce d'un simple clignement d'yeux. Le Catalan déboule à la course vers les trois corps qui se vident de leur sang.

Fleury le suit de son regard bleu, maudissant lui aussi le sort qui lui a dénié le périlleux privilège d'ouvrir la marche aux sections du commando. Bonnot, caporal-chef de pièce décoré en Indochine, est assis sur une pierre à quelques mètres du Normand de Granville. Il paraît étranger au remue-ménage confiant qui s'est installé sur le flanc du djebel.

— Fais gaffe, conseille-t-il à celui qui est devenu son frère de guerre au fil de dix-sept mois de courses aux rebelles, je suis presque sûr que tout n'est pas terminé...

Montjaux a disparu derrière des rochers. Le S.C.R. 300 de Gurtner grésille soudain. Alefsen approche un peu plus du matelot blond au visage dessiné légèrement de guingois et s'empare sans hâte du combiné à poussoir. Fleury s'est machinalement avancé de trois pas vers les deux hommes placés en dessous de lui pour essayer de saisir quelques bribes de conversation hachée. Il comprend vite que l'enseigne de vaisseau Fossat, maintenant éloigné d'environ quatre cents mètres à vol d'oiseau, signale du nouveau.

— Trois gus sur votre droite, annonce en effet le chef de la deuxième section du commando, attention !

Alefsen redonne calmement le combiné du 300 qui s'est tu à Gurtner.

— Il nous signale les cadavres de la trois, se dit l'officier sans prêter trop d'attention au message.

Tous les commandos sont debout dans les écroulements de rocaille. Ils se gardent à peine. Fleury se répète machinalement les dernières paroles de Fossat : « Trois gus sur votre droite... »

— Pour la deux, rumine-t-il en essayant de distinguer les vestes camouflées des voltigeurs fondus dans le paysage abrupt de la falaise, la droite c'est notre gauche... A moins que...

L'opération sent la fin. De petits riens annoncent son démontage proche. Des éclats de voix, joyeux, montent de l'endroit où gisent les trois rebelles piégés. Fleury ne se laisse pourtant pas gagner par l'ambiance.

— Oui, se dit-il encore, têtu, si notre droite était bien celle que désigne Fossat...

Et il fouille du regard quelques trous sombres entre son groupe et les voltigeurs de la deuxième section, presque invisibles.

— Bon Dieu ! gronde-t-il soudain en écarquillant les yeux, ils sont bien là...

Le cœur du Granvillais se met à battre beaucoup plus vite. Trois extrémités de canons de fusil sortent tout doucement d'un trou noir, à vingt-cinq mètres de lui. Ils visent les commandos.

— Faut surtout pas que les fells se rendent compte que je les ai détectés, se dit le chef de voltige, on aurait trois morts à coup sûr...

Alefsen et son radio se sont éloignés. Le Normand détourne, comme à regret, son regard des armes menaçantes. Bonnot a bougé. Il est maintenant bien trop loin pour être prévenu sans attirer l'attention des fellagha.

— Je dois me démerder tout seul, se résigne l'homme aux nerfs tendus.

Un rocher, haut d'une soixantaine de centimètres, est à ses pieds, sur sa gauche. Les tempes battantes, le corps tout entier parcouru de frissons électriques, hors du temps, sourd à tout ce qui se passe sur la pente de la montagne, le quartier-maître coiffé d'un béret vert pâle de la Légion acheté à Oran se baisse tout naturellement, comme s'il avait à renouer le lacet d'un de ses pataugas. Personne d'autre que lui ne s'est aperçu de la menace des fusils qui dépassent de la faille toute proche. L'avionnet de reconnaissance tourne toujours sur le site, maintenant un peu plus haut dans le ciel.

Le béret-vert au cœur affolé crispe l'index et le pouce de sa main gauche sur le levier d'armement de sa mitraillette et le manœuvre tout doucement vers l'arrière pour amener la culasse bien huilée de la Mat en position de tir. L'imperceptible bruit qui naît de l'enclenchement de la pièce sur son cliquet de retenue résonne dans la tête du Normand comme un coup de tonnerre.

— Pourvu que les fells ne se doutent de rien, espère-t-il en prenant bien garde de maintenir son arme prête à faire feu derrière le rocher bas qui le protège.

Le cœur de l'homme directement menacé par les armes rebelles bat de plus en plus fort. Le béret-vert se demande une nouvelle fois s'il doit crier pour alerter ses compagnons. Puis refuse le trop grand risque.

— Je vais les avoir ! se persuade-t-il en contrôlant sa respiration au maximum.

Les battements de cœur du caporal-voltigeur redeviennent tout à coup plus normaux. Ses tempes cessent de battre. Il se sent projeté dans un monde de calme infini, où n'existent plus que deux entités, lui, et les trois djounouds. Il demeure baissé pendant quelques secondes encore, avale une longue goulée d'air, se remémore en un éclair l'exacte position des rebelles, et se redresse en tirant et hurlant :

— Planquez-vous !

Les détonations rapides de son arme et le cri déchirant de sa voix, inhumain d'intensité, projettent toute sa section au sol. Un projectile de fusil claque net à quelques centimètres au-dessus de sa tête. Les trente balles de sa rafale de mitraillette pénètrent toutes dans l'étroite embrasure rocheuse d'où pointaient les armes rebelles. Le Normand a la nette impression de toucher du doigt les fellagha lorsque les projectiles déchirent leurs chairs invisibles.

Il change de chargeur en une seconde et retient de justesse une deuxième rafale pour éviter de toucher Bonnot et Médina lancés à la course vers le trou dans lequel ont disparu les canons de fusil. Seibert, un quartier-maître à la gueule carrée, et Varlet, un voltigeur armé d'un fusil lance-grenades, frisé, dont la peau tavelée de son demeure d'un blanc laiteux malgré des mois d'exposition au soleil, bondissent eux aussi vers les fellagha. Fleury saute à leur suite dans un trou. Sa cheville droite porte à faux. Il tombe en laissant échapper un cri de douleur.

— Sale coup, peste-t-il, j'ai le genou en compote...

Bonnot et la Bohème sont déjà tout près des rebelles. Un corps inanimé dépasse de la faille étroite. Deux autres djounouds sont affalés au fond du trou. Deux courtes rafales les achèvent alors qu'ils allaient tirer, dans un dernier sursaut de volonté. Varlet et Seibert grimpent sur le rocher et se postent en défense pendant que leurs compagnons s'emparent des trois Mauser des morts.

Montjaux était en train de remonter vers sa section lorsque la rafale du Granvillais avait plaqué tout le monde dans la poussière. Il bondit comme un fauve sur les brisées de Bonnot et Médina.

— T'aurais pu m'attendre, eh boudin ! lance-t-il à Fleury qui s'est difficilement extirpé de son trou et contemple les hommes morts. Ça fait rien : c'est tout de même du beau boulot... Bravo, petit !

Le pacha du commando remonte à son tour la pente pour se rendre compte de ce qui vient de se passer.

— Ça fait six gus armés de fusils, fait remarquer Montjaux, c'est tout de même curieux, commandant... Vous ne trouvez pas ?

L'officier à trois galons ne répond pas au Catalan. Il réfléchit en tenant machinalement ses jumelles à deux mains contre son ventre plat.

— Moi, poursuit le second maître, je pense que les trois d'en bas et ceux-là étaient des guetteurs placés là pour protéger un plus gros morceau...

Alefsen se tient lui aussi près du pacha perplexe. Il hoche la tête, visiblement de l'avis de son bouillant chef de groupe. Un message radio trouble la réflexion des gradés.

— On doit reprendre la descente, annonce le commandant après avoir lâché le combiné de son 300, ouvrez bien les yeux...

Le Catalan peste intérieurement.

— Regardez par là-haut, conseille-t-il à l'officier qui s'apprête à relancer son mouvement vers la plaine, je suis certain qu'il y a encore des fells cachés là-dedans...

Costagliola fouille à la jumelle un alignement d'immenses blocs de rochers.

— Vous avez raison, reconnaît-il d'une voix toujours calme, montez fouiller par là-bas...

Le regard de braise du Catalan s'illumine un peu plus. Il hèle ses hommes.

— La Bohème ! Seibert ! Karouri ! appelle-t-il, on regrimpe sur le fourbi... en vitesse...

Le Bris, un grand Breton aux larges épaules et à la tête ronde, et un quartier-maître au visage anguleux renforcent la petite patrouille qui disparaît vite aux regards de leurs compagnons. Les trois derniers rebelles abattus demeurent étalés sur le dos à quelques mètres de leur repaire éventé. Fleury, qui s'est assis pour tâter son genou douloureux les regarde sans haine.

— C'était eux ou nous, se dit-il simplement, habitué à la mort.

Alefsen approche du Granvillais endolori.

— Vous pourrez crapahuter ? lui demande-t-il de sa voix toujours égale.

— Je vois pas pourquoi je marcherais pas, s'empresse de

répondre le caporal-voltigeur en réajustant à l'aide d'un élastique son pantalon poussiéreux au bas de sa jambe. De toute façon, maintenant on a plus qu'à rentrer tranquillement... Montjaux n'a rien trouvé...

L'enseigne de vaisseau fait la moue en scrutant pour la vingtième fois au moins l'espèce de château fort naturel dans lequel se sont engouffrés le Catalan et ses cinq voltigeurs. La deuxième section demeure sur ses escarpements. Tout le commando est figé au soleil. Son large étalement est sans cesse survolé par le Piper d'observation. Une bonne demi-heure passe ainsi, en attente lénifiante.

— Alefsen, ordonne le pacha, rappelez Montjaux, il est temps de continuer la progression...

L'enseigne de vaisseau répercute l'ordre à Fleury.

— Envoyez un gars là-haut pour rappeler la patrouille...

Le Normand se remet sur ses jambes en grimaçant, à nouveau assailli par la douleur de son genou. Il cherche du regard un de ses voltigeurs, mais ces derniers lui paraissent bien trop engagés sur la pente abrupte.

— Je ne vais pas en faire remonter un pour rien, se propose-t-il, j'y vais moi-même...

Et il commence la pénible ascension vers les hauts rochers, en passant tout près de Bonnot.

— Je viens avec toi, propose l'ancien d'Indochine, on ne sait jamais...

Les deux hommes s'éloignent de la section.

— Ils sont vachement plus loin que je croyais, constate Bonnot, et ça grimpe de plus en plus...

Le Normand ne répond pas. Il lutte contre les élancements qui naissent dans son genou meurtri. Il cherche vainement des yeux ses compagnons à rameuter et parcourt encore difficilement une soixantaine de mètres. Le grand silence de la montagne est soudain fracassé. Des balles claquent au-dessus des deux commandos qui s'aplatissent derrière des rochers.

— Ça va ? hurle Fleury à l'adresse de son frère de guerre invisible.

La voix amie le rassure.

— Montjaux n'est pas loin, lui apprend-elle. Il doit être accroché depuis pas mal de temps...

La masse de rochers qui, vue d'en bas, ressemblait tant à un château fort, se révèle une vraie forteresse d'où tirent des rebelles bien retranchés.

— Curieux, constate le Granvillais en essayant de situer exactement l'ennemi avant de riposter, d'en bas on n'entendait rien du tout... ce doit être dû à un phénomène d'acoustique... Bizarre...

Le Piper tournoye toujours très haut, vers le nord du Bou Amoud. Le bruit de son moteur est couvert par les détonations rebelles. Le Catalan apparaît soudain aux yeux du Normand qui a tout à fait oublié la douleur de son genou. Le second maître s'est accagnardé entre deux roches, à une dizaine de mètres au dessus des fellagha.

— Il y en a trois dans le trou ! hurle-t-il en indiquant du bras l'endroit d'où partent les coups de feu. Il y en a au moins deux de touchés, contournez le tout, et donnez l'assaut... On vous couvre...

Bonnot s'est rabattu vers son compagnon entre deux tirs ennemis. Il échange un regard entendu avec ce dernier après l'ordre du second maître qui a de nouveau disparu.

— On y va, avance-t-il, on contourne... et on fonce !

Les deux bérets-verts se propulsent à la course vers les points de feu. Des balles miaulent en ricochant sur les rochers qu'ils frôlent. Ils réussissent à parcourir ainsi une dizaine de mètres vers la position à enlever. Le feu s'enrage encore et les oblige à se rejeter en arrière.

— Il y en a plus de trois ! hurle Fleury à l'adresse de Montjaux à nouveau visible et qui lui fait signe de remonter au feu. Ils sont au moins une dizaine là-dedans...

Le Catalan paraît hors de lui.

— Bande de boudins ! crie-t-il aux deux quartiers-maîtres miraculeusement épargnés par les balles ennemies pendant leur course folle, tas de lâches... Foncez encore !

Les deux bérets-verts au souffle court grimacent à l'insulte. Fleury serre les dents. Bonnot vérifie sa mitraillette, l'œil mauvais.

— C'est bon, décide-t-il en se relevant, on y retourne...

3

LE CORPS A CORPS

Les deux commandos sont à nouveau en enfer. Le feu des fellagha est encore plus fort qu'au premier contact.

— Bon Dieu ! se rend compte le quartier-maître granvillais, ils ont un fusil-mitrailleur...

Le Normand recule de quelques mètres en rampant sous le feu et se propulse à l'abri d'un bloc de pierre plat après un formidable bond de grenouille. La douleur de son genou est bien loin. Montjaux, cette fois, a bien compris le drame qui se joue. Il ne gueule plus. Bonnot demeure au sol, tapi derrière un monticule, à moins de quatre mètres de la pièce rebelle qui le domine. Fleury passe prudemment le canon de son arme au ras du sol derrière la pierre en pente qui le protège et tire une longue rafale à l'aveuglette, pour impressionner l'ennemi. Sa réaction fait taire un court instant les tireurs embusqués autour de l'emplacement de l'arme automatique. Le Normand profite du répit pour préciser son tir. Larguant maintenant de courtes rafales de trois balles de 9 mm, il réussit à se rendre compte que son compagnon pris au piège n'a pas souffert du feu ennemi. L'ancien d'Indochine devine la présence amie. Il tente un mouvement de reptation pour se sortir du guêpier. Le tireur au fusil-mitrailleur l'empêche de se mouvoir sur plus d'un demi-mètre.

— C'est sûrement un 24/29, reconnaît le Normand qui a été durant des mois tireur de cette arme précise, on est dans de sales draps...

Bonnot est à nouveau immobile. Une grenade jaillit de l'abri rebelle. Fleury, la tête au ras de son rocher, le nez dans la poussière chaude, voit l'engin mortel s'immobiliser en fusant tout près de son camarade. Ce dernier réussit à se mettre sur le flanc après avoir lâché une rafale de sa mitraillette et, d'une talonnade précise, fait rouler sur la pente la grenade prête à exploser.

Fleury se tasse encore un peu plus à la base de son abri. L'explosion de l'engin rebelle couvre le bruit des armes déchaînées. De la terre retombe sur lui. Il n'a rien. Il libère une nouvelle longue rafale de son arme, et se risque à passer la tête vers l'ennemi. Une balle s'écrase contre le rocher, à seulement dix centimètres de son visage marqué par la tension. Deux nouvelles grenades jaillissent de la position ennemie. Bonnot réussit à les éloigner à coups de ruades. Elles explosent sans dommages pour les deux commandos.

Médina, Le Bris et Seibert, embusqués en dessous de Montjaux, arrosent abondamment de balles de 9 mm les servants de la pièce rebelle pour permettre au Normand et à son compagnon de sortir du danger. Le Catalan vit intensément l'accrochage furieux dont il rêvait depuis longtemps. Il analyse froidement la situation en narguant le feu rebelle à plusieurs reprises. Le roc gris s'étoile au-dessus de sa tête.

Fleury, une nouvelle fois rassuré sur le sort de Bonnot, jette un regard vers le bas de la montagne. Il aperçoit des hommes qui bougent, fourmis presque indécelables à l'œil nu.

— Ce sont peut-être encore des fells, se dit-il en regrettant de ne pas posséder de jumelles.

Le harki de la section est placé à l'abri du feu, à quelques mètres sur la gauche du Normand qui se rend compte que le musulman porte des jumelles autour de son cou.

— Viens près de moi ! lui hurle-t-il après s'être déplacé vers l'extrémité de la grosse pierre plate qui lui a sauvé la vie.

L'Arabe ne semble pas saisir. Il demeure comme paralysé.

— Tes jumelles, nom de Dieu ! crie à nouveau le Normand impatient de savoir si les hommes, qui maintenant s'étalent tout en bas de la falaise, sont amis ou ennemis.

Le harki indique d'un mouvement de bras fataliste que les fellagha tiennent sous le feu l'espace qu'il devrait parcourir pour rejoindre le quartier-maître. Ce dernier comprend. Il grimace.

— Bonnot, ça va ? s'inquiète-t-il encore une fois.

La voix du béret-vert coincé sous l'arme automatique ennemie perce le vacarme, déformée par la tension nerveuse.

— Je tiens le coup ! hurle-t-elle.

Le spectre de la mort ou de la blessure s'éloigne. Rassuré, le caporal-voltigeur décide d'aller chercher les jumelles de l'Arabe fidèle aux couleurs de la France. Il attire à nouveau son attention par gestes nerveux, et tente de le persuader de tirer pour le couvrir.

— Qu'est-ce qui lui prend ? Il pige rien à rien, souffle-t-il juste avant de s'élancer pour franchir le passage dangereux, il bouffe ses munitions pour rien...

Le harki libère en effet quelques rafales bien trop haut sur les rochers. Son tir maladroit suffit pourtant à faire faiblir considérablement la pression du feu rebelle. Le Normand bondit et s'écroule, indemne, tout contre l'Arabe à la Mat 49. Il lui arrache nerveusement les jumelles convoitées, qu'il braque aussitôt vers le bas des éboulis.

— On dirait des gars de la D.B.F.M. ! s'étonne-t-il en reconnaissant les uniformes verts des fusiliers marins de la région de Nemours.

Le quartier-maître essoufflé détaille un peu mieux les intrus. Ce sont bien des éléments de la Marine, amenés en bouclage du bord de mer. Le Normand rasséréné rend les jumelles à son compagnon musulman.

— Ce sont des amis, lui lance-t-il, maintenant on va s'occuper des fells... Et on va les avoir...

Montjaux matraque toujours aussi calmement les rebelles bien retranchés. Il aperçoit le Granvillais avant que ce dernier remonte vers Bonnot.

— Va chercher les autres ! lui hurle-t-il, dépêche-toi...

Bien à l'abri du feu, le Normand hésite un très court instant à obéir, car il lui répugne de s'éloigner de Bonnot. Puis il se décide et s'élance à la course vers la zone calme. Les bruits de la fusillade meurent comme par enchantement lorsqu'il franchit l'arête verticale du cirque lunaire aux flancs duquel le reste du commando attend calmement le retour de Montjaux pour gagner la plaine.

— Ce doivent être les tourbillons du vent qui empêchent les sons de se propager normalement, suppute le quartier-maître en faisant de grands signes de bras pour attirer l'attention de ses compagnons.

Ces derniers l'aperçoivent. Ils dessinent aussitôt un mouvement vers lui.

— Ils ont vite compris, se réjouit l'envoyé de Montjaux, je remonte avec les autres...

Le Normand n'attend pas que le reste de sa section l'atteigne. Il retourne au feu, ignorant toujours tout à fait la douleur de sa jambe droite. Dépassant la position du harki aux jumelles, qui se sert maintenant correctement de sa mitraillette, il aperçoit au passage un commando tapi dans le repli protecteur d'un repli de rocher. L'homme a la mine décomposée et ne tire pas.

— Il est sans doute touché, suppose le quartier-maître pressé de retrouver Bonnot.

L'ancien d'Extrême-Orient est maintenant pris sous le feu du fusil-mitrailleur rebelle depuis presque une demi-heure. Sa voix, soudain déchirée, monte dans le tumulte.

— Georges ! hurle-t-elle.

Le sang du Normand se glace.

— Bon Dieu ! sacre-t-il en accélérant sa course, il a morflé...

Le chef de voltige n'oublie pas sa mission. Il fait rapidement comprendre par gestes à Montjaux qui guettait son retour que le reste de la section ne va pas tarder à déboucher au feu. Puis il se jette, debout, face à l'emplacement de l'arme rebelle en tirant tout un chargeur à quelques centimètres au-dessus du corps aplati de son meilleur ami.

Bonnot sent le souffle de la rafale qui le frôle. Il comprend tout de suite l'intention du chef de voltige et se laisse rouler vers lui, sous les balles de 9 mm. Les servants de la pièce invisible, touchés ou apeurés, ne réagissent plus. Fleury change prestement de chargeur et continue d'arroser leur repaire pour les empêcher de bouger. Un djounoud tire pourtant à nouveau. Sa balle fait éclater une grosse pierre entre les jambes de l'homme à la mitraillette.

Bonnot a disparu derrière la longue pierre plate. Fleury tire une dernière rafale et se jette lui aussi à l'abri. Les deux hommes, haletants, les poumons en feu, se plaquent dos au roc et se laissent glisser tout doucement au sol. Ils ne parlent pas pendant quelques secondes.

— J'ai envie de vomir, se rend compte le Normand en engageant un chargeur plein sous la culasse de son arme au canon chaud, on a eu du pot...

Bonnot, les yeux perdus vers l'immensité de la plaine aride, ouvre toute grande sa bouche aux lèvres fines pour se gorger d'air. Son compagnon s'aperçoit qu'un tout petit éclat de pierre s'est fiché au-dessus de l'œil gauche de l'homme qui récupère.

— Bouge pas, lui intime-t-il, je vais t'enlever ça...

Un trait de sang coule tout doucement sur les sourcils du vétéran d'Indochine lorsque le Normand arrache la pierre aiguë.

— T'as rien ? demande Bonnot, une fois son souffle redevenu normal.

Le Granvillais tâte ses cuisses criblées des tout petits morceaux de la pierre qui a éclaté entre ses jambes. Il n'a pas le temps de répondre. Le reste de la section Alefsen arrive près de l'accrochage. Bonnot se redresse. Il hèle son tireur au F.M., Kerninon, un Breton massif, très brun et à la démarche d'ours.

— Margent ! ordonne-t-il en appelant l'homme haletant par son surnom, viens avec moi... il y a du boulot...

Le tireur au fusil-mitrailleur parvient en ahanant jusqu'à son chef après avoir franchi d'un bond un espace battu par le feu. Bonnot lui indique du doigt la position de Montjaux. L'ancien d'Indochine n'est pas demeuré inactif sous le tir ennemi. Son œil exercé a reconnu plusieurs emplacements de tir rebelles.

— Il y a des gus dans les trous par là-bas, explique-t-il rapidement au nouvel arrivé en enfer, ils nous balancent des grenades... Va les arroser...

Les yeux bruns et ronds de Kerninon s'écarquillent. Il ne répond rien. Choqué par le vacarme. Son chef de pièce est obligé de le pousser vers l'objectif à matraquer. Le Breton rampe sur trois mètres.

— C'est bon, tu y es ! lui hurle Bonnot. Vas-y... allume-les !

Le quartier-maître se lève comme un automate et tire tout un chargeur de vingt-cinq balles de 7,5 dans une faille occupée par deux ou trois rebelles. Une grenade défensive jaillit d'un autre trou pendant que le tireur au F.M. change de chargeur d'un geste précis. L'engin de fonte à quadrillage intérieur demeure coincé dans une anfractuosité de rocher, et n'explose pas.

— Continue ! ordonne Bonnot à son tireur qui quête un ordre du regard, c'est bon...

Le second tireur au F.M. de la section, Faess, un Alsacien blond aux yeux très clairs, n'a pas besoin d'ordres pour trouver ses cibles. Son tir nourri permet aux hommes de Montjaux de commencer à glisser entre les rochers, vers le repaire de l'ennemi faiblissant et condamné. Le vacarme devient dantesque. Les détonations des armes amies se marient à celles des rebelles dans la caisse de résonance des roches qui empêche toute audition normale de voix humaine.

Fleury se sent tout à coup mal à l'aise. Il a envie de tout plaquer, de se laisser couler à l'abri du rocher, et d'attendre là que tout se passe, sans lui. La Bohème est maintenant à quatre mètres de lui, au-dessus des fellagha. Il devine le trouble qui s'empare du Normand à la mitraillette soudain muette.

— Le F.M. ! lui hurle-t-il en profitant d'un très court instant de répit, il nous le faut... On va l'avoir...

Le caporal-voltigeur saisit le sens de l'encouragement hurlé par le Vosgien. Mais il est à bout.

— Y a qu'à faire monter les autres, répond-il à voix basse, sans se soucier d'être entendu.

Le béret-vert à la dent en or insiste :

— Secoue-toi... On va l'avoir ce putain de F.M... Il est à nous !

Montjaux décide de brusquer les choses tandis que, très haut au-dessus de l'accrochage, des avions de chasse jaunes viennent prendre possession du ciel. Le second-maître n'est maintenant plus qu'à deux mètres des rebelles. Bonnot lui indique, par gestes, pour ne pas risquer de renseigner l'ennemi, qu'il n'a plus que quatre chargeurs de mitraillette. Le Catalan fait la grimace. Il demande à Fleury, par des mouvements muets de ses lèvres, si ce dernier est mieux loti.

Le Normand surmonte sa courte défaillance. Il indique de la main gauche levée qu'il ne possède plus que trois chargeurs pleins, et qu'il n'a plus une seule grenade. Le Catalan échappe de très peu au tir d'un fellagha. Il disparaît aux yeux de ses interlocuteurs muets. L'enseigne de vaisseau Alefsen s'est posté derrière un rocher d'où il découvre presque tout du minuscule champ de bataille. Il se tient tout près de Gurtner, et assure une sorte de reportage radio pour informer Costagliola de ce qui se passe. Les tirs rebelles faiblissent encore. Montjaux, rejoint par Leresteux, a placé ses hommes tout autour de la position à conquérir. Il se lève au-dessus des rebelles et hurle :

— A l'assaut !

Médina, Seibert et Le Bris sautent dans les trous menant au réduit fellagha. Fleury et Bonnot bondissent vers la cache naturelle recelant le fusil-mitrailleur qui les a tant fait souffrir. Le reste des voltigeurs de la section se lance à la curée démentielle. Varlet se retrouve bloqué devant une faille dans laquelle se sont engagés deux rebelles. Il tire une longue grenade à fusil, tout en sachant bien qu'elle risque de ne pas exploser car son dispositif d'armement par inertie n'aura certainement pas le temps de s'armer en parcourant les trois mètres à peine qui le séparent des djounouds piégés. Deux jeunes embarqués au commando, Gillon, dit Le C'hti, et Pierre, tout naturellement surnommé Pétrus, s'affalent dans un trou. Une grenade jaillit de l'abri principal des rebelles. Elle tombe entre les deux matelots. Mais n'explose pas. Seibert n'a plus de munitions. Un rebelle, déjà blessé, tente de fuir devant lui. Il le rattrape, lui arrache son arme et le tue d'une balle dans la nuque. Le cerveau du mort gicle à la base de sa boîte crânienne, tout blanc et palpitant. Le F.M. invisible tire toujours vers le bas de la citadelle empuantie. Montjaux est déchaîné. Il hurle ses insultes rituelles dans le vacarme assourdissant.

— Bande de boudins ! tas de navets ! s'égosille-t-il en larguant ses dernières rafales précises à un rythme économe. Rendez-vous, vous allez tous crever !

Les fellagha n'obtempèrent pas. Le harki de la section exhorte lui aussi, en arabe, ses frères de race à la reddition.

— Sale traître, lui répond une voix, en français, va te faire mettre par ton salaud de père...

Le combat touche à sa fin. Fleury s'apprête à pénétrer dans l'abri très bas de la pièce de 24/29 rebelle. Le Catalan le rejette en arrière d'une violente bourrade.

— Laisse ! ordonne-t-il, le regard en feu et en déposant sa mitraillette inutile sur le rocher, puis il ajoute en dégainant sa dague : Il est à moi !

L'officier-marinier, hors de lui, se coule souplement dans l'embrasure de la casemate naturelle d'où ne part plus un seul coup de feu. Le Normand entend des chocs mous, des râles de douleur. Il imagine la lame grise de son chef, plongeant et replongeant dans les chairs rebelles.

— Attrape ! s'entend-il héler, comme hors de la réalité.

Montjaux lui offre le fusil-mitrailleur noir. Il le prend, comme dans un rêve, le considère un instant puis, dans un geste fou, effleure d'un léger baiser de ses lèvres sèches l'arme conquise, à hauteur de la boîte de culasse chaude.

Le Catalan à la dague sanglante s'extirpe difficilement du trou mortel, qui sent la poudre, le sang chaud et les viscères déchirés. Le combat est presque terminé. Quelques rafales isolées saluent les dernières découvertes de rebelles. Une ombre fugace se faufile entre les rochers, bien au-dessus de l'accrochage. Fleury l'ajuste et tire cinq balles de son dernier chargeur de mitraillette.

— J'ai dû le manquer, regrette-t-il, mais il n'ira certainement pas bien loin… Il va tomber sur les gars de la deux…

Un rebelle, le bassin ensanglanté, est affalé sur la droite du Normand dépité. L'homme n'est pas mort. Il esquisse un geste désespéré pour se saisir d'un fusil Mauser tombé à un mètre de lui. Le béret-vert granvillais devance son geste et repousse l'arme d'un coup de pied rageur. Le fellagha implore, en français impeccable.

— Ne me tuez pas, ne tirez pas…

Le quartier-maître ivre de coups, de bruits, de douleur contenue et d'odeurs, se penche sur le gisant fracassé.

— Je suis lieutenant dans l'Armée de libération nationale, poursuit difficilement ce dernier en décollant la tête de la base du rocher contre lequel il est tombé, je suis le chef de cette section…

Les yeux fiévreux de l'officier rebelle vrillent le regard bleu du Normand qui garde son arme pointée.

— Ce type-là va crever, il souffre comme une bête, se rend compte le jeune commando, je dois l'achever… Il me reste encore trois ou quatre balles de Mat…

Le fellagha lit sa condamnation sur les traits défaits de son vainqueur.

— Si on promet de m'évacuer en hélicoptère, souffle-t-il de plus en plus faiblement, je donnerais des renseignements importants… Faites vite, je connais tous les plans des futurs passages de la frontière et les codes radio de la rébellion…

Le Normand se détourne pour chercher un de ses chefs du regard. Ces derniers ont commencé la fouille des emplacements de mort et ne lui prêtent aucune attention.

— Je vais chercher le lieut', se propose-t-il *in petto*.

Et il poursuit à haute voix pour le blessé au teint de plus en plus cireux :

— Je reviens tout de suite avec quelqu'un qui décidera…

Le quartier-maître, conscient de l'importance des renseignements promis par le rebelle touché à mort, retourne vers ses compagnons. Il n'a pas le temps de parvenir jusqu'à Alefsen. Une détonation sèche le fait se retourner vers le lieutenant de l'A.L.N.

— Merde ! peste-t-il en comprenant soudain ce qui vient de se passer, ils l'ont achevé… Quelle connerie !

Un commando redescend vers le gros de la section. Il tient en main une grenade qu'il a trouvée sous l'officier mort. Fleury ne lui dit rien. Il ne remonte même pas jusqu'au corps sans vie.

La fouille s'achève. Seize corps de fellagha, criblés de balles et d'éclats de grenades, sont étendus sur les rochers vérolés d'éraflures. Un poste A.N.G.R.C. 9 de longue portée et sa génératrice à manettes achèvent de brûler. Les voltigeurs qui n'ont pu, faute de place dans les rochers, participer à l'assaut glanent des trophées sur les emplacements de combat dévastés. Fleury reconnaît parmi eux le commando qu'il avait cru blessé. L'homme a encore toutes ses grenades arrimées à son ceinturon.

— On dirait bien qu'il n'a pas tiré dur, se rend compte le caporal voltigeur soudain furieux.

Montjaux parcourt les méandres étroits de la citadelle défaite.

— Ils étaient rudement bien installés là-dedans, fait-il remarquer à son chef de section après avoir fait recompléter les munitions de ses hommes avec une bonne partie de la dotation des commandos du renfort, ces gus-là avaient certainement reçu la mission de se sacrifier pour protéger le P.C. radio des katibas de passage...

Alefsen contemple d'un regard fureteur la grotte bien aménagée qui servait de poste de commandement au lieutenant rebelle. Fleury a entendu la réflexion du Catalan. Il regrette de plus en plus la mort de l'homme au bassin éclaté. Un ordre radio rameute les bérets-verts vainqueurs vers la position du pacha. Les hommes se chargent du matériel qu'ils ont conquis sans pertes.

Costagliola les accueille, inquiet. Il a, lui aussi, les traits tirés. Il serre la main d'Alefsen, laisse traîner son regard sur les armes prises à l'ennemi et prend Fleury par les épaules.

— Vous n'avez rien ? s'étonne-t-il en plantant son regard dans les yeux du béret-vert qui assume le secrétariat du commando en plus de ses fonctions de caporal-voltigeur.

Le quartier-maître se défait facilement de la prise quasi paternelle.

— Non, commandant, souffle-t-il simplement, tout va très bien...

Et le Normand s'éloigne vers le tas d'armes ; fusils Mauser, mitraillettes P.40 et le fusil-mitrailleur 24/29 qui a failli le tuer à plusieurs reprises.

— On dirait bien que le pacha a les larmes aux yeux, se rend-il compte, touché par l'accueil chaleureux de l'officier, c'est un homme vrai !

Un quartier-maître possède un appareil de prise de vues. La section d'Alefsen se range tout autour des voltigeurs qui ont fait le bilan. Chaque homme s'étant muni d'une arme rebelle. Fleury, accroupi au premier rang, tient fièrement le fusil-mitrailleur. Montjaux sourit à belles dents. Le Normand se sent bien.

L'écho d'une dernière rafale se répercute sur la falaise silencieuse. Le pacha bondit vers son poste radio.

— On en a encore un, lui annonce Fossat avant de recevoir l'ordre d'entamer la descente vers la plaine maintenant sillonnée de camions.

L'après-midi se meurt. La longue chenille du commando chemine tranquillement entre des rochers qui bordent un oued à sec. Montjaux approche de Fleury.

— On a bien failli se faire avoir, lui apprend-il, le pacha a refusé l'ordre de reculer pour permettre à la chasse de straffer les fells... On aurait certainement eu de la casse en nous éloignant du feu...

Le Normand ne répond pas. Il serre les dents car la douleur de son genou s'exacerbe.

— En tout cas, poursuit le Catalan, chapeau petit ! Maintenant tu seras de tous les coups...

Et l'officier marinier avare de compliments se porte en tête de la section sans ajouter un mot.

Fleury a le cœur chaud.

— Dire que j'ai attendu dix-huit mois pour entendre ça, savoure-t-il tandis que le commando parvient dans la plaine, c'est pas trop tôt...

Les bérets-verts reçoivent l'ordre de demeurer en bivouac pour la nuit auprès de camions bâchés bien alignés et protégés par des blindés de la Légion étrangère.

4

CONTACT AVEC LA GUERRE

Des képis-blancs à cheveux ras, du 2e R.E.I, viennent rôder auprès des bérets-verts à bout de nerfs. Ils contemplent, les mains dans les poches de leur pantalon de combat très net, les hommes venus du bord de mer pour venger leurs morts. Ils ne parlent pas pendant quelques minutes, puis engagent quelques paroles. L'atmosphère du bivouac se détend. Des boîtes de bière fraîches, sorties des blindés couleur sable de l'élément embossé autour des camions, circulent de main en main. Les langues se délient peu à peu. Des dialogues de soldats, pudiques quant au combat de l'après-midi, naissent çà et là.

— Vous les avez bien eus, ces salopards, avance un jeune légionnaire en s'adressant à un béret-vert affairé à dépierrer le sol avant d'y étendre son sac de couchage de nylon vert, merci pour nos copains...

Le commando, qui n'a pas directement participé à la mise hors de combat des vingt-trois rebelles du Bou Amoud, est gêné pour répondre. Il élude.

— Comment c'est Aïn Sefra ? demande-t-il au légionnaire en se redressant et déroulant son couchage d'un geste réflexe, si on doit rester un bout de temps dans le coin, j'aimerais bien savoir...

Le képi-blanc, un Italien, sourit. La guerre s'éloigne. Il va à l'essentiel.

— Il n'y a pas grand-chose à voir dans le bled, sept ou huit bistrots, un petit restaurant chinois tenu par un ancien de chez nous, et un bordel, énumère-t-il.

— Alors, c'est comme partout, se contente de penser son

interlocuteur qui se défait maintenant de son plastron porte-chargeurs de mitraillette.

Le légionnaire précise encore :

— Et puis, il y a trois piscines... C'est tout de même pas mal pour le coin...

Les étrangers du 2e R.E.I. sont rappelés à leurs engins par un ordre sec. Les commandos demeurent seuls. Ils ne parlent plus. Ils s'allongent tout habillés, sans même ôter leurs pataugas, dans leur couchage sans confort. La nuit tombe vite, presque sans nuances. Le ciel est tapissé d'étoiles. Il fait bon. Les hommes las s'endorment facilement après avoir une dernière fois contemplé la masse sombre du Bou Amoud étalée à huit cents mètres à l'ouest de la plaine silencieuse.

Fleury, taraudé par la douleur de son genou sommairement inspecté par le quartier-maître infirmier du commando, ne dort pas. Il revit intensément tous les tumultes de l'accrochage, comme pour en figer à tout jamais le moindre détail dans sa mémoire. Puis sa rêverie remonte le temps. Il se retrouve aux premiers jours de l'année 1957.

— Ça me paraît bougrement loin déjà, se rend-il compte en se laissant volontairement, et comme à plaisir, happer par sa nostalgie d'adolescent prématurément mûri par la guerre. Et pourtant, 1957, c'est à peine hier...

***

Une quarantaine de jeunes marins, composée de garçons de dix-sept ans à peine, est noyée dans la masse compacte de dizaines de soldats qui, agglutinés sur la plage avant du paquebot *Sidi-Ferruch*, fixent la côte algérienne, ligne basse et imprécise qui se dessine à quelques kilomètres de l'étrave noire du navire des Messageries maritimes. Les matelots ne portent pas de galons sur les manches de leur vareuse de gros drap bleu et toute neuve. Les larges revers blancs de leurs cols bleus, impeccablement étalés en V sur leurs poitrines, ont encore la teinte ivoire qui trahit les nouvelles recrues. Ils viennent de passer deux mois dans un centre de formation perdu dans les bois bretons de Pont-Réan, sur les bords de la Vilaine et tout près de Rennes. Il y a parmi eux des Bretons, des Normands, et quelques Lorrains et Parisiens. Ils ont été désignés pour suivre les cours de l'école des fusiliers marins, au dur centre Siroco, que certains appellent « l'École du crime ».

Alger se précise à l'horizon raccourci. Les marins ont aligné leurs hauts sacs de grosse toile écrue, remplis à ras bord de leurs effets d'uniforme pliés au carré de vingt-cinq centimètres de côté. Le paquebot noir et blanc éventre bientôt le miroir des eaux calmes du port de la ville blanche.

— Moi je connais déjà, affirme le matelot de troisième classe sans spécialité Georges Fleury, coiffé comme ses compagnons d'un bonnet à pompon rouge tendu à l'extrême par une armature des plus réglementaires.

Urvoas, encore plus petit que le Normand qui ne mesure qu'un mètre soixante-dix, le considère, étonné.

— Oui, explique le futur fusilier marin au visage régulier du collégien qu'il devrait être encore, je suis venu en Algérie en 1948, avec mon père qui était lieutenant...

Le simple fait d'avoir foulé naguère la terre nord-africaine confère en une seconde une sorte d'autorité au Normand. Urvoas interroge encore :

— Mais, t'avais pas neuf ans... Tu te souviens de tout ?

Le brouhaha naissant des préparatifs d'accostage du paquebot interrompt net la conversation. La masse compacte des passagers, rappelés, appelés du contingent et engagés parachutistes ou marsouins de la Coloniale, est bousculée par les hommes de manœuvre. Le flanc tribord du *Sidi-Ferruch* écrase ses défenses énormes contre le quai. Le débarquement s'organise dans une pagaille bon enfant.

Les futurs élèves du centre Siroco, sac sur l'épaule et petite valise métallique bleue en bout de bras, empruntent, maladroits, la coupée amenée du débarcadère animé. Un groupe de marins en uniforme de combat, treillis vert, armés de fusils et de mitraillettes, est là, qui les attend. Un second maître, coiffé d'une casquette bleu marine, casque de combat pendant à son ceinturon de cuir, les accueille. Il fait un rapide appel et, ayant trouvé tout son monde, houspille les recrues muettes pour hâter leur embarquement dans deux camions Dodge à nez camus.

Les véhicules sortent rapidement de la zone portuaire à la suite d'une jeep. Leurs passagers écarquillent les yeux pour dévorer leur nouveau monde. Le petit convoi roule à bonne allure vers l'est d'Alger, sur la route Moutonnière, puis pique, après Maison-Carrée, vers Fort-de-l'Eau et Cap-Matifou. La jeep occupée par le chef de convoi stoppe devant l'entrée du centre Siroco. Des factionnaires bien armés laissent pénétrer après contrôle les trois véhicules dans la « Mecque du fusil ».

— Cette fois, on y est, se réjouit Fleury en sautant de son camion.

Les choses sérieuses commencent tout de suite. Des gradés en battle-dress aux plis parfaits font aligner leurs nouveaux élèves sans leur donner le temps de souffler. Un officier à deux galons, dont l'uniforme bleu marine tranche au milieu du kaki ambiant, juge que l'alignement est assez net. Il s'en approche à pas chaloupés. Il a le visage rond et le nez chaussé de lunettes à fine monture. Le côté gauche de sa veste d'uniforme est chamarré de barrettes de décoration et il porte l'insigne à croix de Lorraine des Forces navales françaises libres à l'opposé des rubans colorés. Il dévisage les futurs « sakos », un à un, semblant évaluer les espérances des jeunes hommes au garde-à-vous.

— Messieurs, lâche-t-il ensuite d'une voix acide, nous allons faire de vous des soldats...

Les nouveaux venus, épiés de loin par des groupes d'élèves plus anciens, crispent encore leur position tétanisée.

— Vous deviendrez, vite je l'espère, des fusiliers marins, poursuit l'officier blond et pas très grand. Ici, avec les événements, vous aurez de la chance car vous apprendrez votre métier tout en faisant la guerre... Je vous souhaite bonne chance et vous conseille de travailler dur...

L'officier s'éloigne. Les ordres de ses gradés défont l'alignement des bleus. Ces derniers, toujours silencieux, sont dirigés vers leur cantonnement, une très longue bâtisse de plain-pied identique à trois autres qui ferment la longue cour où ils ont été débarqués. Ils s'étonnent de ne trouver qu'une immense chambrée nue.

— Ici, s'empresse de leur expliquer un quartier-maître du cadre spécial à galons or zébrés de rouge, on dort dans des hamacs... Comme sur les bateaux... Faut pas oublier que vous vous êtes engagés dans la Marine...

Les futurs sakos demeurent cois.

— Ça promet, envisage Fleury qui n'a jamais vu un hamac de sa jeune existence, ça ne doit pas être bien commode...

— Je m'appelle Graille, poursuit l'instructeur d'un ton rogue, et l'officier qui vous a accueillis est l'officier des équipages Saerens, un de ceux qui ont débarqué avec Kieffer le 6 juin, en Normandie... Ça vous dit quelque chose ?

Une rumeur prudente répond au sous-officier brun à fines moustaches bien soignées.

— Bon, reprend ce dernier, moi, vous m'appellerez second

maître, et lui, monsieur l'Officier... Et attendant, poursuit l'instructeur, posez votre barda et filez à la voilerie pour y toucher votre couchage... En vitesse...

*
**

Un blindé change de place dans l'ordonnance défensive du bivouac noyé dans la nuit calme du grand Sud. Le bruit de son moteur arrache Fleury à ses rêveries.

— J'en ai salement bavé les premiers jours, se souvient-il après avoir suivi de l'oreille le mouvement du char léger qui s'est à nouveau posté face à l'inconnu.

Et le quartier-maître insomniaque se retrouve au centre Siroco commandé par le capitaine de frégate Garnier, un des officiers de Marine les plus décorés en Indochine. Il revit au milieu de ses soixante-trois compagnons du cours Darasse sa promotion de sakos qui porte le nom d'un premier maître du commando Jaubert tué en Oranie. Les promesses de Saerens ne demeurent pas longtemps lettre morte. Les apprentis fusiliers marins, qui ont vite appris à se servir correctement de leurs armes, font de fréquentes incursions dans le bled algérois. Ils sont parfaitement encadrés par des gradés qui ont tous connu le feu en Indochine, et même, pour certains, en 1939-1945.

Les six mois de cours passent vite. Fleury coud son premier galon rouge en bas des manches de sa vareuse et, avec plus d'émotion encore, l'insigne à deux fusils en croix de Saint-André qui, plaqué au haut de sa manche gauche, le désigne comme fusilier marin à part entière. Il fait partie de ceux de sa promotion qui ont choisi de suivre le redoutable stage commando, tandis qu'une bonne moitié du cours Darasse opte pour la formation amphibie, beaucoup plus technique.

— Ce n'est pas parce que tu es sorti premier de ton cours que tout va être facile pour toi, confie l'instructeur Graille au Normand qui rêve du béret vert des anciens de Kieffer, bien au contraire...

Le matelot ne répond pas. Il sait qu'il n'a pas choisi le plus facile.

— Tu t'en sortiras très bien, avance le gradé en lui serrant la main pour la première fois depuis six mois, bonne chance !

Une grosse opération est montée en Kabylie quelques jours après la fin de l'écolage des jeunes fusiliers marins. Le lieutenant de vaisseau Fuzeau, responsable de la formation commando du centre Siroco, commande pour l'occasion une compagnie légère composée d'éléments du cours Darasse et des sakos qui viennent de terminer le dur stage sous ses ordres.

— J'ai pas de chance, regrette Fleury en se retrouvant dans un autre élément engagé dans l'action d'envergure.

Le sous-groupement opérationnel formé par l'école des fusiliers marins a été amené à pied d'œuvre par une très longue file de camions qui a roulé une bonne partie de la nuit, tous feux éteints. Le commando Fuzeau progresse vers les fonds d'un oued à sec, au flanc du djebel Taoudet, loin dans l'est d'Alger. Des avions de chasse tournent dans le ciel très bleu, prêts à fondre sur la bande rebelle qui a été signalée la veille dans le secteur investi. Des blindés sont éparpillés sur les mamelons, en extrême bout de piste. Fleury se tient près de l'officier des équipages Saerens. L'ancien du débarquement scrute le djebel à la jumelle.

— Regardez bien les avions, conseille-t-il soudain au matelot sans se retourner, je crois qu'ils vont piquer...

Le vieux guerrier ne se trompe pas. Deux T.6 américains, jaunes, enragent leur moteur et plongent vertigineusement vers le fond d'une vallée encaissée. Le Normand ne perd pas une miette du carrousel hurlant. Des traînées de fumée blanche tire-bouchonnent derrière les appareils, saluant un premier lâcher de roquettes. Les projectiles puissants déchirent le djebel. Les mitrailleuses des avions crépitent. Les T.6 virevoltent, remontent haut dans le ciel, plongent à nouveau, mitraillent encore, reprennent de l'altitude et repiquent sur leurs objectifs.

Des radios s'affairent au petit P.C. opérationnel protégé par les jeunes soldats de Saerens.

— Les hors-la-loi sont repérés, commente sans émotion l'officier des équipages à lunettes, le commando marche sur eux...

Fleury, crispant les mains sur son fusil Mas 49, regrette de plus en plus de n'être pas des élus, comme Vincent, un de ses meilleurs camarades de cours.

— Pourvu qu'ils les repoussent vers nous, espère-t-il, avide de combat.

Des automitrailleuses dévalent en grondant les pentes douces de la montagne tout entière investie de troupes. Les T.6 jaunes poursuivent avec acharnement leur ballet bien réglé. Puis, soutes à munitions vidées, disparaissent vite à l'horizon, vers l'ouest. Ils sont presque aussitôt remplacés dans le ciel par deux autres appareils de même type qui plongent sur leurs brisées.

— Ils ont accroché ! annonce soudain un radio du P.C.

Saerens s'empare du combiné noir d'un poste S.C.R. 300. Personne ne parle plus autour de sa silhouette courbée vers l'émetteur-récepteur grésillant. Des colonnes de fumée montent de la vallée où doivent se trouver les hommes de Fuzeau.

*
**

Le Normand revient une nouvelle fois à la réalité silencieuse de son bivouac du grand Sud.

— C'était rudement rageant, se souvient-il en changeant de position pour lutter contre la douleur de son genou. Il a fallu attendre le retour au centre Siroco pour connaître enfin la vérité...

5

MOURIR
A DIX-SEPT ANS ET DEMI

Le convoi du sous-groupement Siroco atteint sa base du Cap-Matifou après le démontage de l'opération du djebel Taoudet. Tous les permanents de l'école sont au courant de l'accrochage de la veille. Ils guettent des visages amis pour en savoir plus. Quelques civils, pieds-noirs, rôdent autour de la porte du grand centre. Ils sont inquiets car les bruits les plus fous ont circulé pendant des heures. Las, les jeunes combattants sautent des camions, sans parler. Le brouhaha coutumier aux retours d'opération ne règne pas entre les bâtiments des différents cours. Les gradés, sombres, activent le mouvement de réintégration. Les hommes du lieutenant de vaisseau Fuzeau sont plus graves que les autres. Le grand silence de la nuit s'empare bientôt du centre étalé jusqu'aux rochers à pic qui éventrent la Méditerranée. Les factionnaires sont à leurs postes. Leurs armes sont approvisionnées. Les jets de lumière crue d'un large projecteur à longue portée balayent de temps en temps le bord de mer, là où les élèves commandos s'entraînent à franchir de plus en plus rapidement les obstacles hors du commun de leur parcours d'assaut. Alger, de l'autre côté de la large baie, est à peine illuminée. Le couvre-feu imposé par la guerre a tué depuis longtemps sa vie nocturne. Des dizaines de lamparos, traquant la sardine, le rouget et l'anchois, se balancent mollement au large. Ils font naître une cité fantôme, bien plus lumineuse que l'écrin blanc de la casbah ocre.

Les élèves du cours Darasse, éreintés par les longues marches dans le djebel kabyle, s'assoupissent dans leurs hamacs. Ceux du cours Milin, qui les ont précédés au stage commando, et qui ont supporté tout le poids du combat, ressassent l'enfer de la veille.

⁂

Fuzeau, grand maigre aux traits acérés, regard lumineux d'intelligence, fait un large signe de bras pour lancer son premier groupe sur la pente d'un thalweg dénudé, vers un fouillis d'arbres et de rochers mêlés. Le voltigeur de tête de la

progression bien étalée, Georges Guyot, un petit brun fureteur qui vient tout juste d'avoir dix-huit ans, écarte de la main gauche une grosse branche. Ses yeux s'exorbitent. Un rebelle se tient à deux mètres de lui, surpris, fusil de chasse braqué. Les réflexes acquis par le jeune soldat pendant presque sept mois de cours jouent à fond. Il arme sa Mat en une fraction de seconde et arrose le buisson dans lequel le fellagha a disparu. Les détonations épaisses de deux coups de fusil se mêlent aux aboiements secs de l'arme française. Le voltigeur de Fuzeau, frappé de plein fouet, hurle de douleur, mais trouve la force de tirer encore tout en se jetant en arrière.

Le commando composite s'est tout entier éparpillé sur les rares points d'abri de la pente résonnante de coups de feu. Le rebelle, placé là pour protéger la fuite d'autres hors-la-loi, tire à nouveau.

Un deuxième cri de douleur salue sa salve de chevrotine. Le matelot Vincent, un Lorrain légèrement frisé de dix-sept ans et demi, alourdi d'une musette de chargeurs noirs de fusil-mitrailleur, boule au sol sec. Weyrich, un grand gaillard brun aux mains immenses, bondit vers le corps tassé et animé de soubresauts nerveux. Le rebelle ne tire plus. Des rafales de mitraillette prennent pour cible son emplacement de feu diaboliquement agencé. Les compagnons du fellagha tirent sur les marins de la position de repli qu'ils ont gagnée. Des avions de chasse plongent sans arrêt à quelque quatre cents mètres du thalweg. Le vacarme est affolant. Weyrich se penche sur le corps de Vincent qui ne remue plus. Rejetant sa mitraillette en bandoulière dans son dos, il l'agrippe en ahanant. Un formidable coup de poing sur l'épaule le rejette à deux mètres du blessé. Sa veste camouflée rougit. La douleur le fait grimacer. Il bondit en arrière. Le corps de Vincent, remué d'un mètre à peine, demeure dans l'angle de tir des rebelles invisibles. L'homme au fusil de chasse ne tire plus qu'à coups sûrs.

Bruant, un quartier-maître du cadre spécial essaye de manœuvrer, une décharge le tue net. Un autre élève de Fuzeau, Santia, un grand blond, se lance à son tour vers Vincent. Le scénario de sang, qui a obligé Weyrich à reculer, se joue à nouveau en une fraction de seconde. Le fellagha touche Santia au cou. Le tumulte monte de plusieurs tons. Le chef du commando mal engagé fait descendre un groupe de renfort mené par le second maître Yves Fouillet, un splendide athlète blond qui a fait l'Indochine. L'officier marinier manœuvre au mieux sous le feu rebelle. Un hurlement inhumain attire son attention à mi-pente. Etendu derrière un petit rocher, un homme râle en perdant son sang.

— Nom de Dieu ! gronde Fouillet en s'arrêtant au-dessus de la forme douloureuse. Qu'est-ce que je peux faire...

L'officier des équipages Nozières, les traits déformés par l'insoutenable douleur qui le taraude, reconnaît comme dans un rêve l'homme efflanqué qui se courbe sur lui. Il domine ses râles.

— Des grenades..., balbutie-t-il dans un effort fantastique, des grenades...

L'officier n'a plus la force de se servir de son arme, une

carabine U.S. qui traîne près de lui. Deux voltigeurs de Fouillet se défont de leurs grenades et les déposent tout contre le corps pantelant. De nouveaux coups de fusil de chasse s'échappent des buissons. De très jeunes soldats sont encore touchés. Des cris atroces se mêlent au fouillis démentiel des détonations. Aubry, dit Picpus, un second maître breton, est frappé par une décharge de grosse chevrotine. Il bondit en arrière et tombe contre un arbrisseau très sec.

— Faut que je m'installe une attelle, se propose-t-il en surmontant sa douleur, sinon ma jambe est foutue...

L'officier marinier à la jambe fracassée oublie l'enfer qui l'entoure. Il casse la plus grosse branche du buisson qui l'a reçu, dénoue son foulard d'identification de son épaule droite, et plaque le bois sec contre le magma de sang et de chairs éclatées de sa cuisse. Puis il se couche au sol et subit, incapable de faire un mètre de plus, le tir de l'ennemi qui le frôle...

Incongru, irréel, un rire énorme se mélange soudain au tourment des armes et aux plaintes des blessés. Un immense instructeur de l'école, Yamorkine, ne semble plus dans son état normal. Il ne peut plus supporter les gémissements des jeunes qui se tordent, cloués au sol par les tirs rebelles. Son rire hors du commun est bientôt couvert par le bruit des rafales qu'il tire, debout face au feu, ivre de fureur. Le colosse éructe des insultes et des malédictions et, soudain calmé, accepte de se replacer à l'abri, miraculeusement indemne.

Les rafales rageuses du grand quartier-maître du cadre spécial ont permis à quelques blessés de se hisser vers des emplacements un peu moins exposés. Nozières, trouvant malgré la douleur la force de lutter encore, lance une à une ses grenades vers les buissons épais d'où partent les tirs rebelles. Les voltigeurs de Fouillet, du moins ceux qui ont réussi à franchir le feu sans dommages, approchent du corps de Vincent, qui saigne de plus en plus. Le chef de groupe blond, bien couvert par les tirs précis de deux de ses hommes judicieusement postés, parvient tout près du Lorrain.

— Courage, petit ! dit-il *in petto*, je vais te sortir de là...

Et il franchit d'un bond les trois derniers mètres qui le séparent du blessé. Il n'a pas le temps de le cramponner car une grosse chevrotine déchire en séton la gauche de son cou. Il a le réflexe fulgurant de s'emparer du fusil du gisant et remonte en jurant de quelques mètres sur la pente encombrée de morts et de blessés.

Fuzeau dépêche au feu un chef de groupe lance-roquettes pour voir s'il pourrait placer une pièce en batterie sans risques pour les siens. Carré, un large maistrancier, ne trouve pas d'angle de tir sans dangers et remonte vers l'officier très calme. Ce dernier grimace lorsque Carré rend compte de sa reconnaissance. Il passe un message radio pour rameuter des hélicoptères en évacuation sanitaire.

La nuit ne va pas tarder à tomber.

L'aspirant Cabot, chef de la section prise au piège et maintenant décimée, demeure coincé sur sa position infernale. Nozières lance ses dernières grenades avant de s'abandonner à la faiblesse qui le gagne. Un bouclage solide s'installe sur la hauteur, à deux cents mètres du feu. Le site s'assombrit lorsque les hélicoptères approchent. Le premier appareil ne réussit pas à se poser complètement. Il demeure au point fixe au ras du piton pendant que les hommes de Fuzeau chargent les premiers blessés remontés du thalweg en feu.

Le rebelle au fusil de chasse ne tire plus. Une sorte de trêve prend possession du champ de bataille sombre. Un quartier-maître réussit à lancer une corde alpine vers Vincent. Le blessé esquisse un mouvement désespéré pour l'atteindre. Sa main s'ouvre et se referme à quelques centimètres seulement du bout. Un dernier effort le fait grimacer. Son bras retombe, inerte. Son corps se tasse un peu plus sur la tache de sang qui s'élargit sous lui. Et il meurt.

Le feu rebelle tonne à nouveau. Le sauveteur abandonne sa corde et remonte, pleurant d'impuissance, vers ses compagnons. Les évacuations s'organisent petit à petit. L'aspirant Cabot hèle son radio.

— Salaun, lui ordonne-t-il, posez votre poste et tâchez de récupérer un de vos copains... J'assume l'écoute...

Le matelot, radio d'occasion, un Parisien toujours gouailleur, rejoint Le Floch, un premier-maître qui lui indique une forme tassée derrière un monticule de terre. Le Parisien, tout rond et aux gestes étonnamment vifs, se baisse sur le gisant, qu'il reconnaît.

— Pucheux ! s'exclame-t-il, c'est fini mon pote, écoute : les hélicos t'attendent là-haut...

Le sous-officier et le titi empoignent l'homme qui ne dit rien. Les deux hommes entament la difficile montée de deux cents mètres qui mène au salut. Leur fardeau saigne abondamment.

Le battle-dress du Parisien se gorge peu à peu de liquide chaud et gluant. Le matelot lutte contre le dégoût qui l'envahit.

— T'es vachement lourd ! s'efforce-t-il de plaisanter, tu tâcheras de bouffer un peu moins à l'avenir mon cochon...

Le blessé ne semble pas saisir le sens de la boutade exorciste. Il se cramponne désespérément à son sauveur qui grignote la pente mètre par mètre, tantôt poussé, tantôt tiré par Le Floch.

Des rafales peuplent toujours le fond du thalweg. Salaun, tout à son escalade douloureuse, ne pense pas à se retourner pour voir ce qui se passe en dessous de lui. Le trio sanglant atteint enfin, à bout de forces, l'arête du piton sur laquelle un hélicoptère est au point fixe. Des infirmiers s'emparent de Pucheux et le hissent dans la carlingue vibrante de l'appareil. L'un d'entre eux aperçoit le sang qui recouvre les uniformes de Salaun et Le Floch. Il empoigne le Parisien par le bras.

— Allez, courage, c'est fini, lui conseille-t-il en le poussant vers le ventre ouvert de l'hélicoptère prêt à décoller, embarque...

Le matelot indemne se défait difficilement de la prise compatissante.

— Moi, j'ai rien, bon Dieu ! hurle-t-il dans le raffut des pales brassant l'air de plus en plus vite, fous-moi la paix...

L'infirmier n'a pas le loisir de vérifier les affirmations du Parisien. Ce dernier se rejette vers Le Floch, à quelques mètres du Sikorsky.

Les deux hommes n'ont guère le temps de souffler, ni même celui de se désaltérer un peu. On leur donne à chacun une civière et on les repousse vers le feu. Ils sont vite au fond de la cuvette résonnante.

L'aspirant Cabot, coiffé comme ses hommes d'un simple casque léger, est toujours à la même place. Il tend le combiné de son émetteur-récepteur vert foncé à Salaun, de la main gauche, sans même se retourner vers le matelot sanglant qui a passé sa civière à deux autres élèves du centre pour leur permettre de se charger d'un moribond.

— Reprenez l'écoute, ordonne-t-il, et...

Une détonation claque, l'officier se tait, touché d'une chevrotine en plein front. Salaun se jette instinctivement en arrière. Puis revient vers le corps flasque de son chef pour reprendre le poste 300. L'aspirant a la tête à moitié arrachée.

— La radio ne marche plus, peste le Parisien qui veut prévenir Fuzeau du drame, elle a dû morfler elle aussi... J'ai eu du pot...

Le corps du jeune officier de réserve est tout de suite hissé vers le sommet bourdonnant des va-et-vient des hélicoptères que les pilotes posent et arrachent en prenant des risques énormes. Il ne reste bientôt plus sur le terrain que le corps de Vincent. Fuzeau renonce à le récupérer. Il place ce qui reste de son commando en bouclage serré.

Les élèves rescapés du feu ne pensent même pas à puiser dans leurs boîtes de ration pour reprendre des forces. Le lieutenant de vaisseau fait le sombre bilan de l'accrochage en regrettant de n'avoir pas reçu l'autorisation de foncer sur l'ennemi, comme il le faisait en Indochine, au commando Jaubert. Ses gradés indemnes ne parlent pas. Les heures passent en veille crispée. Des avions viennent larguer des lucioles plus à l'est. La bande rebelle poursuit sa fuite adroite, rendue possible par l'incroyable détermination du rebelle au fusil de chasse.

***

Fleury, à Aïn Sefra, balaye difficilement de ses pensées le visage toujours souriant de son ami Vincent, mort à dix-sept ans et demi. L'évocation précise du combat, tel que ses compagnons du cours Darasse le lui avaient raconté, sans fioritures, l'a fatigué un peu plus. Le sommeil le gagne. Un chacal hurle, vers le Bou Amoud. Les ombres furtives de quelques légionnaires qui se rendent en relève des sentinelles placées entre les blindés se faufilent dans la nuit fraîche.

— Et, se souvient encore le quartier-maître somnolent, ce n'est que le lendemain matin que Fuzeau a pu récupérer le corps de mon copain, en envoyant un prisonnier le chercher...

Le Normand envahi par la torpeur réparatrice qui s'empare de son corps aux muscles endoloris par les chocs violents de l'accrochage de l'après-midi, se souvient encore que le rebelle sacrifié avait réussi à prendre le large dans la nuit, mission accomplie, et que l'officier des équipages Nozières avait succombé quelques jours plus tard, à l'hôpital Maillot d'Alger.

— J'aurais au moins appris, s'avoue-t-il en s'endormant, qu'un homme bien embusqué et qui accepte le sacrifice de sa vie peut tenir une armée au large... Chapeau tout de même pour le fell...

6

EMBUSCADE MORTELLE

Le large bivouac s'éveille. Il se peuple de lancements de moteurs et de cris. Le brouhaha extirpe le Granvillais d'un sommeil trouvé très tard. Quelques-uns de ses compagnons s'affairent déjà à chauffer de l'eau dans le quart déboîté de leur gourde pour préparer leur Nescafé rituel. Des camions et quelques blindés légers s'éloignent dans la plaine, vers le village oasis de Moghrar Tahtani, d'où le commando Jaubert a été enlevé la veille en hélicoptère. Le ciel est toujours vide de nuages. Un halo de brume limite l'horizon au sud, et le djebel Bou Amoud s'éclaire peu à peu aux premiers rayons du soleil.

— Il va encore faire sacrément chaud, avance un commando en arrangeant sa tignasse rase à petits coups de main.

L'homme mal éveillé parle comme s'il fréquentait le grand Sud depuis toujours. L'odeur du Nescafé traîne entre les groupes bavards. Les bérets-verts s'aspergent le visage d'un peu d'eau tirée de jerricans verts descendus d'un camion G.M.C. hors d'âge. Montjaux, fidèle à ses habitudes, se rase consciencieusement avec le Gillette dentelé et argenté dont il ne se sépare jamais.

— On est tout de même bien mieux pour faire la guerre quand on est propre, lance-t-il à Fleury qui fait ses maigres ablutions à deux mètres de lui, pas vrai ?

Le Normand, imberbe, sourit au vieux guerrier.

— J'ai encore vachement mal au genou, se plaint-il en approchant un peu plus du solide Catalan, pourvu qu'on ne bouge pas aujourd'hui...

Alefsen de Boisredon d'Assier, le visage chiffonné par une nuit sans sommeil, approche du groupe économe d'eau.

— Alors, Fleury, s'inquiète-t-il, comment ça va ?

Le caporal-voltigeur se fige au garde-à-vous et salue le jeune chef, comme tous les commandos qui l'entourent.

— Ça ne va pas si bien que ça, lâche-t-il d'une voix triste.

L'enseigne de vaisseau de réserve ne laisse pas le quartier-maître se lancer dans de longues explications.

— Je m'en doutais bien d'après ce que m'a dit l'infirmier hier soir, avoue-t-il de sa voix monocorde. Vous resterez ici au cas où nous devrions remonter sur le djebel...

Puis l'officier prévenant et déguingandé se dirige vers l'autre groupe de sa section. Fleury est atterré.

— J'aurais l'air fin si les copains tombent à nouveau sur des fells ! rage-t-il en achevant le quart de café que Bonnot lui a offert.

L'eau qui a servi à la rapide toilette des commandos ne traîne pas à leurs pieds. Elle est avalée en quelques secondes par la terre rousse, veuve de pluie depuis longtemps. Le pacha converse, vers les blindés de la Légion étrangère, avec des officiers de l'armée de terre. Les bérets-verts ont déjà reconfectionné leur maigre paquetage et rapidement mangé leur casse-croûte : pain de guerre, sardines à l'huile ou pâté Senchou de leurs rations K. Ils attendent les ordres.

Ceux-ci ne tardent pas. Costagliola se sépare des hommes en battle-dress kaki et coiffés de képis. Il rameute ses trois chefs de section. Fossat, Guillerm et Alefsen l'écoutent pendant une minute, puis se hâtent vers leurs hommes.

— On va refouiller le coin de l'accrochage, annonce Alefsen à Leresteux, Montjaux et Janssen. Et, précise le chef de section : pas d'hélicos, cette fois on grimpe à pied...

Les trois sous-officiers transmettent le programme à leurs pièces et voltiges. Le campement s'anime un peu plus. Fleury se sent tout à coup comme étranger au commando. Ses voltigeurs l'ignorent, tout à la mission future. Le mouvement s'ébranle. La section du Normand esseulé au milieu des légionnaires se dirige la première vers le bas du Bou Amoud.

— Et dire que c'est moi qui devrais crapahuter en tête, regrette le commando au genou enflé, je n'ai vraiment pas de chance...

Balayant son égoïsme de soldat gourmand de beau baroud, le Granvillais souhaite sincèrement du bilan aux bérets-verts dont les silhouettes s'amenuisent peu à peu et sont bientôt dévorées par la masse de la montagne. Des blindés font aussi mouvement dans la même direction. Un Piper, qui a pris possession du ciel depuis plus d'une heure, trace des arabesques ronronnantes au ras des roches du Bou Amoud.

— Les copains doivent entamer la grimpette, imagine Fleury en prenant son mal en patience.

Le commando privé de traque traîne sa jambe endolorie vers le P.C. radio du campement, pour y guetter le moindre signe d'énervement des opérateurs.

— Il n'y a pas l'air de se passer grand-chose par là-haut, regrette-t-il en inspectant de ses yeux bleus la tranquillité ambiante.

Et il retourne à son paquetage, près d'un G.M.C. qui lui procure de l'ombre. Il pose sa mitraillette contre une roue arrière du véhicule américain, se défait de sa chasuble porte-chargeurs, s'allonge à même le sol, appuie sa tête rase sur son sac de combat, mâchouille machinalement une galette carrée et dure de pain de guerre, et pense, le regard perdu dans l'immensité du ciel clair.

Il se revoit chez lui, tout près de Granville. Tout lui revient en quelques secondes, les somptueux couchers de soleil au-dessus des îles Chausey, les tempêtes démentes de l'équinoxe qui arrachent des blocs de granit à la longue digue promenade du Plat-Gousset, les étendues de sable et de rochers délaissées par la marée ; les congres, les tourteaux, les homards et les étrilles pêchés à la main. Une irréelle sensation de fraîcheur naît à l'évocation d'avant 1956. Floue, l'image du père, intransigeant ancien officier de la France Libre, domine la blondeur de la sœur de huit années et la rondeur turbulente d'un frère de six ans à peine. Il revit aussi la gentillesse orientale d'une seconde mère, épousée par son père, en 1943, en Syrie.

— Comme ça me paraît loin tout ça, se dit le commando fouaillé par le souvenir de paix.

Trois légionnaires au képi coiffé de toile beige, sans armes, se plantent devant le rêveur, bousculant les images nostalgiques.

— Tu étais dans le coup, hier ? interroge le plus petit des trois hommes, avec un accent trahissant des origines espagnoles.

Le béret-vert hésite à tout raconter.

— Non, se décide-t-il à mentir, j'étais à deux cents mètres de l'accrochage...

Les légionnaires font la moue et, presque dédaigneux, s'éloignent sans ajouter un mot. Le Granvillais replonge dans ses pensées. Il revoit tout ce qu'il sait sur les commandos, tout ce que ses anciens lui ont raconté au fil des mois, tout ce qu'il a pu lire, tout ce qui fait la tradition de feu du corps d'élite qui est devenu sa vraie famille. Le débarquement de Normandie, l'Indo, vécue par ses chefs et, plus proche, les débuts de la guerre d'Algérie qui s'éternise.

— Les gars de Penfentenyo ont pas mal travaillé vers la frontière tunisienne en 1956, se souvient-il.

Et le récit d'une embuscade tendue par les rebelles le 7 juillet 1956 dans la région d'Herbillon lui revient en mémoire, figé à tout jamais dans son esprit par la narration d'un de ceux qui l'avaient vécue.

***

— On décroche, rameutez les groupes vers la route, ordonne par radio le lieutenant de vaisseau Materre à ses chefs de sections éparpillées dans les fouillis de chênes-lièges du secteur de La Marsa, à une vingtaine de kilomètres d'Herbillon, dans la presqu'île de Collo.

Les hommes du grand officier coiffé d'un large béret vert comme en portaient les vétérans du jour J ont grenouillé en vain toute la nuit à la recherche de hors-la-loi signalés par un renseignement soi-disant de première main. L'aube se lève,

brumeuse. Les commandos, demeurés statufiés derrière des rochers en espérant voir déboucher devant eux les fellagha débusqués par leurs compagnons lancés en patrouilles, frissonnent. Leurs membres sont gourds. Ils redécouvrent peu à peu le son de leur voix. Des plaisanteries douteuses fusent, exorcisant le fiasco de la nuit de tension extrême. Libérés par l'ordre de Materre, les bérets-verts transis allument des feux de branchettes et d'écorces entre des pierres humides de rosée, sur lesquels ils chauffent le reste du contenu de leurs gourdes d'eau. Le Nescafé sans goût est vite avalé. Les embuscades démontées et les patrouilles se regroupent rapidement au-dessus d'une route en lacet.

— Les camions devraient déjà être là, regrette l'enseigne de vaisseau Metz en consultant son bracelet-montre et constatant qu'il n'y a personne au rendez-vous fixé la veille.

Les commandos s'étalent au flanc de la montagne boisée, instinctivement placés en défense idéale. Quelques minutes passent, énervantes pour des hommes qui n'ont pas fermé l'œil de la nuit et aspirent au repos. Des étirements de brume flottent au-dessus de la toison vert sombre des chênes-lièges qui recouvre tout le paysage tranquille. Un bruit de moteurs se fait enfin entendre. Il vient du nord.

— C'est pas trop tôt, se disent presque tous en même temps les bérets-verts aux traits tirés.

Les véhicules du recueil, trois G.M.C. précédés d'une jeep Willis, manœuvrent dans un coude de la route étroite pour se remettre en direction de la mer.

Les sections embarquent une à une. Les hommes se tassent sur les banquettes en bois branlantes en se faisant face, l'arme entre les jambes, leurs sacs de combat jetés en vrac dans les cuves des G.M.C. Le pacha s'installe avec son radio dans la jeep. Il inspecte tout son monde du regard, puis donne l'ordre du départ.

Les bruits de moteurs déchirent le silence de la forêt humide. Quelques commandos, à bout de fatigue et bercés par les cahots de la mauvaise route, glissent dans une somnolence réparatrice. D'autres tiennent à veiller, prêts à riposter à une embuscade toujours possible. Il est maintenant un peu plus de neuf heures quinze. Le convoi roule depuis une bonne demi-heure déjà. Le soleil monte vite dans le ciel. Il fait chaud.

— C'est curieux, grommelle un quartier-maître assis tout près du tireur au fusil-mitrailleur de la pièce qu'il commande, il n'y a personne dans les champs...

Les essarts qui rognent sur l'immensité figée de la forêt de chênes-lièges sont en effet déserts. Et il n'y a pas âme qui vive dans les douars frôlés par la petite colonne. Les hommes qui ne dorment pas et connaissent bien le parcours plus de cent fois emprunté déjà, ressentent l'étrangeté de l'absence des fellahs.

Il est neuf heures trente.

Herbillon n'est plus très loin. La tension baisse d'un ton. La jeep du lieutenant de vaisseau Materre franchit un ponceau de pierre qui enjambe le maigre débit de l'oued El-Saïd. Le convoi pénètre tout après dans l'ombre d'une nouvelle forêt de chênes aux troncs écorcés jusqu'à leurs premières ramures torses. Des blocs de rochers gris clair parsèment les futaies serrées et mal alignées sur une pente douce. Des rafales giclent soudain de la profondeur touffue. Milin, un jeune commando, s'écroule contre les sacs qui jonchent le fond de son camion. Ses yeux se révulsent. Il meurt en quelques secondes. Son voisin de banquette, Le Tourneur, a eu le temps de repérer l'endroit d'où est partie la rafale assassine. Il ne saute pas de son véhicule immobilisé comme l'ont fait en une seconde ses camarades. Il ajuste calmement la position du rebelle invisible. La longue rafale de mitraillette qu'il libère d'une pression d'index touche le fellagha à mort. Le commando vengeur, pris pour cible à son tour, bondit derrière le camion criblé de balles.

Le pacha des sections piégées hurle ses ordres. Il veut, sans attendre que la pression du feu ennemi croisse encore, lancer ses bérets-verts à l'assaut des embusqués de l'A.L.N. Il se relève pour indiquer les points de feu à bousculer. L'ordre qu'il hurle en faisant feu de sa carabine américaine meurt en gargouillis horribles. Il se rabaisse à l'abri, du sang jaillit de son cou transpercé par une balle. Aucun son ne sort plus de sa gorge torturée. Martinez, un commando pied-noir hurle dans le vacarme, lui aussi touché.

La contre-attaque menée par l'enseigne de vaisseau Metz commence à se développer, implacable. Les tireurs au fusil-mitrailleur éclaboussent la forêt de longues rafales. L'un d'eux, Wytazewski, homme du Nord, fonce vers les rebelles en se servant de son 24/29 comme d'une simple mitraillette. Le pacha, tiré à l'abri, ne peut qu'apprécier de loin le rush de ses hommes. Martinez est touché une seconde fois, mais continue à tirer. Les commandos se lancent en poursuite de la bande en décrochage. Des voltigeurs enjambent trois corps sans vie sans leur accorder l'aumône d'un regard. Wytazewski court aussi vite qu'eux, tirant à la hanche, tenant relevé de la main gauche le bipied mobile de son arme. Le feu baisse peu à peu d'intensité.

— Fouillez les alentours, hurle un second maître alors que les fuyards de l'embuscade se perdent dans les méandres serrés de la forêt aux troncs criblés de balles.

Les commandos fureteurs découvrent des traces de sang.

— Ils traînent leurs blessés, avance un voltigeur au souffle raccourci par l'effort, on devrait leur courir au cul...

Sur la route, tout est calme. L'infirmier du commando soigne le pacha et Martinez. Le corps de Milin, pantelant, demeure dans son G.M.C. Le radio du commandant blessé ameute les troupes du secteur. Les trois corps de fellagha surpris par la riposte immédiate des hommes qu'ils voulaient abattre sont alignés dans le fossé. Sur l'ordre de Metz, les commandos réintègrent leurs camions aux flancs éraflés. Ils sont silencieux. Le convoi démarre et prend de la vitesse vers Herbillon.

***

Le soleil est maintenant haut au-dessus du djebel Bou Amoud. Fleury arrête de penser à l'embuscade déjouée par les hommes de Materre. Il consulte la montre plaquée or que lui a offerte la jeune pied-noir qui l'attend à Alger.

— Plus de dix heures, se dit-il, les copains doivent avoir maintenant retrouvé le coin d'hier...

Un coup d'œil vers le P.C. radio du bivouac presque désert apprend au Granvillais que rien ne se passe sur la montagne. Le Piper, minuscule libellule têtue, tourne toujours au-dessus des rochers écrasés de soleil. Des blindés patrouillent au pied de l'immense table sans végétation. Quelques ânes et quelques dromadaires sans bâts broutent des épineux, vers le village de Moghrar, indifférents à l'agitation qui s'est emparée depuis quelques jours de leur paradis désertique. Il fait de plus en plus chaud. D'étrangcs lézards à large queue hérissée d'arêtes piquantes tracent de temps en temps un trait vert sur le sable brûlant. Fleury boit une gorgée d'eau de sa gourde, dans laquelle il a dilué un sachet de poudre au vague goût d'orange prélevé dans sa boîte de ration.

— Bonnot et les autres doivent en baver là-haut, se dit-il une fois désaltéré.

Le regard du quartier-maître handicapé balaie une fois encore le long djebel qui le fascine.

— Cette montagne ressemble en plus grand au djebel Zachri qui domine le sud-ouest de Nedroma, près de Nemours, pense-t-il. Là où est mort le premier maître Darasse, l'ancien chef de la section dans laquelle je me bats maintenant...

7

LE FOU DE GUERRE

La première section de Jaubert, alors commandée par le lieutenant de vaisseau Richard, un ancien des tumultes de Bir Hakeim, progresse silencieusement dans la nuit qui a dévoré depuis plus de trois heures déjà le plateau de Tient, étalé au-dessus de Nemours.

Darasse, un homme sec comme un sarment de vigne, marche tout de suite derrière ses deux voltigeurs de tête. Les deux hommes, comme leurs compagnons étirés dans la pénombre, ont troqué la vareuse camouflée des commandos anglais contre une simple veste de battle-dress délavée. Ils portent de curieuses casquettes de toile verte, de style jockey, qui leur donnent l'allure des combattants de la rébellion. Certains, qui n'ont pas trouvé de couvre-chef de l'A.L.N., se sont coiffés de passe-montagne de laine brune. Tous ont le visage marqué au noir de fumée et connaissent parfaitement le but de l'expédition furtive. Montjaux, pour une fois mal rasé, marche au milieu de la souple colonne.

— Le pacha nous a bien assurés que les six gus venus du Maroc pour foutre la merde par ici se trouvent dans la mechta que nous avons repérée sur la carte avant de quitter Nemours, se répète-t-il en s'efforçant de ne déplacer aucune pierre au fil de ses pas retenus, depuis le temps que les gars du secteur leur filent le train pour des prunes... On doit les avoir...

Le Catalan savoure à l'extrême l'énervement de l'approche. Il reste un peu moins de trois kilomètres à parcourir sous le ciel sans lune. L'horaire du coup de main a été savamment calculé pour que l'assaut final se donne avant l'apparition de l'astre nocturne. Quelques mechtas se précisent devant le petit commando. Les deux hommes de pointe se baissent soudain. La colonne se coule tout entière au ras du sol. Rien ne bouge dans les gourbis. Darasse les connaît bien, qui les a déjà fouillés au fil des semaines. Il se relève à gestes comptés, dépasse William Godier, un de ses chefs de groupe, et parvient vite tout près de son éclaireur.

— Je crois qu'il n'y a personne, patron, lui chuchote ce dernier, on peut y aller...

Darasse scrute encore pendant une minute la masse rectangulaire des mechtas entourée d'une haie infranchissable de cactées à larges palettes.

— On repart, souffle-t-il à son commando au visage noirci.

La colonne traverse, marchant comme sur des œufs, le douar endormi. Des volailles s'ébrouent dans les cours défendues par des panneaux de bois cloutés et disjoints par le temps. Le dernier homme de Darasse dépasse la dernière mechta.

Les bérets-verts travestis en rebelles ont emmené avec eux un musulman rallié, qui est armé comme son chef de section d'une carabine U.S. de 7,62. Le commando ne s'est pas encombré de fusils-mitrailleurs pour le raid, ni même de sacs de combat. Les soldats qui, comme Philibert Boutier, un Bourguignon à la face ronde, servent à l'habitude un lourd 24/29, apprécient la légèreté de leur équipement. Les poches des battle-dress récupérés sur des rebelles morts sont vides, rien ne risque de cliqueter au cours de la marche.

— Enfin, cette fois on y est, se dit Médina en stoppant net sa progression, tout comme le fait le voltigeur de pointe de la section isolée.

Le Vosgien à la peau très noire n'a pas eu à forcer sur le grimage pour ressembler à un rebelle : il est un fellagha ! Le harki susurre quelques mots à Darasse, à vingt mètres seulement du repaire rebelle. Un bruit de course tasse les commandos au sol caillouteux. Chacun retient son souffle, prêt à tirer. Quelques secondes passent. Elles ont un goût d'éternité.

— Chacal ! souffle le harki en décrispant son visage dur. C'est rien du tout...

Le scénario monté par le lieutenant de vaisseau Richard dans la vieille caserne de Nemours, à l'aide de photos aériennes toutes récentes, est prêt à se dérouler.

— La lune va se lever dans une demi-heure, se rend compte Montjaux en consultant le cadran phosphorescent de sa Jaeger-Lecoultre réglementaire, on est tout juste dans les temps.

Le douar est cerné. Les rebelles, s'ils sont là, sont piégés. Le harki escalade comme un chat le mur de terre d'une mechta proche de celle qui doit receler les hors-la-loi. Un long silence suit le léger bruit de la chute du musulman dans la cour intérieure du gourbi.

— On dirait que ces cons-là n'ont même pas placé de factionnaires, se réjouit Godier en armant sa mitraillette.

Un coup de carabine pulvérise la tranquillité du petit douar. Des hommes à peine vêtus bondissent de leur abri en tiraillant au hasard. Des rafales de Mat 49 les rejettent en arrière, deux d'entre eux s'écroulent au sol avant d'avoir pu regagner leur antre sombre. Des grenades éclatent dans la mechta d'où ne jaillit plus aucun coup de feu. Le combat aveugle n'a guère duré plus de deux minutes. Darasse place les trois quarts de ses hommes en défense autour du village.

— Passe-moi le combiné, demande-t-il d'une voix qui ne trahit pas la moindre émotion à l'homme qui porte le lourd S.C.R. 300 à longue portée qui relie l'expédition au P.C. de l'opération.

Le pacha Richard, inquiet, est à l'écoute permanente.

— On les a coincés, lui annonce le premier-maître sans triompher, le renseignement était bon...

Un voltigeur approche du chef de section penché sur le poste déposé au sol.

— Patron, lui apprend-il, tout essoufflé par le bref combat, on en a eu que cinq...

Darasse grimace, déçu.

— Il en manque un à l'appel, est-il obligé de transmettre au pacha qui attend sa section à l'autre extrémité du plateau de Tient, on va le chercher...

La lune se lève tandis que le radio du chef de commando demeure à l'écoute. Les contours de la mechta aux murs gangrenés de dizaines d'impacts se précisent aux yeux des bérets-verts. Une fouille en règle de tout le douar désert ne permet pas de retrouver le rebelle manquant au tableau de chasse.

Darasse donne, à regret, l'ordre de reprendre la piste, vers deux G.M.C. qui doivent être prêts à ramener ses hommes à la caserne de Nemours.

Les corps des rebelles, identifiés avec précision, sont abandonnés sur place. Chaque homme de la section, même s'il n'a pas participé directement à la brutale action de l'assaut final, se sent le pied léger malgré la fatigue qui s'impose au long des kilomètres. Les camions sont bien au rendez-vous. Le jour se lève quand ils pénètrent dans la grande cour de la caserne Lyautey.

— On va se débarbouiller un peu et roupiller une ou deux heures, se propose Médina en exhibant sa dent en or dans un rictus de loup fier d'avoir vaincu.

La Bohème et ses compagnons sautent à bas de leur camion et se dirigent vers leur casernement. Le pacha est là, qui accueille Darasse en le prenant par le bras.

— Ça chauffe sur le Zhakri, apprend-il à son chef de section au visage noirci après l'avoir félicité, j'ai gueulé au P.C. de la D.B.F.M., mais ils ont vraiment besoin de nous... alors...

Les deux autres sections du commando dévalent les larges escaliers de bois de la caserne dans un joyeux brouhaha. Médina et Godier sont rejetés dans la cour où pénètrent de nouveaux camions vides. Darasse regroupe sa section lasse.

— Pas le temps de se reposer, annonce-t-il à Montjaux en précisant : même pas celui de se laver et de se changer... On repart tout de suite...

Les commandos recomplètent simplement leur dotation de munitions entamée par le combat de la nuit, recoiffent leur béret vert et remontent dans leurs G.M.C.

— Où est-ce qu'on file comme ça ? se demande Lequen, un quartier-maître vétéran d'Indochine en mordant à pleines dents dans un quartier de couronne de pain frais distribué par des matelots commis aux vivres de la D.B.F.M.

Le convoi retraverse Nemours vers l'ouest. Les véhicules bondés pilent près de quelques hélicoptères dont les pales se mettent aussitôt à brasser l'air.

— Ça va, se dit Médina en vérifiant l'arrimage des grenades qu'il a prises à la caserne, pas besoin de dessin... Si on nous paye une balade en l'air : c'est que ça chie vraiment...

Darasse et ses hommes oublient leur fatigue, et même le coup de main réussi. Montjaux jubile. Son visage mangé de barbe noire est souriant. Les premiers Sikorsky s'arrachent du sol en soulevant des nuages de poussière. Ils filent, au-dessus du plateau de Tient, vers la haute barre rocheuse du Zhakri.

Darasse et sa section toujours démunie d'armes collectives se retrouvent bientôt au milieu de la rocaille grise du djebel résonnant de coups de feu et d'explosions d'obus d'artillerie. Les hélicoptères font un manège d'enfer au-dessus d'eux. Le pacha, dangereusement penché à la porte de son appareil, tire à la carabine sur une forme kaki qui court sur la droite des sticks déjà posés. Le rebelle, touché au bout de quelques balles de 7,62, s'abat sur la pierre.

— Il n'est sûrement pas mort, se dit le lieutenant de vaisseau, tandis que le pilote de son hélicoptère prend de la hauteur pour échapper à des tirs d'armes automatiques qui partent du long sommet du Zhakri.

Tout le commando est bientôt à pied d'œuvre. Des légionnaires du 5ᵉ R.E.I., amenés de Tlemcen, attaquent la montagne en feu par son flanc sud-est. Des Sénégalais complètent le bouclage serré. Des éléments de la D.B.F.M., formés à quatre-vingts pour cent d'appelés et de rappelés, sont directement au contact de la bande rebelle accrochée. Ils ne manœuvrent pas avec la sûreté d'une troupe de métier. Des hommes tombent, fouettés par les tirs ennemis, d'autres, indemnes, se terrent derrière le moindre rocher. Tous leurs officiers et chefs de groupe sont touchés au cours des assauts qui se brisent inexorablement sur les positions de l'A.L.N. Les commandos enragent, bloqués à trois cents mètres du combat.

— Qu'est-ce qu'on attend pour nous faire grimper à la rescousse, regrette Darasse en pointant ses jumelles sur les roches occupées, tous ces pauvres gars vont se faire tuer… C'est pas leur boulot !

Les rebelles, bien retranchés, repoussent facilement un nouvel assaut et remontent vers le sommet de la montagne en ne tirant qu'à coups sûrs. Richard s'est posé près de ses hommes, et n'attend plus que l'ordre de les lancer à l'assaut. La chasse donne sur les crêtes, empêchant toute approche sérieuse.

— Nom de Dieu ! tempête Philibert Boutier, ils sont trop loin, les fells… Cette saleté de Mat à la noix ne me sert à rien… j'aurais mieux fait de reprendre mon bon vieux F.M…

Le Bourguignon suit de ses yeux rougis de fatigue la course impunie d'une demi-douzaine de fellagha changeant judicieusement d'emplacement de combat.

La pagaille des premiers chocs se patine peu à peu, d'accalmie en accalmie. Les appelés, subjugués par l'exemple tranquille de leurs chefs, pour la plupart anciens des commandos, se reprennent et avancent par bonds courts vers le sommet du Zhakri.

— Et nous, pute borgne ! On sert à quoi ? tempête Montjaux, les nerfs tendus à l'extrême.

Darasse fait avancer ses hommes de quelques mètres pour parfaire le bouclage mobile. Une balle perdue le frappe au ventre. Il s'affaisse derrière un rocher. L'infirmier du commando, aussitôt alerté, glisse vite vers lui. Le chef de section a le visage déformé par la douleur. La balle qui l'a mis hors de combat a fait éclater la large boucle de son ceinturon, et le tout est entré dans son ventre en causant d'horribles déchirements. Les pansements qu'on lui plaque sur les chairs écartelées ne réussissent pas à endiguer le flot de sang qui sourd de la blessure immonde.

— Ne vous entassez pas ! trouve la force d'ordonner le gisant à ses hommes, gare aux fells...

Montjaux, dont Darasse est le modèle, fixe durement les hauts de la montagne embrasée.

— Pourvu qu'il tienne le coup, gronde-t-il en maudissant les rebelles, ce serait trop con de le perdre...

La nouvelle de la blessure du redoutable chef de section court de groupe en groupe. Personne n'aime vraiment le sous-officier bien trop exigeant dans le service, mais chacun ne peut s'empêcher de l'admirer en secret.

— Il nous en fait baver comme des mules, se dit un voltigeur en ne pouvant détourner le regard du blessé silencieux, mais bon Dieu quel soldat...

Le feu monte d'un ton. Les rebelles tentent le tout pour le tout pour briser l'encerclement qui les menace de plus en plus au fil des manœuvres maintenant bien ordonnées.

— Ça va mal partout, apprend à ses compagnons le radio du pacha, tout le monde a des pertes sérieuses...

Darasse lutte contre la douleur. Il refuse la mort.

— Passe-moi le combiné, ordonne-t-il à son radio atterré, vite... dépêche-toi...

Le matelot s'exécute. Le vieux professionnel de la guerre a repéré des emplacements de feu capitaux dans le dispositif ennemi. Il les indique avec précision aux éléments mieux placés que le commando qui attend toujours l'ordre de foncer. Le temps ne compte plus. Il est bientôt plus de dix-sept heures. Les hommes de Richard, bouillant de dépit, voient se dessiner un nouvel assaut, plus net que les rushs précédents. Les rebelles donnent des signes de lassitude. Le pacha profite du répit relatif pour faire évacuer Darasse qui est maintenant à demi conscient.

L'appareil qui le charge évite le feu ennemi et file vers Tlemcen. Les hommes privés de chef de section suivent longtemps du regard le gros hanneton poussif qui se perd vite dans le ciel.

— Il va s'en tirer, se persuade le Catalan, j'ai l'impression de perdre un grand frère... Peut-être même un père...

La pression des fusiliers marins de la D.B.F.M. s'intensifie. L'artillerie pilonne la fuite des rebelles.

— Ils reviennent vers nous, se réjouit Médina, regrettant comme Boutier de n'être armé que de sa mitraillette de 9 mm.

Des formes furtives se coulent entre les rochers, dans des nuages de fumée. Les bérets-verts armés de 24/29 et de fusils les cueillent comme des cibles au pas de tir.

La nuit tombe. Les unités engagées depuis le matin reçoivent une à une l'ordre de décrocher.

*
**

— J'aurais bien aimé être de ce combat, se prend à rêver Fleury en lisant une nouvelle fois l'heure à sa montre, et surtout connaître Darasse... Ce devait être une sorte de fou de guerre... un chevalier intransigeant... un homme sans états d'âme... un commando !

Il est à peine midi. Le Normand peste contre le temps qui ne s'écoule pas assez vite à son gré. Deux légionnaires lui offrent de la bière, très fraîche, pour accompagner le contenu sans attraits de la boîte de ration qu'il éventre de sa dague, plus par habitude que par faim véritable.

— Merci ! lance-t-il d'un ton distrait aux képis-blancs en pensant une dernière fois à son modèle inconnu mort au bout de quelques jours d'hôpital.

— Les gars de chez toi n'ont rien trouvé là-haut, lui apprend un des légionnaires souriant, ils ne vont certainement pas tarder à redescendre...

8

LA MORT RÔDE DANS L'OUED BOU KIOU

Un ordre rauque est hurlé par un sergent. Il ramène les deux légionnaires à la course vers un blindé dont le moteur tourne au ralenti. Fleury demeure seul et achève du bout des dents son repas spartiate. Il remet sa dague dans l'étui de tôle à l'émail écaillé qui pend de son ceinturon américain tout le long de sa cuisse droite. Le Bou Amoud aimante irrésistiblement son regard. Il tente en vain de distinguer sur sa pente sud quelques indices de mouvements annonçant la fin de la fouille et le retour de Jaubert. Le Normand se résout ensuite à tuer le temps en se remémorant encore quelques actions passées des commandos en Algérie. La montagne aux flancs incendiés par le soleil devient un immense écran sur lequel défilent des images précises.

*
**

Des éléments de la demi-brigade de fusiliers marins, dont Ponchardier, son créateur promu contre-amiral, a passé le commandement au capitaine de vaisseau Vivier, un ancien des combats de la Libération, forment à l'aube du 17 avril 1957 un groupement opérationnel avec des légionnaires et les commandos De Penfentenyo et De Montfort.

Les bérets-verts de Penfentenyo, commandés par le lieutenant de vaisseau Tessier depuis la blessure de Materre et un court intérim de Rogeon, un autre trois-galons ancien d'Indochine, progressent au-dessus du tracé sinueux de petits oueds sombres, encaissés, et envahis de buissons épais. Ceux de Montfort, menés par le lieutenant de vaisseau Demay, grand officier brun, demeurent en bouclage sur une piste offrant la seule voie d'accès carrossable au littoral. Les commandos de Tessier, homme pas très grand mais solide et aux traits réguliers que tous au commando appellent familièrement Toto, s'infiltrent dans le magma de broussailles. Les voltigeurs affairés à la traque ne voient rien à plus de cinq mètres devant eux. Des avions de chasse rôdent au-dessus du lent mouvement de fouille. Des colonnes de fumée, traces d'incendies allumés par des salves d'artillerie tirées dès l'aube, montent droit dans le ciel. La progression difficile est hantée de craquements de branchages secs, de cris de ralliement, et de jurons.

— Qu'est-ce qu'ils ont à gueuler comme des ânes, ronchonne le matelot Vadaine, tout petit commando d'un mètre soixante et un à peine, moi j'y vois encore bien moins qu'eux et je ne dis rien...

Le petit béret-vert teigneux demeure quelques instants empêtré dans la broussaille. Il réussit à se défaire de la prise agaçante en se tortillant comme un ver et brandissant à deux mains son fusil lance-grenades au-dessus de sa face chafouine. Il rejoint difficilement l'alignement incertain de ses compagnons en sueur. La traque vaine tire en longueur. Il est dix heures trente passées.

Les sections très étalées parviennent au-dessus d'un oued encore plus encaissé que celui qu'ils viennent de fouiller. Les voltigeurs, assoiffés par la poussière des buissons violés si malaisément, demeurent instinctivement sur leurs gardes pendant quelques instants. Le pacha relance son mouvement. Des rafales couvrent soudain le ronronnement devenu familier des moteurs d'avion. Un combat aveugle s'engage. Pas un seul béret-vert ne peut déceler les endroits d'où partent les coups de feu qui les paralysent. L'oued sombre est tout entier balayé de rafales. Les grenades à fusil lancées en riposte s'abattent serré dans les méandres enfumés. Tessier, très calme, est sûr de la bonne réaction tactique de ses gradés. Il rend compte de la dure prise de contact par radio. Les avions de chasse perdent de l'altitude et se rapprochent de l'oued résonnant.

— Il y a au moins une quinzaine de fells, confie le premier maître L'Helgouach, l'adjudant du commando à un de ses chefs de groupe, pourvu qu'ils ne nous filent pas sous le nez...

Il est impossible de lancer les sections dans un assaut classique sans risquer que les bérets-verts ne se prennent pour cibles à un moment ou à un autre. Le chef rebelle le sait. Il semble vouloir demeurer sous le feu implacable des marins. Ces derniers ne tirent plus qu'à bon escient sur les hors-la-loi solidement installés sur un front profond de cinquante mètres de fouillis inextricable.

— On va tout de même pas coucher là, enrage Jacquemin, un quartier-maître lorientais à la gueule carrée, en regrettant que ne vienne pas l'ordre de foncer à la curée.

Deux formes très imprécises bougent à moins de dix mètres du râleur. Le tir de son arme, libéré par réflexe, suit le bond en arrière des deux soldats de l'A.L.N. Le bruit infernal de l'accrochage croît encore pendant quelques minutes, puis une accalmie s'empare du site peuplé de hurlements de fureur et de douleur. Les autres éléments de l'opération manœuvrent selon les plans du commandant Vivier. Les avions jaunes plongent en mitraillant sur des itinéraires de repli rebelles, repérés à l'avance. La tactique imposée ralentit le déroulement du combat. Il est bientôt plus de midi.

Les rebelles levés par les hommes de Tessier profitent de la mise en place d'un bouclage pour se défiler par-dessous leurs buissons-forteresses. Trois d'entre eux, désarmés par les fuyards, se vident de leur sang. La fouille est relancée quelques minutes plus tard. Elle couvre un long ravin. Tessier envoie sa troisième section ratisser un fond d'oued pendant que sa première section progresse, avec de plus en plus de difficultés, sur les ailes de leurs compagnons presque invisibles à leurs yeux attaqués par les effluves de poudre de l'accrochage.

De nouvelles rafales éclatent un peu après dix-huit heures quinze. Les vestes camouflées des commandos se fondent un peu plus dans l'ambiance naturelle. L'une d'elles ne se relève pas après le tir. L'homme qui la porte, le quartier-maître Blanc, est mort, foudroyé d'une balle en pleine tête. Ses compagnons ripostent aux rebelles sans s'apercevoir de sa mort. Fréchard, un second béret-vert, touché au flanc et au visage, hurle sa douleur. Les hors-la-loi hachent les buissons de leurs rafales au-dessus des commandos. Tessier renseigne vite les autres unités de l'avance. La bande est cette fois bien fixée. Elle perd quatre hommes au cours d'une première ruée des commandos.

Le corps de Blanc est récupéré par ses camarades. Six rebelles à la mine défaite, tenant peureusement les mains jointes au-dessus de leurs crânes tondus, sont extraits sans ménagement de leurs emplacements de tir meurtrier. Un hélicoptère, appelé par radio, approche du site de feu pour évacuer Fréchard qui souffre atrocement et qui ne se plaint plus.

*
**

— Les gars de Tessier ont eu la mitrailleuse fell, une Lewis, se souvient Fleury en reprenant pied dans la réalité, mais ils l'ont payée cher…

Trois camions quittent l'alignement du campement laminé par le soleil et se dirigent en colonne précédée d'un blindé vers l'extrémité de la plaine, sous le Bou Amoud.

— Ils vont certainement chercher les copains, avance le Granvillais en suivant machinalement du regard la longue traînée de poussière qui court derrière les véhicules débâchés, je commence à trouver le temps long…

Les G.M.C. se perdent au lointain. Le quartier-maître esseulé replonge dans sa méditation.

*
**

Enervés par les premiers coups de feu dont les échos leur sont parvenus dès l'accrochage des hommes de Tessier, les bérets-verts de Montfort attendent impatiemment l'ordre de quitter leurs emplacements de bouclage. Demay les libère enfin, après quatorze heures.

Leurs trois sections piaffantes reçoivent pour mission de descendre en ratissant serré vers un oued qui porte le nom de Bou Kiou sur les cartes des chefs de groupe du commando. Le pacha marche au milieu de sa section de commandement avec la première section sur sa gauche et la deuxième à droite. Son mouvement de fouille presque aveugle est supporté à gauche par une compagnie de la D.B.F.M., et par des légionnaires du 5e R.E.I. sur son aile droite.

Les commandos, maintenant sûrs de tomber sur des rebelles inexorablement rejetés vers eux par les autres unités de la manœuvre, avancent avec de plus en plus de précautions. Les voltigeurs armés de mitraillettes se coulent dans la broussaille menaçante. Ils ne parcourent guère plus de cinq cents mètres en trente minutes de marche. Une rafale gicle d'une touffe de végétation. Elle stoppe net l'avance malaisée des voltiges.

La riposte des bérets-verts est très vive. Un commando bondit en hurlant vers les rebelles qui décrochent. Un hors-la-loi lui barre la route, braquant un fusil. Le commando le tue d'une rafale, arrache l'arme des mains du mourant et la brandit triomphalement au-dessus de sa tête en sueur.

— Baisse-toi, nom de Dieu ! hurle un second maître au voltigeur qui tourne le dos à l'ennemi, inconscient.

L'homme se jette à temps au sol. Une rafale découpe les buissons tout autour de lui.

Demay fait encore avancer ses hommes de quelques mètres.

— Il y a encore un fell, hurle un de ses matelots en tirant au jugé sur une ombre fugace.

Le rebelle à peine entrevu est tué sur le coup. Il n'est armé que de quelques grenades dont il n'a pas eu le temps de se servir.

— Ces deux-là ont été sacrifiés par leurs petits copains, avance un chef de groupe, gare à la suite du film...

Le pacha relance une nouvelle fois son lent mouvement. Un troisième rebelle placé en point d'arrêt ouvre le feu.

— Il m'a eu ! crie le second maître Laporte.

Trapu, le visage rond et la nuque rasée, le sous-officier a la main traversée par une balle.

Le chef de groupe, plusieurs fois cité en Indochine, ne s'affole pas. Il indique d'un geste de sa main valide la position exacte du fellagha qui l'a blessé. Une grêle de balles hache les buissons. Le rebelle tapi dans l'ombre meurt en hurlant une insulte incompréhensible.

Le mouvement bien articulé poursuit la traque énervante. Les hommes sont de plus en plus tendus. Aucun d'entre eux ne dit un mot. Les buissons se resserrent encore, au fond et sur les flancs de l'oued Bou Kiou. Ancher, un Lorrain châtain clair, quartier-maître armé d'une Mat 49, écarte des branchages qui lui fouettent le visage. Il tombe nez à nez avec un hors-la-loi. La rafale qu'il libère machinalement en se rejetant vers ses compagnons se mêle à celle que tire le rebelle surpris. Le Lorrain, blessé, ne peut se relever. Il gît à deux mètres seulement de l'homme qu'il a tué.

— Ancher ! hurle le quartier-maître Mélano, un Vosgien lui aussi, mais aussi brun que le blessé est clair de cheveu, où es-tu ?

Ancher trouve la ressource de bouger un peu pour signaler sa présence à son compagnon qui s'est engagé dans la Marine en même temps que lui.

— Je viens te chercher ! hurle encore Mélano.

Le blessé voit les taillis remuer. Son ami des Vosges en émerge. Il reconnaît aussi, en une fraction de seconde, le matelot Ufatow, un jeune commando de dix-huit ans. Les deux sauveteurs ne sont plus qu'à deux mètres de lui. Une longue rafale passe au-dessus du trio. Les deux bérets-verts s'abattent dans les branchages, cueillis comme du gibier par la volée précise.

Le fond de l'oued devient un enfer. Van Hille, le second maître chef de groupe des trois blessés, bien couvert par le reste de ses hommes, réussit à s'approcher des gisants avec le quartier-maître Di Pasquale. Le sous-officier est touché lui aussi alors qu'il s'apprêtait à tirer Ufatow en arrière. Di Pasquale s'écroule. Les cinq hommes criblés de plomb demeurent dans le piège de feu. L'enseigne de vaisseau Sardat, chef de la section accrochée, fixe son mouvement et rend compte par radio à son pacha du drame qui se joue dans l'oued.

— Nous sommes complètement bloqués ! est-il obligé de reconnaître en fin de message, envoyez-nous l'infirmier...

Le pacha étale un peu plus son commando en bouclage autour du feu.

— Dollaro ! ordonne-t-il une fois son dispositif mis en place, descendez soigner les gars de Sardat...

Le quartier-maître se risque sur la pente. Il est suivi du maître Fer et du quartier-maître Collinet qui le couvrent. Les trois hommes tentent de se frayer un passage à l'abri des tirs ennemis. Des djounouds les aperçoivent et les prennent violemment à partie. Les trois commandos se jettent au sol. Le maître Fer reçoit une balle dans le bras. Collinet et Dollaro sont miraculeusement épargnés. Ils se propulsent d'un bond nerveux à l'abri de la vue des rebelles.

— Bougez plus de là ! leur ordonne le sous-officier au bras ensanglanté, je remonte vers le pacha...

L'ancien d'Indochine, oubliant sa douleur, se hisse difficilement vers le P.C. improvisé de Demay pendant que ses deux compagnons indemnes tirent sur les fellagha pour le protéger. Il parvient en grimaçant près du calme lieutenant de vaisseau.

— C'est plus possible de remuer en bas, lui souffle-t-il en débit rapide, les gars sont presque mélangés aux fells...

Le pacha ne peut demander l'appui de l'aviation, et encore moins celui de l'artillerie. Il serre les dents, puis organise les secours. Il réussit à poster sans pertes quelques commandos au-dessus des positions rebelles qui ne mollissent pas leurs tirs. Bien placés, les bérets-verts les prennent sous leurs rafales fichantes.

Les hommes de Sardat profitent du répit providentiel pour récupérer les blessés. Ils les étendent à l'abri du fond de l'oued. Ancher souffre sans piper mot, non loin du corps sans vie de

Mélano, son ami. Les voltigeurs valides, enragés, se lancent sur les fellagha. Leurs rafales précises, tirées à la hanche et à la course, bousculent tous les points de tir rebelles. La bande piégée à son tour décroche dans le plus grand désordre. Les commandos essoufflés, ivres de fureur de tuer, ont le temps de compter six cadavres avant que la nuit nappe l'oued maudit et enraye leur poursuite implacable.

Un ordre du commandement de l'opération intime à Demay de remonter tout son commando sur un piton coté 387 sur sa carte d'état-major.

— Il faut fabriquer des brancards de fortune, décide l'enseigne de vaisseau Sardat en recevant l'ordre d'entamer le repli, dépêchez-vous...

Les bérets-verts aux yeux en feu taillent de grosses branches, quelques-uns d'entre eux se défont de leur veste de combat transpercée de sueur et s'en servent pour agencer des civières. L'artillerie pilonne à quatre cents mètres d'eux, tout le long de l'oued. La nuit est tout à fait tombée lorsque la procession lasse et douloureuse entame la grimpée vers la cote 387.

Les blessés râlent.

— Tenez bon les gars, leur conseille une voix déformée par l'effort, on arrive bientôt...

Ancher se cramponne désespérément aux montants disjoints de son brancard malcommode. Il ferme les yeux, comme pour tout oublier de sa douleur. Les porteurs au souffle court déposent enfin les trois corps sur le piton où tout le commando s'est réuni. Le Vosgien saisit, comme dans un rêve ouaté, des commentaires bien tristes.

— Van Hille n'a pas supporté le transport, constate une voix d'outre-tombe, et Ufatow non plus...

Le commando douloureux se sent à nouveau soulevé du sol. On le cale dans la carlingue tremblante d'un Sikorsky. L'appareil décolle tout de suite, vers la paix d'un hôpital.

*
**

Le bruit des pales d'un autre hélicoptère replonge Fleury dans la réalité du grand Sud, bien loin de l'oued Bou Kiou. Un Sikorsky passe au ras du campement.

— La Bohème ne s'est jamais vraiment remis de la mort de Mélano, son copain engagé le même jour que lui, se dit le Normand en suivant l'engin trapu du regard jusqu'à ce qu'il se perde dans l'immensité chaude, heureusement qu'Ancher, le troisième Vosgien, s'en est tiré... Un long trait de poussière naît tout au bout de l'horizon rapetissé par le Bou Amoud. Il chasse le passé des commandos de l'esprit du Granvillais.

— Les voilà enfin, se réjouit Fleury en fixant le convoi qui grossit dans la plaine, pas trop tôt... je commençais vraiment à trouver le temps long...

9

L'ANCIEN DE FRANÇOIS

Les commandos sautent des camions qui ont repris leur place dans l'ordonnance du campement ranimé par leur retour. Le Piper s'éloigne de la montagne fouillée et disparaît vers le nord, vers Aïn Sefra. Bonnot se dirige directement vers le seul béret-vert demeuré avec les légionnaires.

— Tiens, l'accueille Fleury en faisant quelques pas vers lui en s'empêchant de claudiquer, je t'ai gardé de la bière...

L'ancien d'Indochine, assoiffé, sourit et vide à goulées gourmandes la boîte de boisson offerte par les képis-blancs. La section Alefsen se regroupe sur son bivouac de la nuit passée.

— Alors ? interroge le Normand lorsque son compagnon a terminé la bière.

Le quartier-maître aux traits marqués par les efforts du jour n'est pas disert.

— Alors, répond-il laconiquement, les fells d'hier n'ont pas bougé d'un poil, ils sont toujours là-haut...

Fleury ne pousse pas plus loin l'expression de sa curiosité. Il n'insiste pas et respecte le mutisme las du chef de pièce trempé de sueur.

— Il parlera quand il en aura envie, se dit-il en rejoignant les voltigeurs qui ont couru le rebelle sans lui.

Deux d'entre eux, Didou, un gaillard jovial de Moëlan-sur-Mer, du cours Darasse lui aussi, et Varlet, s'affairent déjà à débarrasser leurs armes du sable qui s'est plaqué sur leurs pièces bien huilées.

— Vous avez trouvé quelque chose ? demande le Granvillais, sans trop de conviction.

Didou détourne sa large face de son travail de soins.

— Juste quelques photos sur les cadavres, et des paperasses, regrette-t-il d'une voix sourde.

Bonnot, qui lui aussi a nettoyé sa mitraillette encrassée, s'approche du groupe. Il paraît déjà bien reposé, ses yeux légèrement bridés ont retrouvé leur brillance habituelle.

— En tout cas, confie-t-il à Fleury, on a trouvé des traces de balles sur tous les rochers...

Le Normand écoute son ancien sans interrompre.

— Sans ton genou foutu, poursuit ce dernier avec la pointe d'accent méridional qui ensoleille le débit rapide de ses paroles, tu aurais pu te rendre compte que les fells nous ont souvent raté de peu... De quelques centimètres à peine...

Le Granvillais fronce les sourcils.

— Ces gars-là avaient construit un vrai fortin dans leur trou à rats, précise encore Bonnot redevenu bavard pendant que Didou achève de remonter sa Mat 49 à gestes automatiques et que Varlet réengage une cartouche feuillette dans la chambre déshuilée de son fusil lance-grenades, heureusement qu'on nous a héliportés là-haut, sans ça on en prenait plein la gueule... comme les légionnaires...

Le lieutenant de vaisseau Costagliola, qui avait gagné dès son retour le P.C. radio de l'opération, revient vers le bivouac. Il rameute ses trois chefs de section d'un geste de bras. Tous les commandos tournent machinalement la tête vers le quatuor en discussion.

— On ne va pas moisir par ici, apprend Alefsen de Boisredon d'Assier à Montjaux, Leresteux et Janssen après le court entretien, je crois qu'ils n'ont plus besoin de nous... On va nous ramener à Nemours dans moins d'une heure... Préparez les hommes...

Tout le commando embarque dans les camions. Les légionnaires font de grands gestes de bras pour saluer le départ des marins. Ces derniers fixent presque tous le Bou Amoud qui fond peu à peu dans l'ombre du soir. Le convoi prend la direction de la large route nationale numéro 6 qui monte de Colomb-Béchar et mène à Aïn Sefra.

— Tiens, on ne retourne pas aux avions, constate Fleury lorsque les véhicules d'escorte roulant en tête du petit convoi piquent droit vers la ville porte du désert en délaissant la direction de l'aérodrome à piste rouge.

Les compagnons du Normand ne relèvent pas son propos. Ils récupèrent de leurs longues escalades de la journée en se laissant bercer mollement par les ronflements réguliers des gros Simca mieux suspendus que les vieux G.M.C. dont ils usent dans la région de Nemours.

La route longe une voie ferrée qui épouse le tracé de gorges sombres et dominées par la masse haute de deux mille mètres du djebel Mekter. Aïn Sefra est atteinte. Les commandos ne somnolent plus. Curieux, ils écarquillent les yeux pour découvrir la ville inconnue qui s'étend au pied d'une immense dune de sable blond croulant des pentes nord du Mekter. La porte du désert est protégée de l'avance de la dune de sable géante par une plantation de hauts eucalyptus. Elle est vite traversée par le convoi qui accélère vers le nord. La nuit tombe tout à fait. Les camions éventrent bruyamment une large plaine sans vie.

Les camions sont à Tlemcen à l'aube, après plusieurs haltes qui n'ont qu'à peine éveillé les commandos assoupis.

— Quand je pense que je venais par ici en colonie de vacances quand mon père était affecté à Oran, se souvient Fleury dont la douleur du genou s'estompe d'heure en heure, et que maintenant j'y fais la guerre... Qui aurait pu me le prédire en 1947...

Le Normand se rajeunit de plus de dix ans. Il se revoit sur le plateau de Tlemcen, au-dessus de la cascade qui fait beaucoup pour la renommée de la ville sainte de l'islam. Puis, lorsque le convoi se remet en route vers le bord de mer, maintenant proche de soixante-dix kilomètres à peine, il se retrouve en pensée au mois d'octobre 1957, débarquant du train d'Oran à la gare de Tlemcen.

***

Le second maître Caroff, un des rares rescapés de la tragédie de Ninh Binh, au Tonkin, qui avait vu le massacre du commando François, accompagnait alors le groupe curieux des jeunes commandos du cours Darasse désignés pour Jaubert.

Il y avait, outre Fleury : Antoine, qui se prenait souvent pour un chanteur de rock and roll fraîchement importé des Etats-Unis, Pastini, un Corse brun comme les sangliers de son pays, Didou, Robin, un grand blond-roux dont le père servait lui aussi dans les fusiliers marins depuis des années, Lieppe, un petit nordiste au regard fuyant, Tellier, un Parisien plus âgé que ses compagnons. Le groupe était encore grossi de Souply, un blessé rondouillard regagnant le commando après une courte convalescence en métropole, Bonnot, encore plus âgé que Tellier et peu bavard depuis le départ de Toulon, Quinquis, un Breton, large d'épaules et aux longs bras, Nobilet, jeune matelot d'Ille-et-Vilaine, et Boit, un petit blond frisé.

— Je n'en menais pas bien large, s'avoue Fleury tandis que le convoi se rapproche de Nedroma, ville de tisserands et d'ulémas, sous la protection de deux tanks grinçants.

Les frais souvenirs du Normand se précisent encore.

Le G.M.C. à la cuve encombrée de matériel débarqué du convoi ferroviaire, pièces de moteurs, caisses à planches de bois frais et mal équarri, n'a pas permis au survivant de Ninh Binh et à ses jeunes compagnons en battle-dress de drap kaki de s'installer aussi bien qu'ils l'auraient voulu. Le camion suit une automitrailleuse dans les méandres de la route de Nedroma.

— Regardez, crie presque un des fusiliers marins fraîchement brevetés, là... dans le ravin...

Les regards des compagnons de l'adolescent énervé par la découverte appuient longtemps sur la carcasse d'un char, brûlée et couchée sur la pente sèche d'un oued invisible. Les deux anciens d'Indochine échangent un regard professionnel.

— Et là, crie un autre de leurs futurs compagnons de combat, on dirait un G.M.C...

Le squelette rouillé d'un second véhicule atteste de la violence des combats qui se sont déroulés dans le secteur de Tlemcen depuis la Toussaint rouge de 1954. Les jeunes recrues se sentent soudain mal à l'aise. Désarmés, ils ont l'impression pénible d'être nus au milieu du site lourd de menaces qui défile autour du G.M.C.

— Tenez, annonce le grand second maître breton en lançant sa main droite vers le nord, vous voyez la montagne là-bas : c'est là que nous allons...

Les bérets-verts découvrent à l'horizon la forme trapézoïdale d'un djebel découpé à contre-jour sur l'horizon chaotique, vers la mer.

— C'est le djebel Tadjera, précise le vétéran aux yeux vifs et au sourire agrémenté d'une fausse dent en argent, nos copains y ont construit un poste...

Le G.M.C. et son escorte bruyante stoppent brutalement en pénétrant dans Nedroma, longue bourgade à basses maisons à toit plat, courant au bas d'un djebel imposant, le Fillaoussène. Les explications du sous-officier cessent. Un jeune musulman à peine typé, armé d'une carabine U.S., fait monter dans le camion presque comble un civil drapé dans une djellaba de grosse laine brune. Poussé sans ménagement, l'homme s'affale en geignant entre les jambes des commandos. Puis il se redresse au maximum de ce que lui permettent les liens solides qui entravent ses bras derrière son dos. Le capuchon de son ample vêtement glisse tandis que le chauffeur du G.M.C. relance son moteur.

Le harki, vêtu comme un fellagha, casquette vert pâle et tenue kaki clair, ne porte aucun insigne de grade, ni même d'appartenance à un corps quelconque. Le prisonnier, mi-assis, mi-couché à ses pieds chaussés de rangers étincelants, a la pommette droite couverte d'une épaisse croûte de sang séché. Ses yeux, tout petits et apeurés, semblent perdus au fond d'orbites creusées à l'extrême. Son crâne est ras et ses joues sales mangées de barbe naissante. Il baisse son regard d'animal maté, semblant craindre des coups.

— C'est un foutu salopard ! avertit le jeune musulman en s'exprimant sans une pointe d'accent arabe, on l'a pris hier sur le fait... Je dois le mener à Nemours, il a encore des choses à dire...

Le Normand se sent envahi par une pénible sensation de gêne. La douleur muette de l'homme sans âge le touche. Il épie les réactions qui naissent sur les visages silencieux de ses compagnons de voyage.

— Si on cassait une petite croûte ? lance un des jeunes commandos, comme pour briser l'ambiance pénible.

Les bérets-verts oublient le captif et entament le reliquat de leurs vivres de voyage touchés à Oran. Le harki bouscule son prisonnier d'un rude coup de talon pour dégager une boîte de bière du petit sac de combat dont il s'est défait en montant dans le G.M.C. L'homme au crâne rasé et sale laisse échapper une plainte rauque. Le jeune musulman sourit à pleines dents, comme ivre de sa puissance.

— J'aime pas ça du tout, se dit Fleury, l'appétit enrayé.

Le second maître Caroff mâchouille un morceau de pain, le regard dans le vague. Un de ses compagnons s'apprête à ouvrir une petite boîte vert sombre de pâte de fromage. Le prisonnier, très inconfortablement installé, fait un mouvement pour lutter contre l'engourdissement qui l'envahit. Il se redresse sur un genou. Le harki le replaque au fond du camion d'un léger coup de crosse de carabine.

Caroff arrête de mâcher, l'œil soudain dur. Le commando qui ouvre sa boîte de fromage en assène un coup très sec sur le crâne tondu de l'homme recouché au plancher vibrant du G.M.C. Le prisonnier retient mal une plainte sourde. Sa peau brune éclate sur un centimètre, et du sang très noir coule tout doucement sur son front ridé par la peur. Fleury se sent saisi de dégoût. Il ne peut plus rien avaler de son casse-croûte. Le harki éclate d'un rire triomphant. Le commando qui a frappé sourit bêtement en fixant sa victime. Caroff se lève soudain sur ses longues jambes. Il est pâle, son poing droit menace tandis qu'il contrôle son équilibre de sa main droite serrée en haut de la ridelle du camion lancé à bonne vitesse.

— Petit salaud, hurle-t-il à l'adresse du tourmenteur, tu n'es pas digne de porter le béret vert... Je souhaite t'avoir sous mes ordres dans un groupe... et tu vas en chier : je te le jure !

Le rire du harki s'est étouffé. L'homme à la boîte de fromage, soudain conscient de son geste, se tasse sur la banquette du camion. Le sous-officier furieux s'est tu. Assis à nouveau, il regarde loin vers le nord, comme s'il voulait s'évader du G.M.C. Le prisonnier se redresse un peu. Un commando essuie le sang qui sourd régulièrement du sommet de son crâne à l'aide d'une loque ramassée au fond du véhicule. Fleury se sent mieux. Il recommence à manger son pain tendre.

— J'ai honte, s'avoue-t-il, heureusement que le chef a réagi comme j'aurais dû le faire... C'est un type bien...

Le véhicule blindé de l'escorte stoppe tout à coup dans un virage. Un sous-officier de l'armée de terre, casqué, en descend. Il approche du G.M.C. dont le moteur tourne au ralenti.

— Il faut relâcher ton gus, annonce-t-il au harki qui ne plastronne plus depuis l'incident, ce n'est pas celui qu'on croyait... Du moins, poursuit le sergent-chef armé d'une Mat 49, c'est ce qu'on m'a dit à la radio...

Le messager rejoint son blindé. Le harki rejette sa carabine en bandoulière, se penche sur le captif, dénoue brutalement ses liens, et lui indique le djebel.

— Allez, ordonne-t-il comme à regret, fous le camp...

Caroff surveille le manège, prêt à intervenir en cas de brutalité gratuite. L'homme à la djellaba brune se laisse tomber sur la route où il demeure immobile pendant quelques instants.

— File, je te dis, lui crie encore son gardien, dépêche-toi...

La silhouette craintive se relève et esquisse quelques pas en direction d'un groupe de mechtas planté bien en dessous de la route. Le regard mauvais du harki le suit, lourd de haine. Le libéré paraît se rapetisser dans les plis souples de son vêtement.

— On dirait qu'il a peur de recevoir une balle dans le dos, constate Fleury, le pauvre gars...

Un commando lance une couronne de pain vers l'inconnu endolori. Celui-ci enraye sa marche lente au choc du pain sur le sol, se retourne, se baisse, essuie la couronne blanche de farine et la glisse sous sa djellaba. Puis, sans doute rassuré par le cadeau amical, il se lance à pas francs vers le calme des mechtas d'où sortent, un à un, quelques gosses curieux et en guenilles. Le blindé d'escorte se remet en route vers la mer. Le moteur du G.M.C. hurle à nouveau très fort. La silhouette du prisonnier relâché disparaît complètement. Personne ne parle plus dans le camion. Le harki demeure renfrogné, serrant sa carabine entre les jambes.

Le convoi pénètre dans Nemours après avoir traversé une longue gorge sombre. Il franchit bientôt la porte d'une caserne, stoppe au milieu de sa grande cour déserte et goudronnée. Caroff et ses recrues sautent au sol, le harki s'éloigne tout de suite sans même lancer un mot d'au revoir. Un gradé de la demi-brigade de fusiliers marins approche du grand second maître en béret vert.

— Tenez, dit-il en lui tendant un pli, voici vos instructions...

Le Breton lit l'ordre bref.

— On dort ici, annonce-t-il à ses douze compagnons de voyage, nous aurons d'autres ordres demain...

Des matelots du 1er bataillon de la D.B.F.M. guident les commandos au troisième étage de la caserne Lyautey construite bien avant 1900 sur le modèle de toutes les garnisons de métropole.

***

Le véhicule d'ouverture de route qui précède les camions ramenant les commandos d'Aïn Sefra s'arrête brusquement aux abords de Nedroma. Il bute du nez contre un fouillis de rouleaux de barbelés qui barrent la route sur toute sa largeur. L'arrêt brutal ramène le Normand à la réalité.

— J'étais rudement déçu de ne pas rejoindre tout de suite le commando sur le djebel Tadjera, se dit-il, engourdi par les heures de route.

10

LE COMMANDO JAUBERT

Les défenses barbelées de Nedroma sont vite déplacées par des marsouins de garde. Les camions Simca repartent vers Nemours. Le béret-vert au genou maintenant presque désankylosé ne porte plus les mêmes regards qu'en octobre 1957 sur le paysage qui défile autour de lui. Chaque recoin de djebel lui est devenu familier au fil des mois. Il n'est pas un oued taillant à vif dans la montagne qui ne lui rappelle des souvenirs de traque de jour ou d'embuscades de nuit. Sa rêverie somnolente renaît alors que les camions passent au ras des flancs gris du djebel Fillaoussène. Elle lui fait revivre ses premiers jours passés à Nemours.

***

— Le commando descend du Tadjera ce matin, annonce-t-on enfin au Normand et à ses compagnons après une semaine crispante de farniente à la caserne Lyautey.

Les heures passent plus vite après la bonne nouvelle. Les trois sections de Jaubert débarquent bientôt de G.M.C. poussiéreux. Un brouhaha joyeux s'empare de la caserne Lyautey. Caroff, tout sourire, retrouve quelques-uns de ses compagnons d'Indochine. Fleury détaille un à un ses futurs camarades de combat.

— Je ne les imaginais pas comme ça, s'avoue-t-il en aidant au débarquement de quelques lourds sacs tyroliens marron foncé.

Les hommes descendus du Tadjera, où ils ont construit et tenu le poste Lieutenant de vaisseau Requin pour contrôler l'accès à la mer, bien au-dessus d'Honaïne, sont presque tous maigres comme des loups. Coiffés de chapeaux de brousse informes, ils ne prêtent pas un atome d'attention aux bérets-verts en tenue de sortie qui les accueillent. Leurs uniformes, vareuse anglaise camouflée et pantalon vert pâle serré par de courtes guêtres au-dessus de leurs pataugas, sont passés de couleur. Le bruit de leurs pas pressés résonne dans la large cage d'escalier de la caserne. Tout le matériel est rentré en quelques minutes d'agitation peuplées d'ordres hurlés. Les camions vides quittent la cour. Un homme aux larges épaules, les traits las, attire l'attention de Fleury. Il fait vieux. Il ne porte pas de galons sur ses pattes d'épaulettes camouflées d'ocre et de vert. Le Normand devine en lui le pacha. Il se raidit dans un garde-à-vous de statue et salue impeccablement l'officier. Le lieutenant de vaisseau Richard, démarche légèrement chaloupée, yeux bleu acier, le frôle sans même le remarquer dans l'escalier. Le bras cassé à angle vif vers la tempe droite du commando retombe. Il se décrispe. L'officier s'éloigne vers la cour de la caserne.

— Ce type-là impose le respect, se rend compte le nouvel embarqué à Jaubert qui a eu au long des jours passés en attente à la caserne l'occasion d'apprendre par bribes le passé de Richard : Bir Hakeim, l'Italie, la Libération au 1er régiment de fusiliers marins et, bien sûr, l'Indochine, puis le débarquement en Egypte.

Un premier maître qui a troqué son chapeau de brousse pour un large béret vert dévale l'escalier à la course.

— Appel dans deux minutes ! hurle-t-il en bousculant les commandos débarrassés de leur matériel.

Les trois sections de Jaubert s'alignent parfaitement dans la cour. Elles font face à la caserne en laissant sur leur droite un vaste préau qui clôt la cour et, derrière elles, le long bâtiment du foyer, le mur d'enceinte souligné de barbelés, et un grand lavoir à auvent. Le pacha, accompagné de son second, l'enseigne de vaisseau Poher, inspecte un court instant ses hommes et le groupe des nouveaux venus qui tranche, à droite de l'ensemble, par leur tenue de drap. Le vétéran de Bir Hakeim paraît mal à l'aise. Il s'exprime d'un ton bourru.

— Merci pour tout ce que vous avez fait avec moi depuis l'Indo, lance-t-il à ses groupes statufiés, maintenant c'est fini : je dois vous quitter, mais ce n'est sans doute qu'un au revoir...

L'homme carré n'en dit pas plus. Ses yeux brillent. Il salue longuement son commando figé, puis se détourne pour se diriger vers la porte de la caserne où l'attend une jeep, suivi de près par Poher.

— Repos ! hurle le premier maître Guillerm qui ordonnance le rapide rassemblement.

Les rangs serrés s'animent.

— Tout le monde au foyer dans deux heures, ajoute le sous-officier qui précise : en tenue de sortie...

Fleury est complètement étranger à la torpeur qui s'est abattue sur ses anciens lorsque le pacha a disparu de la cour. Il détaille un peu mieux les faces dures. Il reconnaît dans les groupes qui se disloquent quelques commandos des deux cours qui avaient précédé sa promotion au centre Siroco. D'abord Bonnal, un ancien matelot d'équipage des Dinassaut d'Indochine, et Salaun, toujours bien en chair, puis Pellé qui, au cours d'une rixe sanglante, s'était battu pendant plus d'une demi-heure au centre Siroco avec Troadec maintenant affecté au commando De Penfentenyo.

— Avec eux, s'avoue le Granvillais en reconnaissant encore Fauveau, un autre ancien d'Indochine comme Bonnal, je me sens un peu moins perdu.

Le jeune matelot se laisse entraîner par le mouvement d'ensemble vers la caserne. Personne ne parle. Les mines sont sombres. Tout le monde se retrouve bientôt dans le foyer. Le lieutenant de vaisseau Costagliola pénètre dans l'endroit presque comble.

— A vos rangs... Fixe ! hurle le premier maître Guillerm dont Fleury a déjà appris le surnom d'Yffic.

— Repos ! ordonne aussitôt l'officier de Marine, ranimant les bérets-verts figés par l'ordre de l'officier-marinier breton.

Les commandos en impeccable tenue de sortie fixent le trois-galons qu'ils n'ont vu que quelques heures au poste Requin, lors de sa prise de commandement.

— Le commandant Richard regrette de ne pas être avec nous pour ce pot de l'amitié, annonce le nouveau pacha d'une voix pas très assurée, vous savez qu'il est très fatigué, et il sait que vous le comprendrez...

Les traits de quelques anciens se durcissent encore.

— En tout cas, poursuit le nouveau patron de Jaubert, j'espère, et je suis même certain, que nous ferons du bon travail ensemble... Je vous fais confiance...

Et le trois-galons, visiblement ému, donne le signal des libations sans joie. Puis il s'éclipse discrètement après avoir partagé un jus de fruits avec Poher, qui demeure officier en second, Boizeau, un enseigne de vaisseau rendu prématurément chauve par la pelade, Huon, un grand premier maître à l'allure stricte d'officier de cavalerie, Guillerm, et Morel, un officier de réserve aux yeux bleus et aux cheveux très gris.

Les nouveaux arrivés à l'unité attendent qu'on leur adresse la parole pour se mêler à la fête.

— On sait toujours qui on perd, lance un quartier-maître au regard de braise en exprimant la pensée de tous ses compagnons, mais on ne sait jamais qui on gagne... Enfin, on verra bien... A la santé du nouveau pacha, et à celle des copains de Trepel qui nous ont gentiment remplacés là-haut...

Et le béret-vert vide d'un seul trait une canette de bière bien fraîche et servie par un matelot de la D.B.F.M. détaché au foyer.

— T'as raison, La Bohème, approuve un second quartier-maître, il faut attendre pour voir...

Le pot improvisé se termine vite. Les commandos mangent sous le préau de la cour, dans des assiettes d'aluminium toutes bosselées. Fleury et ses compagnons se sont une nouvelle fois regroupés. Ils occupent incomplètement une table. Les anciens du Tadjera leur lancent quelques quolibets.

— Oh ! les bébés, hurle un matelot au visage grêlé, si vous n'aimez pas le pinard... passez votre bidon en vitesse... Nous, on n'a rien contre !

Le repas est vite expédié. Les trois sections réintègrent petit à petit le troisième étage de la caserne. Le couvre-feu gomme vite toute apparence de vie. Des factionnaires de la D.B.F.M. veillent. Des patrouilles sillonnent la ville morte. Fleury s'endort.

Il ne s'éveille qu'au matin, aux notes aigres d'un clairon qui sonne le branle-bas dans la cour. Le rituel de la toilette est vite célébré dans de longs lavabos installés au rez-de-chaussée de la caserne vieillotte. Le commando se range par sections pour l'appel.

— Les nouveaux au bureau du pacha dans un quart d'heure ! annonce l'adjudant. On vous donnera vos fonctions de combat...

Fleury, le cœur battant, garde-à-vous presque parfait, se retrouve devant le lieutenant de vaisseau Costagliola qui feuillette les livrets matricules de ses recrues.

— Bon, avance ce dernier, je vois que vous n'avez pas mal commencé votre carrière au centre Siroco... Si vous continuez comme cela, tout ira bien...

L'officier sourit au béret-vert crispé.

— Voyez maintenant avec l'adjudant pour ce qui concerne votre place au rôle de combat, poursuit le nouveau pacha de Jaubert en indiquant d'un geste de bras que l'entretien est terminé.

Le Granvillais exécute un demi-tour mille fois répété à l'école des fusiliers marins et, dominant difficilement sa nervosité, rejoint l'officier en second du commando. L'enseigne de vaisseau est penché sur son bureau, avec Guillerm, sur le rôle de combat des sections. L'officier-marinier breton lève son regard vif vers le matelot pressé de connaître ses fonctions.

— Première section, annonce Guillerm en précisant : premier groupe, avec le second maître Montjaux... Il a besoin de voltigeurs...

Le Normand est aux anges. Il se voit, en une fraction de seconde, courant les djebels armé d'une mitraillette. Il gagne rapidement la chambrée de sa section avec Bonnot, Antoine et Boit, qui eux aussi ont été désignés pour la première section.

Son chef, l'enseigne de vaisseau chauve qu'il a remarqué la veille au foyer, bredouille quelques paroles de bienvenue aux quatre nouveaux. L'officier parle bas. Personne ne comprend rien à ce qu'il dit. Montjaux est là lui aussi. Il sourit de toutes ses dents bien plantées.

— Il paraît que tu étais bon à Siroco, lance-t-il à Fleury lorsque Boizeau s'est tu, c'est tant mieux, car ici tu es dans la section du premier maître Darasse... Tu comprendras vite ce que cela signifie...

Le Normand apprécie le hasard.

— On m'a éduqué à Siroco dans le souvenir de Darasse, a-t-il le temps de se dire avant que l'officier-marinier à la voix chantante poursuive son discours amical, je ne pouvais pas mieux tomber...

— Bon, reprend Montjaux, tu seras pourvoyeur à la pièce...

Une chape de plomb s'abat sur les épaules du Granvillais. Adieu la Mat 49 et les courses aisées. Et c'est d'un pas moins léger qu'à l'aller qu'il se rend à l'armurerie du commando, au premier étage du bâtiment, pour y toucher son équipement. Il est bientôt chargé d'un fusil Mas, de douze chargeurs de 24/29 et de boîtes de munitions de 7,5, traceuses, perforantes et incendiaires. Son équipement est complété de quelques grenades offensives et défensives.

— Ça pèse rudement lourd tout ça, est-il obligé de convenir en jetant le tout sur le bas d'un assemblage de couches à étage.

Montjaux est toujours dans la chambrée, attentionné.

— Bon, décide-t-il lorsque les nouveaux pourvoyeurs de la section se sont défaits de leur armement et du casque lourd bourré d'un casque léger que leur a confié le second maître Leresteux, qui fait fonction d'adjoint de Boizeau, on va faire les présentations...

Les anciens de Darasse sont presque tous dans la longue chambrée. Le rituel est vite expédié.

— Godier, annonce le second maître catalan en indiquant du bras un solide quartier-maître chef de deuxième groupe de la section, faites gaffe à son caractère de cochon...

L'interpellé sourit aux quatre embarqués.

— Lequen, poursuit Montjaux, en appelant un autre ancien d'Indochine, ne vous laissez pas marcher sur les pieds par lui car il porte toujours au repos une foutue paire de grolles à clous...

Les regards des nouveaux se détournent vite de l'homme chaussé à l'ancienne pour découvrir le reste de la section.

— Celui-là, poursuit le chef de groupe, c'est Médina, c'est pas un triste, vous verrez... Et l'autre, leur apprend le sous-officier, le blond qui est derrière lui, c'est Laguet...

Fleury découvre un homme trapu, frisé et aux yeux bleus.

— Et ce gros-là, désigne rapidement le second maître en pointant le doigt vers un quartier-maître assis sur son lit, c'est Pascaud...

L'homme désigné se redresse. Lui aussi a vécu l'Indochine.

— Et ça, poursuit Montjaux, soudain hilare, c'est Philibert Boutier, le roi du F. M... Il bouffe comme quatre et râle toujours...

Le Normand détaille son tireur au 24/29, un quartier-maître bien en chair, à la tête ronde de bon vivant.

— C'est un intellectuel bourguignon, précise encore le chef de groupe, il connaît les bouquins de San Antonio presque par cœur, c'est peu dire...

Le tireur F.M. semble rougir sous le compliment.

— Il y a encore Loiseau, là-bas au fond, annonce Montjaux. Il ne parle pas beaucoup, mais c'est un tout bon...

Le dernier nommé esquisse un sourire poli.

— J'en ai fini avec les plus vieux, conclut le second maître, les autres se présenteront eux-mêmes...

L'enseigne de vaisseau chauve n'a pas prononcé d'autres mots depuis son bredouillis inintelligible de bienvenue. Il quitte la chambrée en même temps que son chef de groupe.

Les quatre nouveaux de la section font plus ample connaissance avec le reste des groupes. Fleury cueille quelques noms à la volée. De Petris, un grand maigre très blond, Seibert, Kerninon, Gloaguen, Schmitt, Le Quellec, qui bégaye, Le Bris et d'autres dont les propriétaires se présentent à coups de franches poignées de main. La moitié de ces hommes a vécu la fin de l'Indochine, et presque tous ont débarqué en Egypte. Fleury est impressionné malgré la chaleur de l'accueil, tout à fait différent de ce qu'on lui avait laissé croire à Saint-Mandrier, sur le *Jules-Vernes*, le vieux rafiot servant de base arrière aux quatre commandos opérationnels. Le spectre de féroces et imbéciles bizutages s'éloigne à la nuit tombée. Il s'endort, ivre de sa première journée au commando, et rêve de baroud.

Le fanion du commando Jaubert,
cinq fois cité à l'ordre de l'Armée en Indochine.

11
JAUBERT EN ÉGYPTE

— Ce soir, décide le lendemain La Bohème, on fait un gueuleton dans notre carrée... On va faire les courses en ville...

Les nouveaux embarqués au groupe Montjaux n'ont pas à donner leur avis. Le Vosgien a décidé de faire la fête : il y aura une fête.

— Et, poursuit ce dernier, l'œil déjà gourmand en s'adressant à Fleury et à Antoine, on en profitera pour vous raconter l'Egypte... Vous verrez, c'était pas triste...

Calme, la journée passe très vite. Quelques bérets-verts de Montjaux s'esquivent adroitement vers les commerces de la ville. Ils reviennent à la caserne, les bras chargés de victuailles et de bouteilles. Tout est bientôt prêt sur la longue table de bois bien briquée et installée au milieu de la chambrée de la caserne Lyautey, perpendiculaire à la haute fenêtre qui donne sur le mess des officiers mariniers et la prison bâtie de l'autre côté de la rue menant à la base de la D.B.F.M. Il y a sur la table des boîtes de frita Dea ouvertes, des saucissons secs, des soubresades rousses et luisantes de gras, de la longanisse achetée au mètre, des poivrons verts et rouges, une grosse boîte carrée d'anchois de chez Papa Falcone, des oignons frais, du fromage de gruyère, du camembert, de la bière en grosses canettes de trente-trois centilitres et du vin rosé bien frais.

— Vous, les jeunes, annonce Médina après avoir apporté une dernière main à l'agencement de la tablée, vous irez chercher tout à l'heure les quatre poulets que j'ai mis au four à la cuisine de la D.B...

Montjaux pénètre soudain dans la joyeuse carrée. Les commandos du groupe Godier, qui ne sont pas de la fête, viennent entourer eux aussi le Catalan. Le second maître contemple les victuailles étalées.

— Ben, mes cochons, lâche-t-il en souriant, je vois qu'on ne se refuse rien... Vous tâcherez de bouffer tout ça en vitesse, on part dans la nuit !

Fleury accueille la nouvelle comme une décharge électrique.

— Ça y est, se dit-il, c'est le baroud...

Et le sous-officier de Palavas-les-Flots explique en quelques mots le but de l'opération.

— Il paraît qu'il y a des fells juste au-dessus de Nemours, annonce-t-il, à quelques centaines de mètres de la caserne...

L'intérêt des deux groupes grandit.

— Alors, reprend l'homme à l'uniforme net, on va essayer de les coincer à l'aube, on va crapahuter sec pour les approcher sans bruit... Départ à trois heures. Tout va bien ?

Personne ne pose de question.

— Alors, conclut le second maître en laissant traîner une nouvelle fois son regard noir sur les emplettes de ses hommes, bon appétit, les gars, et ne buvez pas trop !

Les sacs de combat sont vite préparés. Fleury vérifie soigneusement et un à un ses chargeurs de fusil-mitrailleur gréés de vingt-cinq cartouches.

— A la bouffe, décide la Bohème, faut pas perdre de temps...

Le groupe Godier quitte la chambrée pour aller prendre son repas du soir sous le préau de la cour. Boutier bouscule ses compagnons pour s'installer d'autorité à sa place habituelle, son large dos contre la fenêtre de la chambrée. Les flop sonores qui naissent des arrachements de bouchons de bouteilles rythment le joyeux partage.

— Faut bouffer des oignons, conseille le tireur au fusil-mitrailleur en s'adressant à ses nouveaux pourvoyeurs, c'est bon pour tout...

Fleury écoute le conseil. La fraîcheur piquante des jeunes bulbes se marie agréablement au goût riche de sel et d'huile d'olive des anchois Papa Falcone, traités à Nemours même. De franches rasades de vin à treize degrés coulent dans les quarts de gourdes. Tout le monde plaisante. La mission prochaine est oubliée. Les hors-d'œuvre sont vite avalés.

— Aux poulets, les mignons, ordonne Médina. Et en vitesse...

Antoine et Fleury filent aux cuisines d'où ils reviennent

rapidement, l'un portant quatre poulets dorés et l'autre un monceau de frites. Les volailles sont vite découpées.

— C'est du bon, reconnaît Pascaud jusque-là taciturne, où tu les as eus ?

La Bohème, à qui s'adresse la question, cesse de mâcher. Il sourit, fier de lui.

— Secret confidentiel, lâche-t-il en tenant une cuisse de poulet à hauteur de son menton dégoulinant de graisse, mais, poursuit-il, il va falloir monter un poulailler derrière la caserne… J'ai déjà repéré un bon coin…

Fleury mange en silence.

— Et l'Egypte, s'impatiente-t-il *in petto* tout en goûtant la chaleur quasi familiale de l'ambiance, faudrait tout de même pas qu'ils l'oublient…

Boutier, la face épanouie, répond à son attention.

— Dommage qu'on n'ait plus de whisky, lance en effet le Bourguignon, j'en aurais bien bu une petite lichette comme digestif…

Médina est déjà en train de faire un vrai café à l'arabe sur un réchaud à pression récupéré pas très loin du poste Requin.

— T'en as bien assez bu chez Nasser, rappelle-t-il à son compagnon.

Le commando à la dent en or croise le regard curieux de Fleury. Il se souvient de sa promesse.

— Bon, décide-t-il en distribuant le café très fort à ses voisins de table, on va essayer de vous raconter ça…

Le silence s'empare de la longue chambrée. Le Vosgien sirote longuement une gorgée de café noir, et se décide à parler. Les bérets-verts novices sont tout de suite happés par son flot de paroles. Fleury a la nette impression de partager les dangers passés avec ses anciens.

***

Les commandos Jaubert De Penfentenyo et de Montfort, amenés jusqu'à l'île de Chypre à bord du cuirassé *Jean-Bart*, embarquent le 4 novembre 1956 sur un L.S.T. gris. Le long bateau à fond plat cingle droit vers la côte égyptienne, distante de quatre cents kilomètres environ. Il navigue au milieu d'une impressionnante armada dont les bâtiments ont chargé les légionnaires parachutistes du colonel Jeanpierre et des fusiliers marins anglais. Le convoi est survolé par deux fois à l'aube du 5 novembre par des vagues d'avions de transport. Les appareils vont larguer sur l'ennemi des parachutistes britanniques et des bérets-rouges français. Les Anglais sont commandés, comme seuls le savent les pachas des trois commandos, Richard, Tessier et Demay, par le brigadier Butler. Le 2e R.P.C. français est mené au combat par le colonel Chateau-Jobert.

Les trois commandos sont transbordés sur des engins de débarquement lorsque la côte à investir grossit devant la force navale. Le ciel est sillonné par des avions Corsair de l'Aéronavale et des F.84 qui pilonnent sans cesse l'ennemi pris en tenaille entre les éléments du débarquement qui approchent et les parachutistes largués la veille. Les L.C.M., L.C.V.P. et L.V.T. de la vague d'assaut s'étalent en grondant face à la côte après avoir tracé de grands cercles. Les Anglais piquent à l'ouest de l'embouchure du canal de Suez, les trois commandos Marine à l'est, avec les légionnaires sur leur droite. Les derniers mots du commandant Richard sur le L.S.T. résonnent aux oreilles de Médina et de ses compagnons chargés de munitions comme des mulets.

— La plage sur laquelle nous allons débarquer est minée... Les pièces lourdes de l'ennemi ne sont certainement pas toutes détruites... Nous aurons des pertes conséquentes... Bonne chance !

La proximité de la plage rejette la mise en garde de l'ancien de Bir Hakeim dans le passé. Les barges du commando De Penfentenyo frôlent de leur avant les énormes blocs d'une jetée déserte. Une forte houle ne facilite pas le débarquement.

Un L.C.V.P. occupé par les hommes aux visages tendus du premier maître L'Helgouach cogne contre le béton dans un choc sourd. Le chef de section a tout juste le temps de s'agripper à l'arête de la digue. Il demeure suspendu au-dessus de l'écume tandis que son engin aux moteurs enragés recule de quelques mètres. La houle remonte le L.C.V.P. juste au-dessous des jambes ballantes de l'officier-marinier. Très souple, l'homme profite de l'appui de l'engin pour se hisser sur la digue. Il entraîne ses hommes vers l'ennemi invisible.

***

Médina casse la magie du récit. Il éclate de rire.

— L'adjudant de Penfen peut se vanter d'avoir été le premier soldat français à avoir mis la main sur la terre égyptienne...

Fleury est impatient de connaître la suite des événements.

— Et vous ? interroge-t-il.

La Bohème fige son rire, verse un fond de rosé dans son quart encore tiédi par le café et reprend le fil de son récit.

***

Les commandos ont reçu pour mission principale d'occuper toutes les installations de la Compagnie du canal de Suez. Ils doivent à tout prix s'emparer de son usine de production d'électricité, de ses ateliers de réparation de navires ainsi que de ses entrepôts frigorifiques avant que les soldats de Nasser n'aient eu le temps de tout saboter. Le lieutenant de vaisseau Richard connaît particulièrement les lieux car il travaillait avant 1940 à la Compagnie du Canal. Il mène rapidement ses hommes sur les objectifs à préserver de la destruction.

Des tireurs isolés se défendent pendant quelques minutes et fuient. Les mines ensablées sur la plage n'explosent pas, les batteries côtières demeurent muettes. L'usine électrique ne semble pas avoir trop souffert des bombardements qui ont précédé le rush des commandos et des légionnaires sur la rive droite du canal.

— Commandant, hurle un quartier-maître chef de la troisième section de Jaubert, le téléphone marche encore.

L'ancien de Bir Hakeim, qui a investi un bloc de bureaux avec une poignée d'hommes, s'empare du combiné et compose rapidement le premier numéro qui lui vient à l'esprit, celui du consul d'Italie à Port-Saïd, qui est un de ses amis. Le diplomate demeure de longues secondes sans voix.

— Ça alors, lâche-t-il enfin en bon français, Richard... Mais où êtes-vous donc ?

L'officier de Marine ne s'attarde pas en explications.

— Comment se passent les choses par chez vous ? interroge-t-il seulement, pressé de connaître la situation dans la ville couronnée de nuages de fumée.

— Mes locaux consulaires sont combles, des réfugiés européens, lui apprend le diplomate tombé des nues, et nous n'avons plus rien à leur donner à manger...

Richard est pressé de conclure l'entretien. Il doit lancer ses hommes sur les entrepôts bâtis au bord du canal.

— Je vais m'arranger pour vous faire parvenir des vivres, promet-il en se doutant bien que les Egyptiens n'ont certainement pas eu le temps de piller complètement tous les immenses frigos de la Compagnie du Canal.

L'officier de marine retient de justesse le geste qui allait couper le dialogue avec l'Italien.

— Au fait, s'enquiert-il en rapprochant l'écouteur de son oreille, comment s'appelle l'officier égyptien qui commande par ici ?

— Le général El Moghi, lui apprend le consul, je crois même que vous devez le connaître...

Le pacha de Jaubert repose le combiné sur son socle noir.

— El Moghi, se dit-il, je me souviens de ce nom-là... Il devait être commandant quand je l'ai connu... C'est une armée de vieux...

Le marin trouve facilement en fouillant des documents épars sur le bureau qu'il a investi une liste de numéros de téléphone des officiers de toute la région.

— On peut toujours essayer, se dit-il en composant le numéro correspondant au quartier général de Port-Saïd.

Le général égyptien est encore à son poste. Comme le consul italien, il ne semble pas réaliser tout de suite qui l'appelle. Les deux hommes parlent vite et en anglais.

— Vous serez bien traité, mon général, assure le marin en veste camouflée lorsque l'officier supérieur, un des rares dirigeants de Nasser qui n'aient pas fui, est revenu de sa surprise, je suis en mesure de vous le promettre...

Le Français sent soudain la voix de son interlocuteur changer de ton. Elle devient plus nerveuse, puis se tait. L'écouteur laisse entendre des bruits de heurts et de froissements de tissus. Puis un déclic annonce que quelqu'un a sèchement raccroché.

— Qu'est-ce qui peut bien se passer ? se demande Richard en reposant le combiné, on verra plus tard...

Les objectifs sont tous conquis, sans pertes. Les bérets-verts de Penfentenyo, regroupés à l'extrémité de la digue sur laquelle ils ont pris pied, assistent aux derniers combats qui se déroulent dans Port-Saïd, de l'autre côté du canal.

— Commandant, hurle un matelot en pénétrant dans le bureau de l'usine électrique, il y a le feu ! Ça brûle dans les entrepôts...

Richard, qui réfléchissait au sort du général El Moghi, bondit sur les pas du commando coiffé d'un casque lourd à filet de camouflage. Il organise vite les corvées d'extinction pendant que les hommes de Demay quittent le môle pour embarquer sur un transport de chars qui pique au sud, vers Ismaïlia.

— Ils n'ont pas été bien loin, conclut La Bohème, les gars de Penfen ont été arrêtés presque tout de suite par un contrordre...

Et le quartier-maître évoque en quelques phrases désabusées la pénible fin de la mission d'intervention en Egypte.

— Les ministres se sont déculottés à Londres et à Paris, se souvient-il dans un raccourci saisissant, ils ont obéi aux ricains... Pour ne pas faire de vagues... On a même vu passer quelques avions russes au-dessus de nous le lendemain du cessez-le-feu...

Les commandos avaient joué aux pompiers pendant plus de trois jours. Ils avaient réussi à sauver des tonnes de viande dans lesquelles Richard avait puisé dès le soir du débarquement pour ravitailler les réfugiés du consulat italien. Puis, après la lutte contre les flammes, l'officier de Marine avait retrouvé un vieux Grec qui servait déjà à l'usine électrique avant la guerre 1939-1945. Le vieil homme basané avait réussi à remettre en marche une bonne partie des installations de production d'énergie. La population égyptienne de Port-Fouad, affamée, était venue mendier de la nourriture aux grilles du site occupé par les commandos.

— Donnez-leur à bouffer, avait ordonné Richard, ému par la détresse du peuple de vaincus.

Il y avait du porc parmi les vivres sauvés des flammes. Le marin compatissant en avait honnêtement informé un uléma très âgé qui plaidait la cause des indigents.

— Allah n'a rien défendu devant la faim extrême, lui avait rétorqué le vieux sage.

Et ses ouailles s'étaient ruées sur le stock de viande interdite.

— Les nageurs de combat du commando Hubert, précise encore le narrateur passionné, ont bossé comme des bêtes pour ouvrir des brèches dans la ligne de rafiots que Nasser avait fait sauter pour fermer le canal... Ils ont aussi repêché des tas d'armes jetées à la patouille par les Egyptiens en déroute...

Boutier s'esclaffe soudain.

— Tu te rappelles, souligne-t-il les yeux pétillants de malice, on a même retrouvé des slips marqués d'une tête de mort... Les commandos suicides de Nasser avaient eu peur qu'on les trouve avec leurs calbards... Ils ont filé à poil !

— Et après, reprend Médina, on a vécu peinards... On ne manquait de rien, et surtout pas de whisky...

Les commandos avaient occupé pendant plus d'un mois le site à moitié détruit par le feu.

— Les Anglais ne se gênaient pas pour essayer de pirater ce qu'on gardait, ajoute encore Boutier, moi je leur ai même tiré au ras des fesses deux ou trois petites fois, juste histoire de marquer le coup...

***

Montjaux pénètre dans la chambrée réoccupée depuis longtemps déjà par les hommes de Godier, qui écoutent eux aussi l'évocation colorée en sirotant du rosé et de la bière offerts par les gueuletonneurs du premier groupe.

— Au pieu, ordonne-t-il, il est vingt-deux heures et on part à trois heures, ne l'oubliez pas... Dépêchez-vous de cuver votre pinard, tas de boudins ivrognes...

Les commandos débarrassent rapidement leur table. Puis ils éteignent les bougies qu'ils avaient allumées à la tombée de la nuit pour respecter le couvre-feu qui leur interdit l'usage de l'éclairage électrique dans les chambrées. Fleury est un peu ivre, de vin, d'amitié, mais surtout des paroles de feu de La Bohème. Il sombre vite dans l'inconscient.

Une poigne solide le secoue.

— C'est l'heure, lui souffle Pascaud, on part dans une demi-heure...

12

LE POSTE DU TADJERA

La chambrée de la section Boizeau est vite envahie par l'odeur du café chaud que les nouveaux embarqués sont allés chercher aux cuisines, où une corvée de la D.B.F.M. vient de le préparer. Les commandos n'ont pas allumé la lumière, pour ne pas donner l'éveil aux agents de la rébellion qui veillent en ville, aux aguets des moindres faits et gestes de leurs mortels ennemis.

Le commando se réunit silencieusement dans la cour de la caserne.

— Pas trop la gueule de bois ? interroge Montjaux en comptant rapidement ses hommes.

Des réponses à voix retenues le rassurent. Le pacha rejoint ses bérets-verts. Il échange quelques paroles feutrées avec ses chefs de section. Ces derniers répercutent ses instructions à leurs chefs de groupe. La section de tête se dirige vers la large porte de la caserne Lyautey, à peine entrebâillée par une sentinelle de la D.B.F.M.

— Les distances, bon Dieu, rouspète le Catalan en constatant que les pourvoyeurs de sa pièce de fusil-mitrailleur marchent bien trop près les uns des autres, c'est pas parce qu'on est encore en ville qu'il n'y a pas de risques...

Fleury ralentit son pas pour laisser son chargeur au 24/29 lui prendre quelques mètres. La section Boizeau, marchant en serre-file, est normalement étalée lorsque, longeant le mur est de la caserne endormie, ses voltigeurs de tête entament la montée qui mène en dessous d'un fort imposant où sont entassés des prisonniers capturés les armes à la main et des suspects ramassés au cours de ratissage sans gloire. La litanie silencieuse des bérets-verts atteint le plateau à fouiller. Les hommes de

Montjaux sont souvent obligés de s'accroupir ou de mettre un genou en terre lorsque les voltigeurs de tête prennent le temps de scruter la nuit à l'approche de quelques mechtas. Fleury sent à chaque fois son cœur s'affoler un peu.

— Ça use les nerfs, s'avoue-t-il en se remettant sur pied après une dernière courte halte, c'est dur de ne rien savoir de ce qui se passe devant...

Les bretelles du lourd sac de chargeurs commencent à mordre cruellement les épaules musclées du Normand. L'avance en accordéon se poursuit pendant près d'une heure. Un bruit de course monte soudain dans la nuit sans lune. Une rafale déchire le silence. Un cri de douleur lui répond. Les bérets-verts de la section de queue se baissent une nouvelle fois.

— Ce coup-ci, on accroche, espère Fleury en crispant les mains sur son fusil Mas.

Des aboiements de chiens éveillés par les détonations se font entendre au lointain. Le groupe Montjaux s'est installé en défense. Un ordre du pacha remet le commando en marche. Le dernier groupe traverse bientôt le douar où ont éclaté les coups de feu. Deux harkis et un grand homme en uniforme armé seulement d'un pistolet entourent le corps sans vie d'un musulman en djellaba. Le Normand marque un temps d'arrêt en parvenant à leur hauteur. Médina s'est laissé dépasser par son équipe pour dire quelques mots au voltigeur qui ferme la marche du commando.

— C'est l'aumônier de la D.B., a-t-il le temps de chuchoter au Granvillais en lui indiquant l'inconnu penché au-dessus du cadavre.

La Bohème s'éloigne vers la fin de la progression. L'homme de Dieu reprend sa marche dans le sens opposé.

— Il n'avait qu'à pas se trouver là, marmonne-t-il en guise de requiem.

Médina redépasse le Normand qui a bien entendu les paroles du prêtre habillé en soldat.

— Le macchabée était un guetteur, lui souffle-t-il, les harkis l'ont bien reconnu...

Le Granvillais aux épaules de plus en plus douloureuses ne répond rien.

— Pourvu que les autres fellagha n'aient pas encore eu le temps de filer devant nous, se dit-il, volontairement insensible au mort qui demeure étalé au bord de la piste étroite.

La progression est arrêtée une nouvelle fois peu après l'incident. Montjaux s'accroupit près de Pascaud.

— On ne va pas plus loin, lui apprend-il, installe ta pièce le long du sentier...

Le chef de pièce acquiesce d'un simple mouvement de tête et s'approche de Boutier. Le Bourguignon, vieux routier de ce genre d'opérations, a devancé les ordres. Il s'est posté sur un emplacement idéal. Fleury l'imite à quelques mètres.

L'aube pointe une demi-heure après l'arrêt de la colonne.

Les commandos distinguent peu à peu le site qu'ils bouclent. Fleury se retrouve allongé sur une surface sans défense, au beau milieu d'un champ en friche. Les leçons du centre Siroco lui reviennent. Il s'aménage rapidement un emplacement de tir avec quelques pierres et quelques mottes de terre.

La pièce de F.M. du Catalan. De gauche à droite : Boutier, Souply, Pascaud, Antoine, Fleury.

— C'est bien, petit, reconnaît Montjaux venu inspecter l'agencement de son bouclage, toi au moins tu ne fais pas les choses à moitié...

Le Normand se demande un instant si son chef ne se moque pas de lui. Mais il se rassure vite en constatant que Boutier lui aussi s'abrite derrière une petite défense vite construite. Le plateau investi est désespérément vide de vie. Des mechtas cassent l'horizon à quelques trois cents mètres des bérets-verts allongés sur le sol frais.

— Ce doit être là-bas que se terrent les fells, espère le Granvillais en détaillant le paysage laiteux.

Les formes floues de quelques voltigeurs courent vers les habitations basses dans lesquelles elles disparaissent.

— Pourvu qu'ils les trouvent, se dit encore le Normand lorsque ses compagnons ont tous pénétré dans le douar.

Les coups de feu espérés ne viennent pas. Les hommes lancés en fouille réapparaissent dans la grisaille. Un ordre radio renverse complètement le dispositif du bouclage. Fleury passe de l'autre côté de son abri de pierre et s'y rallonge, pointant son arme à l'opposé du village fouillé. Il est soudain conscient du ridicule de la situation.

— Qu'est-ce que je peux être con ! s'avoue-t-il en retenant difficilement le fou rire qui le gagne.

Les commandos veillent encore pendant près d'une heure. Le soleil commence à percer les nuages d'automne. Un ordre remet le commando sur pied. Les bérets-verts reviennent sur leurs pas, vers la caserne de Nemours. La section Boizeau ouvre cette fois la progression. Fleury est désabusé.

— Si c'est ça la guerre au commando, regrette-t-il intérieurement, c'est vraiment pas grand-chose !

La colonne retraverse les mechtas d'où avait tenté de fuir le guetteur abattu. Le corps sans vie a déjà disparu, pieusement recueilli par les villageois terrorisés. Il est presque onze heures lorsque le commando parvient à la caserne.

— Y a pas de quoi être fiers, fait remarquer Médina à Laguet en jetant sa chasuble porte-chargeurs sur son lit métallique, un malheureux chouff abattu... C'est vraiment pas la gloire...

Personne ne pavoise dans la chambrée.

— Allez, décide La Bohème, à la bouffe... Ça nous changera un peu les idées...

Les commandos s'installent sous le préau de la caserne. Les hommes de gamelle courent vers les cuisines pour être servis les premiers.

— Ça t'a pas coupé l'appétit, notre petite balade, constate Boutier lorsque le Normand se met à dévorer le ragoût dont il a rempli sa gamelle toute neuve.

L'affamé ne répond pas.

— T'as pas à être déçu par l'opé de cette nuit, poursuit le Bourguignon devinant le dépit de son nouveau pourvoyeur, les fells ne sont pas faciles à coincer, tu sais... Ils reviennent vachement cher en kilomètres parcourus et en litres de sueur !

Le Granvillais avale difficilement une grosse bouchée de viande filandreuse.

— Mais, interroge-t-il, vous en avez tout de même eu autour du poste Requin...

La conversation animée du groupe porte sur les mois passés au-dessous de la haute table grise du djebel Tadjera.

— Quand on est arrivés là-haut, explique Boutier, rassasié, on n'a trouvé que des buissons et des cailloux... C'était le désert...

Et le Bourguignon revit, coupé de temps en temps par l'un ou l'autre de ses compagnons qui tient à préciser quelque détail, l'installation du commando sur le piton aride pour contrôler tous les accès à la mer, au-dessus des oueds Honaïne et Saftar.

— On est vite devenus les rois de la pelle et de la pioche, appuie Médina, on en a bavé... Y avait pas de fainéants.

La Bohème demeure rêveur, roulant machinalement une boulette de mie de pain entre l'index et le pouce de sa main droite. Il retourne au flanc du Tadjera.

***

Le commandant Richard explique à ses chefs de section ce qu'il attend de leurs hommes.

— Construire un poste, reconnaît-il, ce n'est pas une mission de commandos, mais on va s'y mettre tout de même de bon cœur, en tâchant de ne pas oublier la guerre...

Morel, l'enseigne de vaisseau aux cheveux poivre et sel, architecte dans le civil, est tout naturellement désigné pour diriger le chantier. Le piton est vite défriché et passablement aplani. La plate-forme est terminée le 1er juillet. L'officier architecte peut passer aux choses plus sérieuses. Un épais mur d'enceinte grandit peu à peu entre quatre tours d'angle dans lesquelles veillent chaque nuit des tireurs à fusil-mitrailleur. Richard décide de compléter l'ensemble par un mirador.

— Ça nous permettra d'économiser trois factionnaires par nuit, précise-t-il.

L'ancien du 1er R.F.M., fidèle à sa promesse, n'oublie pas la guerre. Il lance chaque nuit des groupes en embuscade dans les oueds qui descendent vers la mer à travers de profondes vallées truffées de grottes. Les alentours du fortin sont menacés par des mortiers de 60 et 81 mm mis en batterie par le premier maître Guillerm.

— Ce qu'il faudrait, commandant, propose l'enseigne de vaisseau Poher à Richard, c'est que nous puissions empêcher les gens de la rébellion de se ravitailler...

Le pacha, qui s'est laissé pousser la barbe depuis l'arrivée de son commando dans la montagne, demeure un instant perplexe. Puis il trouve une solution toute simple au problème soulevé par son second.

— On va fermer les épiceries de tous les douars du secteur, décide-t-il.

Poher acquiesce d'un mouvement de tête.

— Et, poursuit le lieutenant de vaisseau breton, on va monter nous-mêmes une boutique... Ça nous permettra de surveiller encore mieux la population demeurée fidèle...

Les musulmans du bled sont obligés de venir se ravitailler au poste dès le lendemain de la mise en exécution du plan de contrôle. Ils trouvent à l'épicerie improvisée du poste Requin le sucre, le café, la farine, la semoule de couscous et l'huile que le pacha a fait venir en grande quantité du service d'approvisionnement des ordinaires de la Marine. Les villageois approuvent l'initiative puisque les marins ne prennent aucun bénéfice sur les prix particulièrement bas de l'armée.

Des membres du F.L.N., furieux de ne plus trouver facilement de nourriture, s'infiltrent presque chaque nuit dans les douars. Ils déchirent systématiquement toutes les cartes d'identité de leurs habitants tiraillés entre les deux camps. Richard en fait établir de nouvelles. Ceux qui les reçoivent doivent les présenter avant de pouvoir acheter leurs marchandises au commis du commando. Le rythme des remplacements, limité à trois par l'ancien du 1er R.F.M., faiblit peu à peu.

— Commandant, vient pourtant avertir le quartier-maître commis aux vivres, les fells ont à nouveau foutu la merde dans un village, ils ont encore déchiré des cartes... Qu'est-ce que je dois faire ?

Richard, furieux, sort de la tente qui lui sert de P.C. opérationnel et de logement pour emboîter le pas du commis.

Ce dernier assume depuis le début de l'opération d'implantation des tâches inhabituellement confiées à un simple quartier-maître.

— Tenez, commandant, précise-t-il en montrant du doigt un fellah apeuré, c'est lui…

Le pacha reconnaît de loin l'homme penaud. Le musulman est venu à dos d'âne de son douar. Il salue militairement à l'approche de l'officier barbu qui l'impressionne.

— Ça fait deux fois en quinze jours que tu perds tes papiers, lui fait remarquer celui-ci en forçant le ton de sa voix, tu es bien sûr que ce ne sont pas les fellagha qui te les ont volés ?

Le paysan a le crâne coiffé d'un chèche mal enroulé. Il porte une veste noire dont la luisance trahit le grand âge. Une ceinture de flanelle s'enroule très haut sur son ventre plat. Un saroual bouffant de grosse toile écrue tombe sur ses pieds glissés nus dans des sandalettes de cuir décoloré. Il baisse la tête tout en jouant des doigts avec l'extrémité de la longe de son bourricot bâté de deux larges et souples panières de paille nattée.

— Non, ment-il sans relever les yeux du sol, je l'ai perdue, mon commandant… C'est pas les fellagha… Je ne les ai pas vus depuis bien longtemps…

Richard décide de sévir, pour l'exemple.

— C'est bon, je vais te donner une nouvelle carte d'identité, tranche-t-il, mais ce sera la toute dernière, à toi de te débrouiller…

Le chef de famille redresse tout doucement la tête.

— Mais, menace l'officier, il ne faut tout de même pas me confondre avec ton âne…

Le musulman a un mouvement de recul.

— Oui, poursuit le marin en mimant une grande colère, je sais très bien que les fellagha sont venus dans ton village… Alors, comme tu les as certainement ravitaillés, tu n'as plus le droit d'acheter ici que ce qui est strictement nécessaire à ta famille… Comme ça, tu reviendras plus souvent nous voir…

Le paysan retrouve un peu d'aplomb.

— Mais, conclut l'officier en menaçant du doigt, plus de café, ni de tabac… Ce sera ta punition…

Le commandant regagne sa tente en marchant à pas lents, sachant bien que le musulman le suit des yeux. Ce dernier tente de plaider sa cause auprès du commis. Mais le quartier-maître, qui sait qu'il est très difficile pour un homme du bled de vivre sans café et sans tabac à chiquer, demeure inflexible. Triste, le vieil homme charge ses emplettes dans ses panières et s'éloigne du poste.

Des échos d'explosion roulent au flanc de la montagne après

son départ. La section d'intervention bondit au milieu du poste, armée en quelques secondes seulement. Le pacha prend le contact radio avec les autres éléments du secteur.

— Les fells ont fait sauter un bon morceau de la route d'Honaïne, foncez au résultat, ordonne-t-il au premier maître Huon, plus communément appelé la Hure par ses hommes et qui commande l'élément dispensé de travaux.

Le grand sous-officier entraîne les bérets-verts de la deuxième section vers un G.M.C. dont le moteur tourne déjà. Le véhicule, précédé d'une jeep, dévale la piste qui relie le poste à la route d'Honaïne et qui a été rapidement construite par des volontaires de la région payés cinq cents francs par journée de labeur. Les commandos sautent à bas de leur véhicule tout près du sabotage. Un groupe de suspects se détache sur une hauteur, à moins de trois cents mètres.

— Foncez-leur au cul, hurle Huon, ils ne doivent pas filer...

Des rafales de fusil-mitrailleur encadrent les fuyards avec précision à quelques mètres et les obligent à se terrer dans une ravine pendant que les voltigeurs progressent à la course.

— On les a ! claironne un chef de groupe en débouchant au-dessus d'eux, sortez de là...

Les commandos menaçants sont prêts à tirer au moindre mouvement d'hostilité de leurs prisonniers essoufflés. Les six musulmans piégés apparaissent un à un. Ils sont en civil.

— Il y a une bonne femme ! s'écrie soudain un béret-vert en aidant une vieille fatma à sortir du trou dans lequel elle s'était écroulée dès les premières rafales de 24/29.

Huon dévisage l'Arabe à la face tatouée de bleu.

— C'est pas Dieu possible, se dit-il, elle a au moins soixante-dix ans... Elle n'est tout de même pas dans la rébellion, on a dû se tromper de cible...

Un commando ramasse un gros sac de toile dans la ravine maintenant déserte. Il l'ouvre et y trouve quelques détonateurs, un boîtier de mise à feu et un rouleau d'une quarantaine de mètres de fil électrique. Le chef de section revient sur son premier jugement. C'est sans ménagement qu'il fait pousser les captifs vers la route sabotée. La femme tatouée marche vite et d'un pied sûr, au même rythme que les hommes qui l'entourent, muets et les mains croisées sur le crâne.

— Je crois bien qu'on tient ceux qui ont fait le coup, annonce La Hure au pacha.

— C'est bon, reçoit-il en retour par le truchement de son

S.C.R.300, le capitaine Mounier monte d'Honaïne avec une section, passez-lui vos prisonniers et remontez au poste... Terminé !

Les fantassins d'Honaïne rejoignent la coupure de la route. Ils emmènent la vieille femme et ses compagnons pour les interroger.

*
**

— Le plus drôle, conclut Boutier en coupant la parole à Médina, c'est qu'on a appris un peu plus tard que c'était la vieille le chef de la bande. Elle a même avoué avoir commandé la mise à feu des charges. Elle n'en était pas à son coup d'essai...

Les autres groupes repus ont déjà déserté le préau. Les hommes de Montjaux ont quartier libre pour l'après-midi. Fleury demeure un peu sur sa faim de récit. Il flatte machinalement l'énorme cou d'Athos, le vieux chien que le commandant Richard n'a pu emmener en France métropolitaine à cause de son mauvais caractère. Le chien-loup belliqueux vit depuis le départ de son maître en grande liberté à Nemours. Il dort à sa convenance dans les chambrées de la caserne et se nourrit copieusement avec les commandos. Médina regarde l'heure à sa montre.

— Va chercher du café à la cuisine, ordonne-t-il à Antoine, il doit bien leur en rester un peu...

Et il parle encore du poste Requin.

L'Amiral Jozan visite les commandos au poste Requin. Barbu, le pacha Richard tient dans les bras un élève de son école.

13

EMBUSCADE TRAGIQUE AU POSTE REQUIN

Le commandant Richard se pique au jeu subtil de la pacification à outrance. Il décide, après l'ouverture de l'épicerie du poste Requin, de monter une école. Plus de soixante jeunes Arabes hantent bientôt le poste à demi achevé.

Un ancien d'Indochine et un harki font la classe.

— Je ne suis pas dupe, confie le pacha à ses officiers, je sais bien que la plupart des parents de ces gosses ne nous les confient que par pur souci d'économie puisque nous les nourrissons à l'œil chaque midi mais, poursuit l'officier tout à sa mission de lutte d'influence avec le F.L.N., il en sortira certainement quelque chose de bon plus tard...

Un factionnaire pénètre en coup de vent dans la tente du lieutenant de vaisseau sans prendre le temps de saluer.

— Commandant, annonce-t-il le souffle court, j'ai entendu un coup de feu...

— Où ça ? interroge Richard.

Le matelot contrôle sa respiration haletante.

— Ça venait des mechtas abandonnées au bas du Tadjera, précise-t-il.

Le pacha boucle son ceinturon américain alourdi d'un étui de cuir portant son pistolet Mac 50. Son chien Athos sort de dessous le lit Picot où il dormait, s'ébroue et emboîte le pas des officiers qui sortent dans la nuit. Le premier maître Guillerm, alerté, est là lui aussi. Richard monte sur le mirador du poste et étudie la nuit pendant quelques instants.

— On va foutre une volée de mortiers sur le village, décide-t-il en redescendant au sol.

Le mortier de 81 mm est vite braqué en direction des mechtas suspectes. Guillerm vérifie sur ses tables de tirs repérés les données exactes de la salve à envoyer. Un flop épais souligne le départ du premier obus. Il est bientôt suivi du bruit plus sec d'un mortier de 60. La montagne semble frappée par un orage soudain. La nuit s'illumine de longs éclairs bleu-vert lorsque les deux obus éclatent.

— C'est bon, estime le pacha après les premiers coups en pointant ses jumelles vers les déflagrations, on peut mettre le paquet...

Le vacarme roulant du tir précis ébranle les hauteurs sombres pendant quelques minutes. Pas un béret-vert ne dort dans le poste. Ils sont tous équipés et armés. Ils se tiennent prêts à foncer au résultat.

— Cessez le feu, ordonne le pacha, s'il y a vraiment des fells par là-bas, ils en ont pris plein la gueule... Ça suffit pour cette nuit...

Une section se coule à l'aube vers l'objectif matraqué.

— Regardez, crie un des premiers voltigeurs en pénétrant dans le village ruiné, il y a du sang un peu partout...

Les commandos découvrent de nombreuses traces de balayage.

— On dirait bien, avance l'un d'eux, que les villageois du coin sont venus tirer les corps des gars surpris par les obus de mortiers...

Richard vient lui-même se rendre compte de l'efficacité de ses armes à tir courbe.

— Je suis sûr qu'ils ont eu de la casse, se réjouit-il lorsque ses voltigeurs lui montrent les traces qui partent vers les douars encore habités, on rentre chez nous...

L'ancien de Bir Hakeim, barbu comme la plupart de ses hommes, fait épier au fil des heures les mouvements des fellahs de tout le secteur.

— Je vais leur foutre une paix royale, décide-t-il après une courte discussion avec ses officiers, Poher, Morel, Boizeau et Chamski.

La Bohème reprend pied dans la réalité de la caserne Lyautey lorsque Antoine ramène un demi-bidon de café.

— Les mortiers de l'adjudant ont fait du beau travail cette nuit-là, précise-t-il, un prisonnier interrogé par De Haro, l'officier de renseignements de la D.B., a avoué un peu plus tard que les pellos étaient tombés en plein sur une bande en transit...Il y a eu au moins quatre-vingts fells au tapis...

Fleury trempe ses lèvres dans son quart de café. Il quête du regard d'autres récits de feu. Le Vosgien est en veine de confidences. Il retourne au-dessous du Tadjera.

— Il y a encore des passages de fells, annonce l'enseigne de vaisseau Poher quelques jours après le tir meurtrier des mortiers du poste Requin, tous les renseignements collectés dans les douars environnants le confirment...

Richard fait la moue en grattant la tête d'Athos dont le large collier de cuir est paré de galons rouges de quartier-maître.

— Il se pourrait, d'après ce qu'on en sait, poursuit son officier en second, qu'ils bougent encore la nuit prochaine, de l'autre côté du Tadjera... On pourrait peut-être monter une grosse embuscade pour les coincer...

Le pacha délaisse le gros chien.

— D'accord, accepte-t-il, allez-y avec la première section. Je me tiendrai prêt à vous épauler avec les mortiers de Guillerm...

La section de Boizeau franchit les défenses barbelées du poste une heure après la tombée de la nuit. Poher a tenu compte de l'heure d'apparition de la lune pour mettre son piège en place. Les mechtas à occuper se dessinent à peine devant les voltigeurs de Montjaux après trois quarts d'heure de marche très lente. Les bérets-verts se tapissent dans l'ombre à leur approche. Ils guettent pendant deux minutes, essayant de deviner une présence ennemie dans le village abandonné.

— Lieutenant, souffle le Catalan à l'oreille du second de Richard qui détaille l'obscurité à l'aide de ses jumelles, je vais envoyer deux gars pour reconnaître les gourbis...

L'officier fait un signe de tête sans décoller les oculaires de ses yeux pour approuver la proposition du chef de groupe. Ce dernier se déplace sans bruit vers Laguet, son caporal voltigeur qui s'est arrêté à trente mètres du village mort. Le quartier-maître blond se coule à son tour vers ses voltigeurs accroupis. Deux d'entre eux filent à pas feutrés vers les habitations basses. Quelques minutes passent. Ils reviennent vers la section en progressant courbés.

— Y a rien, annonce le premier voltigeur en parvenant près de son chef de groupe, on peut y aller tranquilles...

Le second maître rejoint Poher. L'officier donne l'ordre d'investir le douar fantôme. Les commandos connaissent très bien les lieux sombres. Leur avance presque aveugle est sûre. C'est à peine si quelques pierres roulent sous leurs semelles de pataugas.

Les deux chefs de groupe installent leurs fusils-mitrailleurs au-dessus d'une piste courant au flanc du Tadjera. Leurs voltigeurs se hissent sur les toits plats des mechtas. Le piège est parfaitement tendu. La lune n'apparaît toujours pas. Poher se tient tapi près de son radio pour alerter le pacha à la moindre manifestation ennemie. Un chacal hurle son cri acide. Ses stridences se répercutent en échos brisés dans les vallées menant à la mer.

Il est bientôt vingt-trois heures passées. Les embusqués immobiles commencent à trouver le temps long. Leurs yeux sondent intensément le flanc sombre de la montagne. Ils se sont progressivement accoutumés à l'obscurité. Rien ne pourrait échapper à leur surveillance gourmande.

— Ecoute, souffle Médina au commando qui se trouve près de lui, t'entends rien ?

Les deux hommes lèvent la tête et énerve un peu plus leur sens auditif.

— On dirait bien qu'il vient du monde, reconnaît le voltigeur alerté en chuchotant très bas.

Toute l'embuscade appréhende les bruits suspects.

— C'est un convoi de mules, se dit Montjaux en armant sa mitraillette, les fells vont nous tomber en plein dessus...

Le Catalan exulte à l'idée du combat tout proche. Les premiers rebelles avancent à pas réguliers vers le village transformé en piège de mort. Poher susurre quelques mots sourds dans le combiné de son S.C.R.300 pour avertir Richard de l'approche des fellagha.

— Pute borgne, gronde soudain le Catalan, ils vont passer au large…

Rageant d'impuissance, les commandos aux muscles engourdis par l'immobilité de statue qu'ils gardent depuis plus de deux heures maudissent le sort qui les trahit. Les mules s'éloignent. Poher décide de brusquer les choses. Il passe un message rapide au pacha pour réclamer un tir de mortiers sur la piste qu'ont empruntée les rebelles en direction de la mer.

— Les salves des tirs repérés vont les obliger à rechercher l'abri des mechtas, espère le chef d'embuscade après avoir donné les coordonnées très précises de l'endroit à couvrir de feu.

Le sifflement du premier obus de 81 approche du village. Son ululement passe juste au-dessus de l'embuscade énervée par le mouvement imprévu des rebelles. L'engin meurtrier explose très exactement là où Poher le désirait. Juste devant la colonne ennemie.

— Ça va marcher, prédit l'enseigne de vaisseau en réclamant un tir d'efficacité après l'explosion.

Le deuxième obus s'annonce. Le sifflement irrégulier qu'il produit alerte tout de suite les commandos.

— C'est pas normal, gronde Montjaux en levant instinctivement le regard vers le ciel.

Le sinistre ronflement se précise. Il semble prendre possession de tout le ciel.

— Il va nous tomber sur la gueule, se rend compte le Catalan en s'écrasant un peu plus sur le toit de la mechta d'où il domine la piste qu'auraient dû emprunter les fellagha.

Le projectile s'abat sur un mur, à l'extrémité de l'embuscade. Il explose tout près d'un quartier-maître.

— Putain de Dieu, gronde Montjaux, les tympans vrillés par le hurlement de douleur qui a suivi le déchaînement de l'obus de 81, la malchance nous poursuit…

Poher fait tout de suite cesser le feu.

— J'ai certainement un blessé grave, annonce-t-il à Richard.

— Remontez-le en vitesse, ordonne le lieutenant de vaisseau qui s'était aperçu lui aussi que quelque chose n'allait pas dès le départ du coup malheureux.

Les rebelles se perdent au lointain, miraculeusement épargnés. L'embuscade inutile se défait.

Le blessé perd beaucoup de sang, mais ne sombre pas dans l'inconscience. Deux de ses compagnons l'allongent au pied du pan de mur entamé par l'obus défectueux. Un béret-vert découvre une échelle de bois dans la cour d'une mechta.

— On va s'en servir comme brancard, décide-t-il en la déposant près du gisant criblé d'éclats.

Les pansements individuels des boîtes de first aid américaines de grosse toile kaki ne suffisent pas à aveugler les plaies du quartier-maître au masque torturé. Montjaux enfonce dans sa cuisse, à travers le tissu souillé de son treillis, la grosse aiguille d'un tube de morphine auto-injectable.

— Pourvu que ça l'aide à tenir le coup, espère l'officier marinier en se souvenant qu'en Indochine de semblables injections lui avaient permis de supporter les douleurs de sa jambe gauche touchée d'une balle viêt-minh.

Deux commandos se chargent de la civière improvisée. Poher prévient le pacha qu'il quitte le village.

— J'ai réclamé un L.C.M. à Nemours, lui apprend le lieutenant de vaisseau, il sera certainement à Honaïne avant l'aube... Dépêchez-vous de remonter...

L'officier en second de Jaubert marche près du blessé qui râle au moindre cahot. Les commandos silencieux se relaient sous la charge sanglante et de plus en plus molle. D'autres bérets-verts sortent du poste pour se porter à leur rencontre. Dubois, l'infirmier du commando, est avec eux, suivi du médecin aspirant détaché à Jaubert. Ce dernier évalue d'un coup d'œil averti l'ampleur des dégâts causés par les éclats de mortiers et grimace. Son infirmier reconnaît, lui aussi, les stigmates de la mort prochaine.

— Il est foutu, s'avoue-t-il, à moins d'un miracle...

Le pacha est atterré. Il a pourtant vu mourir des dizaines d'hommes au cours de sa carrière de baroudeur, à Bir Hakeim, en Italie, en France et en Indochine. Mais, cette dernière mort, stupide, provoquée par un obus aux ailettes mal montées, le frappe plus violemment peut-être que toutes les autres.

Le mourant est hissé à gestes retenus dans un G.M.C qui prend tout de suite la direction du bord de mer. Le L.C.M. dépêché de Nemours à toute puissance de ses moteurs beatche à cinq heures sur la plage d'Honaïne. Il en repart aussitôt, son douloureux chargement effectué dans des bouillonnements d'écume.

Les compagnons de l'homme aux chairs déchirées demeurent longtemps sur le sable. Ils suivent d'un regard dur la barge grondante qui pique vers l'ouest, vers l'espérance de vie.

— Il va s'en tirer, décrète Montjaux, comme pour conjurer violemment le sort contraire.

Fleury est oppressé par le récit douloureux de Médina. Il ne pose pas de questions.

— Notre pauvre copain a tenu le coup pendant presque huit jours à l'hôpital, reprend le Lorrain, et puis il est mort...

Les compagnons du quartier-maître au visage assombri par la narration demeurent cois. Leur peine ancienne s'est ravivée à l'évocation de l'embuscade ratée.

— Et, précise le Vosgien, il paraît que ses dernières paroles ont été pour le commandant : « Dites au pacha Richard qu'il ne se fasse pas de bile... »

Le commando d'Epinal décide, comme pour rejeter l'image trop précise de la mort, d'achever l'histoire du séjour de Jaubert au poste Requin.

— Les fells étaient tout de même gonflés, avoue-t- il à Fleury. Une nuit, ils sont même parvenus à faire sauter le puits qui nous alimentait en flotte...

Boutier glousse soudain.

— J'en connais que ça n'a pas gêné du tout, lance-t-il joyeusement en plissant ses petits yeux malins, ils préféraient de loin du pinard de la cambuse...

La remarque du jovial Bourguignon allège l'ambiance alourdie depuis le récit de mort du Vosgien. Ce dernier se déride.

— On a vécu là-haut de sacrés bons moments, reconnaît-il, on était bien plus libres qu'ici... On s'habillait comme on voulait, on bouffait tout ce qu'on voulait... De vrais rois du pétrole... Et, conclut le voltigeur aguerri, le pacha nous a seulement obligés à nous raser la barbe au moment de redescendre...

Fleury apprend l'histoire peu banale de l'un des harkis du commando qui, fait prisonnier et blessé au cours d'un accrochage très dur dans la région de Tlemcen, s'était évadé de l'hôpital où il avait amadoué tout le monde par son intelligence et sa gentillesse.

— Il a été fait aux pattes une deuxième fois, précise La Bohème, les légionnaires qui l'ont capturé l'ont foutu dans un centre de tri... Il était bon pour la corvée de bois et ne doit d'être encore en vie qu'à la note qu'avait écrite un colonel sur sa fiche d'incarcération : « Brave type... A conserver... » Je ne sais pas très bien comment il a atterri chez nous au poste... Le pacha l'a trouvé sympa, et maintenant il fait la chasse à ses anciens copains avec nous.

Le Normand a déjà repéré le rebelle repenti dans les rangs de la deuxième section du commando.

— Et celui de la trois ? s'enquiert-il en repensant au tout jeune Arabe que les bérets-verts ont ramené du Tadjera et qu'ils appellent le Caïd.

Médina se déride encore plus.

— Celui-là, c'est un drôle, apprend-il au Granvillais et à Antoine, on ne sait pas grand-chose de lui, même pas son nom… On l'a ramassé en pleine zone interdite et, comme il était trop jeune pour être envoyé dans un centre de tri, le pacha a décidé de le garder… C'est un peu notre mascotte…

— Il servait aussi chez les fells ? demande encore le Normand.

— Peut-être, avance La Bohème avec une moue dubitative, en tout cas il sait drôlement bien tirer.

Boutier prend à nouveau la parole.

— Tu parles, précise-t-il, il n'avait soi-disant jamais touché une arme de sa vie… La Hure lui a fait tirer sur des bouteilles de bière placées à cinquante mètres… Eh bien, se souvient le solide tireur au fusil-mitrailleur, il les a toutes pétées, les canettes, comme des pipes de foire ! Pour moi, il avait certainement fait le coup de feu avant qu'on le coince…

— Quel âge peut-il avoir ? interroge encore Fleury, fasciné par le jeune garçon au passé trouble.

C'est Pascaud, muet jusque-là, qui répond.

— Pour moi, il a pas plus de quatorze ans ce gamin, évalue-t-il, mais il grandit de semaine en semaine… Il n'arrête pas de bouffer, il paraît vachement heureux chez nous…

L'ancien d'Indochine, comme l'a fait souvent Médina, a dit « chez nous ». Fleury est tout à fait d'accord avec ses anciens. Lui aussi se sent « chez lui » au commando.

— C'est la vie dont je rêvais, s'avoue-t-il tandis que Médina clôt le débat animé en ramassant son couvert et décollant les fesses de son banc à pieds en tube d'acier.

Le Normand épouse le pas tranquille des commandos désœuvrés à travers la cour déserte de la caserne.

— On va faire une petite sieste, décrète la Bohème tout en marchant, et après : au boulot ! Il faut tout de même s'occuper sérieusement de notre poulailler si on ne veut pas se contenter du rata de l'ordinaire…

Le poste lieutenant de vaisseau Requin dominant les vallées qui courent vers la mer.

Le caïd du Tadjera.

14

LA KATIBA NE PASSE PAS

Les trois camions Simca chargés des vainqueurs du Bou Amoud stoppent à nouveau. Ils s'arrêtent à la hauteur d'un champ servant de terrain de football, en dessous de Nedroma. Fleury, à demi somnolent, ne cherche même pas à connaître la raison de la halte. Il préfère demeurer dans le passé tout proche qui le hante.

Les activités du commando descendu du poste Requin se multiplient après une semaine de presque repos à la caserne Lyautey. Les sections sortent chaque nuit pour tendre des embuscades sur tout le territoire de la D.B.F.M. qui s'étend sur huit cents kilomètres carrés, des trente-cinq kilomètres frontaliers au Maroc aux monts des Traras, à l'est, et jusqu'au pied des djebels Zhakri et Fillaoussène au sud. Les nouveaux embarqués à Jaubert s'endurcissent. Fleury sent de moins en moins le lourd poids de son sac de chargeurs sur ses épaules. Le poulailler de la Bohème est construit. Il recèle des poulets roux à longues cuisses et au cou déplumé, et quelques grosses poules pondeuses, blanches ou grises. Le tout a été ramené des incursions nocturnes dans les douars. Le plus souvent honnêtement payés à leurs propriétaires forcés de se séparer de leurs volailles.

La première section vient de rentrer d'une embuscade vaine sur le plateau de Tient, à l'ouest de Nemours et au-dessus du village de Dar Magdad surmonté d'un minaret crénelé.

— Pas le temps de se reposer, vient annoncer Montjaux en fin de matinée, tout le monde sur le pont... On part tout de suite après la bouffe...

Comme bien souvent, le sous-officier n'est pas généreux de

précisions. Godier, l'autre chef de groupe de la section qui dort avec ses hommes dans la carrée aux murs nus de la caserne, ronchonne pour le principe.

— Ils ne savent pas ce qu'ils veulent, fait-il remarquer à Lequen, y a vraiment plus moyen de roupiller son content...

Le quartier-maître aux godillots à clous ne trouve rien à redire. Il boucle son sac de combat et rechausse ses pataugas. Le repas est vite avalé. Les hommes de gamelle lavent leurs ustensiles, bidons à vin et plats de huit couverts compartimentés, puis courent rejoindre leurs compagnons déjà alignés dans la cour.

Des camions pénètrent dans la caserne.

— Donc, en conclut Fleury qui a pris la fonction de chargeur au fusil-mitrailleur de Boutier depuis le rapatriement forcé de Souply mal remis de sa blessure, je crois qu'on va nous emmener assez loin...

Guillerm fait monter les trois sections dans les véhicules conduits par des appelés à pompons rouges. Le convoi pique à l'ouest de Nemours. Il passe au-dessus de la grande villa carrée qui renferme le cheptel coloré du bordel, glisse au ras de Béraoun où naît le plateau de Tient, et rejoint la ligne des postes tenus face au Maroc par des compagnies du 3e bataillon de la D.B.F.M.

Le commando débarque des G.M.C. à proximité de Tiza, dernier fortin bâti au-dessus de la mer avant celui de Port-Say, tout proche de la frontière, à l'est de l'embouchure de l'oued Kiss. Les bérets-verts essaiment dans l'enceinte du poste.

— Ils sont rudement bien outillés, reconnaît le nouveau chargeur au F.M. de Boutier en détaillant un mortier de gros calibre dont l'affût est rivé sur un camion canadien à cabine avancée.

Les marins de la D.B.F.M. rôdent autour des groupes de commandos qui attendent les ordres.

— La trois et la deux vont sortir à la nuit, apprend Boizeau aux groupes de Godier et Montjaux, nous on reste en réserve à Tiza...

Le Normand se sent frustré. La nuit tombe. Les hommes de Guillerm et de Huon se coulent entre les barbelés du poste sans lumières. Le Granvillais a appris, par quelques rumeurs échappées du P.C. radio de Tiza, qu'une bande de l'A.L.N.

basée au Maroc doit tenter de pénétrer en territoire français au milieu de la nuit.

— Ils ont bien de la chance les copains, jalouse-t-il lorsque le dernier voltigeur de Guillerm s'est fondu dans la nuit fraîche.

Montjaux houspille son petit monde.

— Personne ne doit enlever ses godasses, répète-t-il pour la troisième fois au moins, on doit être prêts à foncer en moins d'une minute...

Les bérets-verts de réserve, marqués par leur nuit sans sommeil, s'assoupissent au ras des murs intérieurs du poste, la tête appuyée sur leur sac de combat.

Les voltigeurs du premier maître Guillerm, entraînés vers le sud-ouest par Huni, un ancien d'Indochine teigneux, et Ostermann, qui mâchouille en marchant le fume-cigarette de vamp qu'il ne quitte pratiquement jamais, avancent sans bruit sur le bord de la route Marnia-Port-Say. La théorie de la section de Huon pique, quant à elle, franchement à travers le flanc en pente douce des collines qui supportent un large réseau barbelé qui court de poste en poste.

Un vent léger vient de la mer toute proche. Le pacha marche au milieu de son groupe de commandement, pas très loin de la silhouette carrée de Guillerm. La route frontière fait un coude. Huni et Ostermann se figent et se baissent. Ils lisent la nuit pendant plus d'une minute, se relèvent, font quelques pas, réanimant la section tout entière, puis se rejettent une nouvelle fois au sol alors qu'éclate une fusillade en longue rafale de fusil-mitrailleur.

Guillerm hurle ses ordres dans le tintamarre déchirant. Ses hommes font des bonds pour sortir de la ligne de feu ennemie. Ils se retrouvent allongés derrière une longue butte, à un peu plus de dix mètres des rebelles.

Quelques commandos demeurent carrément sur la route. Tellier, le matelot d'équipage du cours Darasse, est comme fasciné par la traînée de geyser de feu d'une rafale tirée par une mitrailleuse de l'A.L.N. qui s'est dévoilée après le premier tir du fusil-mitrailleur. Il roule sur lui-même et se retrouve coincé contre le talus en remblai de la route. La rafale menaçante déchire l'asphalte sur des mètres et des mètres. Le Parisien rentre la tête dans ses épaules. Ses yeux s'exorbitent. Le feu de riposte de ses compagnons mieux placés passent au-dessus de son corps. Il est en enfer, impuissant, condamné. Le piqueté régulier de la rafale approche encore. La dernière balle rebelle se fiche dans le sol, à quelques centimètres seulement du béret vert de Tellier. Ce dernier bondit à l'abri de la butte crachant le feu.

Guillerm s'assure qu'il n'y a pas de pertes dans ses groupes. Rapidement rassuré, il évalue au mieux l'effectif de la bande accrochée.

— Ils ont au moins trois pièces, reconnaît-il en déchiffrant la partition de mort qui peuple la nuit, deux F.M. et une mitrailleuse...

Le pacha ameute les postes par radio.

— A nous de jouer, jubile Montjaux en éveillant ses hommes.

Le poste de Tiza s'anime. Les commandos sont vite sur pied et s'alignent près du camion mortier. Ils n'attendent que l'ordre de se lancer à la rescousse. Les échos épais du combat montent jusqu'à eux, énervants. Les sakos de la D.B.F.M. giclent de leurs baraquements en dur pour rejoindre leurs postes de combat aveuglés de sacs de terre. Trois d'entre eux mettent le lourd mortier en batterie. Un premier obus part dans un tonnerre métallique. Fleury s'est appuyé contre le véhicule canadien, juste en dessous de la pièce. Il sursaute violemment.

— T'as eu la trouille, gamin, lance Montjaux qui s'est aperçu de la réaction nerveuse du matelot.

Le Normand, vexé, s'efforce au calme lorsque le mortier gris-bleu crache de nouveaux obus pour pilonner la zone interdite selon des données repérées. Les tirs précis dévastent tout, bien au large et vers l'ouest de l'accrochage aveugle de la troisième section du commando.

— Qu'est-ce qu'on attend pour nous envoyer là-bas ? s'impatiente le Granvillais tout proche de Boutier, impassible dans le vacarme des départs de mortiers. Et qu'est-ce qui peut bien se passer sur la route ?

La deuxième section s'est fixée sur la pente sans abri de la colline aux premiers coups de feu. Ses chefs de groupe et Huon braquent leurs jumelles vers les lueurs du combat. Des obus éclairants distillent soudain une lumière crue qui écrase toute perspective.

— Chef, hurle un voltigeur de Caroff, il y a un fell dans les barbelés...

Tous les bérets-verts de la section se détournent du feu tout proche. Un obus éclairant achève de se consumer au bout du petit parachute qui le soutient. La forme imprécise d'un homme apparaît et disparaît au rythme de ses oscillations. Les pièces de Huon demeurent braquées vers la route tandis que le grand sous-officier racé lance une voltige vers le fugitif engagé en plein dans le réseau barbelé.

— Il était en train de tailler un passage pour les gars qui sont tombés sur la trois, se dit un des bérets-verts suffisamment proche du rebelle pour le prendre pour cible avec sa mitraillette.

Surpris dans son travail d'ouverture de réseau, le rebelle essaie de fuir. Les balles traceuses des commandos rayent la nuit résonnante. Le fellagha est frappé de plein fouet par une rafale. Il tourbillonne sur lui-même et s'affale au sol.

— Il a morflé sec, se réjouit le commando qui l'a ajusté.

De nouveaux mortiers éclairants illuminent le site. Le fellâgha se relève. Une nouvelle rafale le touche à la poitrine. Il fait un bond hors des barbelés et disparaît vers l'est. Un ordre bloque la voltige tout près du réseau. Les bérets-verts essoufflés demeurent cois.

— C'est pas Dieu possible, rage celui qui a touché le fuyard par deux fois, il doit porter un gilet pare-balles...

Huon fait rapidement fouiller le réseau sur deux cents mètres de longueur et ramène ses groupes vers la route où le combat s'enrage.

Un ordre libère enfin la première section. Médina ouvre la progression.

— Magne-toi, La Bohème, hurle Montjaux pour accélérer le mouvement, les fells ne vont certainement pas nous attendre longtemps...

Le mortier de Tiza continue son pilonnage. Des gerbes de feu naissent vers l'oued Kiss.

— C'est rudement beau, a le temps de s'extasier Fleury en évitant de trébucher sur les pierres du sol inégal, un vrai feu d'artifice !

Guillerm intensifie la pression de ses fusils-mitrailleurs et de ses lance-grenades sur les positions rebelles.

— Ils vont foutre le camp, annonce-t-il au pacha, leurs pièces manœuvrent...

Des échos de galopades parviennent aux oreilles torturées des commandos. Les armes automatiques ennemies se taisent. Puis redonnent de la voix, de beaucoup plus loin vers l'ouest.

Montjaux débouche au-dessus de la route.

— On devrait filer tout droit vers le Kiss, conseille-t-il à son chef de section chauve, je suis sûr qu'on arriverait à en coincer quelques-uns...

L'enseigne de vaisseau ne l'écoute pas. Il enraye tout au contraire la progression nerveuse de ses deux groupes. Boutier se jette en position de tir. Fleury s'allonge près de lui, prêt à fournir le Bourguignon en chargeurs. Les rafales de l'accrochage qui l'hypnotisent, à cent cinquante mètres de la section figée par l'ordre radio venu du poste, s'espacent, puis meurent.

— C'est foutu pour nous, tempête Montjaux, on ne nous donnera plus l'ordre de leur filer au train jusqu'au Maroc.

Les commandos de Boizeau, frustrés par la fin trop rapide de l'accrochage, demeurent sur le terrain, les yeux rivés sur l'obscurité marocaine. La troisième section les frôle pour regagner le poste de Tiza d'où partent encore quelques obus de mortiers tirés sur la fuite rebelle, au ras de la frontière interdite aux Français.

Le jour se lève bientôt. Montjaux balaye inlassablement de ses jumelles la pâleur grise du paysage qui se précise peu à peu.

— Y a plus rien à voir, souffle-t-il en tendant ses binoculaires noires à Médina, regarde tout de même encore un peu, moi je vais voir le lieut'...

L'enseigne de vaisseau au crâne lisse fait la moue en accueillant le Catalan.

— On doit rester ici, apprend-il à ce dernier, on m'a annoncé par radio que des huiles vont bientôt arriver aux résultats... Et on doit les protéger...

Deux heures passent.

— On n'a même pas de café, regrette Boutier qui, comme tous ses compagnons, ne s'est pas encombré de vivres au moment de quitter Tiza, c'est vraiment pas joyeux...

Un convoi s'annonce au lointain, venant de Bab el Assa, le plus grand poste frontière. Il stoppe à l'emplacement du combat de la nuit. Montjaux a repris ses jumelles et les braque sur les hommes qui descendent de quelques jeeps bien protégées par des half-tracks.

— Le lieut' avait raison, commente-t-il en découvrant un général en capote kaki, sans doute venu de Tlemcen et qui est en train de discuter avec le pacha de la D.B.F.M. et deux colonels.

Les officiers supérieurs font de grands gestes de bras en

direction du Maroc pendant près d'un quart d'heure. Le pacha de Jaubert est avec eux. Puis les groupes d'observateurs se désagrègent. Leurs véhicules manœuvrent pour se mettre en direction du sud.

— On va peut-être pouvoir bouffer maintenant, espère Boutier lorsque le convoi disparaît vers Bab el Assa, c'est tout de même pas trop tôt...

Un ordre radio rappelle la section au poste.

— Il paraît, apprend un second maître de la troisième section à Montjaux, qu'on a empêché une katiba entière de passer. Ils étaient plus de cent...

Le Catalan plaque un maigre sourire sur sa face aux traits tirés et à la mâchoire mangée de barbe naissante.

— C'est toujours ça, se dit-il en regrettant une nouvelle fois les ordres radio qui l'ont empêché de se lancer à la poursuite des groupes rebelles en repli vers leurs sanctuaires marocains.

Un appel d'un gradé de Tiza casse la discussion des deux officiers mariniers.

—Venez voir, hèle-t-il en faisant un geste engageant de la main, ça bouge sec du côté des Marocains...

Fleury, qui a entendu l'invite du second maître coiffé d'une casquette de Marine, suit son chef de groupe vers la tour de guet du poste. Montjaux inspecte longtemps le panorama ensoleillé de la plaine marocaine à l'aide de grosses jumelles montées sur pied. Le Normand écarquille les yeux près de lui pour déceler le mouvement annoncé. Le Catalan lui cède la place.

— Tiens, regarde, lui conseille-t-il, et instruis-toi...

Le Granvillais n'a pas de réglage à effectuer pour utiliser au mieux les jumelles à très fort grossissement. Il est doué comme l'ancien d'Indochine d'une acuité visuelle parfaite.

— Merde ! laisse-t-il échapper, on dirait des gars de chez nous... Ils portent des bérets verts !

Le chef de groupe saisit l'étonnement du matelot.

— Ce sont des gars de l'armée royale chérifienne, lui apprend-il. Comme tu les vois, ils se foutent ouvertement de notre gueule et il y a certainement des fellouzes parmi eux...

Et l'officier marinier se replace derrière les lourdes binoculaires pour suivre la section marocaine qui patrouille tout au bord de la rive gauche du Kiss.

Le pacha sort du petit P.C. de l'officier commandant Tiza. Il hèle ses chefs de section. Le commando est vite réuni. Ses groupes réintègrent leurs G.M.C. qui les attendaient au bas des fortifications grises. Le convoi atteint la caserne Lyautey un peu avant midi.

— On va enfin bouffer tranquilles, se réjouit Boutier après avoir nettoyé son lourd fusil-mitrailleur et l'avoir suspendu par sa bretelle de cuir à un montant de son lit à étage.

Les commandos se restaurent en commentant les événements de la nuit.

— Nous, en tout cas, regrette Fleury en coupant difficilement le large steak qu'il a adroitement choisi de la pointe de sa fourchette dans la gamelle amenée des cuisines par Antoine, on n'a pas à se vanter... Vivement notre tour de vrai feu !

15

EMBUSCADE DANS L'OUED KISS

Le Simca dans lequel se sont entassés à Aïn Sefra les bérets-verts de la première section de Jaubert fait un écart brusque dans un virage. Fleury glisse à moitié de sa banquette. Sa Mat 49 tombe sous lui. Il se baisse pour la ramasser. Son regard mal éveillé traîne vers les hauteurs lointaines des djebels Sidi Sofiane et Gorine qui marquent l'horizon, au sud du Tadjera, et sur la droite du convoi. Le récit d'une embuscade déjouée par le commando De Penfentenyo lui revient en mémoire.

— C'est le grand Weyrich qui me l'a racontée, se rappelle-t-il en se recalant contre la ridelle vibrante du camion.

*
**

De Penfentenyo vient de grenouiller pendant quarante-huit heures dans l'oued Bou Kiou. Ses bérets-verts sont éreintés. Ils marchent comme des automates pour s'extraire du fouillis épais des broussailles. Ils se dirigent vers un coude de la piste Cuttoli, vers le repos des camions qui les y attendent. Ils vivent une fin de journée sans âme. Le ciel gris ajoute encore à la lourde fatigue physique, et surtout morale, d'avoir crapahuté en vain pendant des heures et des heures. Personne ne manifeste de joie en parvenant auprès des G.M.C. Le pacha du commando donne le signal du retour sur Nemours. Les chauffeurs de la D.B.F.M. emballent leurs moteurs dans les méandres de la piste souvent sabotée.

— J'ai froid, grelotte le quartier-maître Orhand, que ses

compagnons appellent La Peau, c'est pas un temps pour mettre un commando dehors...

Le béret-vert frileux dépose sa mitraillette entre ses jambes et se défait de sa vareuse camouflée en se tortillant comme un ver.

— Tu nous fais un strip-tease, plaisante Le Canu, un quartier-maître-chef blond qui a fait l'Indochine, c'est vraiment pas le moment...

Orhand, maladroit dans les cahots de son camion qui ferme la marche du petit convoi lancé à bonne vitesse, s'arrache à sa gangue de tissu sale et imprégné de sueur surie. Il sort un pull de laine kaki de son sac de combat et l'enfile pendant que les véhicules approchent du poste isolé de Bou Trach qui est tenu par des tirailleurs sénégalais du 5e R.T.S.

Des rafales couvrent tout à coup le bruit régulier des moteurs. Elles prennent pour cible le G.M.C. serre-file. Les bérets-verts qui l'occupent, tirés de leur torpeur, empoignent leurs armes. Le chauffeur du véhicule encadré de dizaines de balles appuie à fond sur son accélérateur. Le G.M.C. bondit littéralement vers l'arrière du deuxième camion de la colonne bien étirée. Le Canu et ses compagnons trébuchent dans leur cuve.

Le convoi sorti du piège de feu stoppe net. Les commandos ont oublié les fatigues de leurs courses vaines dans l'oued Bou Kiou. Leurs réflexes de baroudeurs professionnels jouent à fond. Ils bondissent sur la piste et ripostent aux armes ennemies dont les servants, surpris par la brutale accélération du camion qu'ils avaient choisi pour cible, ont connu quelques secondes d'hésitation avant de reprendre sous leur feu les commandos qu'ils ont confondus avec des tirailleurs de Bou Trach.

— Ils ont deux fusils-mitrailleurs et une mitrailleuse, évalue le second maître Collo en décrispant sa mâchoire carrée.

L'ancien d'Indochine ne poursuit pas son commentaire. Il reçoit un formidable choc contre le torse et demeure quelques secondes interdit, réalisant à peine qu'une balle vient de s'écraser contre les jumelles qui pendent sur sa poitrine. Orhand, toujours empêtré dans son pull-over un peu étroit pour lui, a eu le réflexe d'agripper sa mitraillette et son plastron porte-chargeurs avant de sauter au sol. Il se tortille sous les balles ennemies pour achever de se vêtir. Puis bondit à l'abri du fossé pour riposter à l'aveuglette à la pression des trois pièces de l'A.L.N. Weyrich, l'élève du cours Darasse, grimace à trois mètres de La Peau. Une balle lui a traversé la main droite au moment où il s'élançait au bas de son G.M.C. Le grand matelot brun réussit à tirer tout de même en surpassant les brûlures de sa douleur.

Il n'y a aucun flottement dans les groupes réorganisés sous le feu. Un béret-vert n'a pas sauté de son camion et tire, depuis les premières rafales ennemies, sans se soucier des cris de ses chefs qui lui ordonnent de venir lui aussi à l'abri. Son fusil-mitrailleur bien dirigé oblige les fellagha à affaiblir leurs tirs. Le pacha du commando a alerté les troupes du secteur par radio. Mais il est trop tard pour espérer l'apparition de la chasse dans le ciel bas.

— On leur fonce dessus ! hurle Abjean, un second maître qui a durement combattu aux commandos de bérets-noirs du capitaine Delayen, au Tonkin[1].

Ses hommes réagissent dans la seconde à l'ordre bref. Toutes leurs armes tirent à l'unisson. Ils hurlent leur fureur et se jettent vers les pièces bien embusquées qui tiennent la piste sous une pluie de balles. Des ordres hurlés en arabe percent le vacarme.

— Ils décrochent, se rend compte Le Canu qui court à la tête de ses voltigeurs en tiraillant au jugé.

Les djounouds cessent soudain de tirer. Ils entament une fuite éperdue dans le plus grand désordre. Ils galopent vers les profondeurs sombres d'un oued affluent du Bou Kiou, implacablement poursuivis par les rafales françaises. Deux d'entre eux, frappés à mort, s'écroulent dans les buissons. Leurs compagnons les abandonnent au piétinement de leurs poursuivants enragés.

La course des bérets-verts ne dure pas longtemps. Des ordres, hurlés du bord de la piste, l'enrayent. Ils reviennent vers les camions, à bout de souffle. Deux voltigeurs tiennent en main les armes récupérées sur les deux morts de l'A.L.N. Un chapelet d'obus d'artillerie s'abat à quelque quatre cents mètres des camions. Le tir repéré à l'extrême perfection épouse la course sinueuse de l'oued dans lequel se sont coulés les fellagha. Les bérets-verts silencieux, marqués par la blessure de Mathieu, celui qu'ils appellent tous Rackham le Rouge, apprécient l'efficacité diabolique des artilleurs tout en regrettant de ne pas pouvoir continuer la poursuite. Une jeep, chargée du corps douloureux de Mathieu, file vers Bou Trach.

1. Voir G. Fleury, *le Baroudeur*, Grasset.

— On rembarque, décide le pacha, la nuit va bientôt tomber...

Des tirailleurs du 5e R.T.S. demeurent sur la piste, étalés en bouclage inutile. Orhand et ses compagnons remontent dans leur G.M.C. criblé de balles.

Weyrich, le grand béret-vert à la main sanglante, a refusé de se laisser évacuer en même temps que Rackham le Rouge. Il endure son mal, assis près de Le Canu. Le convoi rejoint sans encombre la route de Nemours, en dessous du Fillaoussène. Les échos de la canonnade qui pilonne le chemin de repli de l'embuscade déjouée s'estompent, puis meurent. La paire de jumelles salvatrice de Collo passe de main en main. Le second maître miraculeusement épargné ne fait pas de commentaires. Il savoure sa chance.

*
**

— Pour du pot, conclut Fleury ramené à la réalité par Bonnot qui lui tend un morceau de pâte de coings sorti d'un reste de ration conditionnée, les gars de mon cours qui servent à Penfen, comme Quilgars et Micaleff, peuvent se vanter d'en avoir eu ce jour-là...

L'évocation de la chance d'Abjean et ses compagnons ramène le Granvillais à ses propres souvenirs, qu'il retrouve en mâchant tout doucement la friandise, pour faire durer le plaisir.

Le commando Jaubert a été amené en camion jusqu'aux Perdreaux, un petit poste bâti dans le no man's land de la frontière algéro-marocaine, à quelques centaines de mètres de l'oued Kiss, et trois kilomètres au sud du fortin de Tiza. Montjaux est tout sourire après un briefing dirigé par Costagliola.

— On va certainement tomber sur du beau monde cette nuit, annonce-t-il à ses hommes.

Et l'officier marinier transformé par la qualité des renseignements fournis au pacha explique de sa voix chantante que le commando va tendre des embuscades à la nuit tombée.

— La deux va se planquer tout près du Kiss, précise-t-il à son auditoire avide de détails, la trois restera ici en réserve, et nous, nous irons nous installer plus au nord, entre la route de Port-Say et la frontière...

Les deux groupes de la première section se préparent à l'embuscade après un solide casse-croûte.

— Prends un Mas 36 avec des éclairants, ordonne Montjaux à Fleury quelques minutes seulement avant le départ, alors que la nuit est tombée depuis deux heures déjà, on pourrait bien en avoir besoin...

La silhouette étique du premier maître Huon disparaît hors du poste. La Hure trottine souplement pour rattraper sa section et s'insère dans la progression derrière sa première pièce.

— Pourquoi on l'appelle La Hure ? demande Fleury à son chef de groupe lorsque le chef de la deuxième section s'est éloigné vers le Maroc.

— Pas le temps de t'expliquer tout de suite, lui répond le Catalan, ça va être bientôt l'heure de partir...

La première section du commando coule à son tour entre les passages étroits qui serpentent dans le réseau de barbelés du poste silencieux. Il fait bon. Une brise tiède caresse les visages tendus des bérets-verts qui ne se sont pas encombrés d'impedimenta inutiles. Les vingt-cinq hommes de Boizeau parcourent deux kilomètres et font une halte. Le groupe Godier repart seul à l'ordre de l'enseigne chauve.

— Nous, chuchote Montjaux à Pascaud, son adjoint et chef de pièce, on reste là pendant une demi-heure avant de piquer vers le Kiss.

Le dernier voltigeur de Godier se noie dans la nuit très épaisse. Un obus de mortier éclairant dépote très loin au sud, vers Bab el Assa. Les commandos de Montjaux, allongés face au Maroc et séparés d'une demi-douzaine de mètres les uns des autres, suivent des yeux l'étoile scintillante jusqu'à ce qu'elle meure.

— C'est sans doute un factionnaire d'un poste qui a cru voir quelque chose, avance Fleury en maintenant le canon de son Mas 36 coiffé d'un V.B. éclairant argenté à quelques centimètres au-dessus du sol.

L'obscurité redevient parfaite. Quelques minutes passent encore. Montjaux se relève pour rejoindre Pascaud.

— On y va, décide-t-il, William a dû atteindre son poste d'embuscade...

La nuit s'anime de bruits feutrés. Boutier emboîte le pas de Pascaud. Le groupe pique vers le nord-ouest en suivant l'itinéraire concocté par le pacha. Le mouvement furtif parcourt un peu plus de huit cents mètres. Montjaux consulte le cadran crénelé de sa boussole.

— On y est, apprécie-t-il, y a plus qu'à attendre les fells...

Le sous-officier stoppe l'avance de ses voltigeurs. Pascaud met le F.M. de Boutier en batterie derrière un tertre dénudé. Fleury se poste à quelques mètres sur la droite de la pièce. Montjaux glisse souplement de poste de guet en poste de guet. Puis il s'allonge à un mètre à gauche du Normand.

Le vent tiède forcit légèrement. Les yeux des commandos s'habituent très vite au noir. La nature sans grands reliefs du terrain se précise devant l'embuscade indécelable. Une heure s'écoule, trop tranquille au goût de Montjaux. Des bruits légers se font soudain entendre. Les bérets-verts alertés se plaquent instinctivement un peu plus contre la terre. Leurs mains glissent en position de tir le long de leurs armes.

— Les voilà, souffle Montjaux à Fleury qui a relevé le canon de son fusil vers la source des bruits étouffés, tiens-toi prêt à balancer un V.B.

La rumeur ténue se précise au fil des secondes. Elle devient de francs échos de pas. Les commandos, bien accoutumés à l'obscurité, distinguent quelques silhouettes mal découpées sur leur basse ligne d'horizon. Le Normand à la grenade éclairante se sent saisi par des picotements frais. Les paumes de ses mains deviennent moites, sa langue se dessèche soudain. Il contrôle difficilement les battements de son cœur. Il lui semble que toute l'embuscade et même les intrus qui approchent vont les entendre. Montjaux glisse comme un félin au ras du sol vers le fusil-mitrailleur de Boutier.

— Tu ne tires qu'à mon ordre, lui chuchote-t-il à l'oreille, on ne doit pas en rater un seul...

Puis il revient vers le Granvillais.

— On va les laisser approcher au maximum, lui susurre-t-il, et quand je te ferai signe, tu lanceras ton éclairant... Pas trop haut, précise le guerrier sûr de son coup, comme ça on les verra juste se découper dans la lumière rasante...

Le temps semble s'être figé. Le groupe ennemi approche très lentement. Ses éléments de tête se font de plus en plus précis. Les index droits des commandos caressent les queues de détente de leurs armes. Fleury maintient son fusil pointé dans un angle d'un peu moins de quarante-cinq degrés. Il retient son souffle, guettant et espérant le signal libérateur de Montjaux. L'avance rebelle s'enraye soudain. Les silhouettes imprécises disparaissent, plaquées au sol.

— Pute borgne ! chuchote le Catalan, ils nous ont sentis, c'est pas Dieu possible...

Les intrus se sont fondus dans la nuit à quarante mètres à peine de la section prête à ouvrir le feu. Le chef d'embuscade réfléchit pendant quelques secondes.

— Attention, souffle-t-il à son voisin de guet, lance ton V.B. au ras de leurs miches...

Le Granvillais abaisse un peu plus le canon de son arme.

— J'y vais ? demande-t-il dans un souffle.

Montjaux, tous muscles bandés, étudie une dernière fois la nuit silencieuse.

— Tire, ordonne-t-il en relevant le canon de sa mitraillette armée.

Le percuteur du Mas 36 frappe l'amorce de fulminate de mercure de la cartouche feuillette engagée dans sa chambre. La détonation, plus sourde que celle d'un coup de fusil normal, résonne pourtant comme un coup de tonnerre aux oreilles du Normand, qui s'apprête déjà à réengager une autre cartouche propulsive dans son arme fumante.

La fusée éclairante passe en sifflant à quelques mètres au-dessus des hommes tapis dans l'ombre. Elle dépote loin derrière eux. Une voix couvre le chuintement de l'éclairant qui se balance au bout de son petit parachute de fin nylon.

— Fais pas le con, Maurice ! C'est nous..., hurle-t-elle.

Montjaux reconnaît la voix nerveuse de Godier.

— Ne tirez pas, crie ce dernier en se redressant vivement dans la lumière rasante et crue, c'est moi William...

Fleury a déjà replacé un éclairant à l'extrémité de son arme. Il retient de justesse la pression de doigt qui allait le libérer. La tension nerveuse tombe d'un seul coup. Godier et les siens sortent de la nuit et avancent tranquillement vers le groupe Montjaux. Les deux chefs d'embuscade se font face.

— Qu'est-ce que tu fous là ? tonne le Catalan.

Le quartier-maître-chef s'explique.

— Ben quoi, c'était l'heure de démonter... Pas vrai ?

Montjaux consulte son bracelet-montre.

— Il n'est que deux heures, précise-t-il au chef de groupe planté devant lui.

— Non, lui rétorque ce dernier en tendant son poignet gauche vers le visage du second maître, à ma montre il est deux heures trente…

Montjaux abrège le discours.

— Ta tocante déconne à bloc, conclut-il, pour un fell, t'aurais fait un joli fell mort ! Maintenant on a plus qu'à rentrer aux Perdreaux…

La section regroupée repique vers la route de Port-Say. Ses bérets-verts, déçus, marchent tristement.

— Heureusement que les copains possèdent une sacrée discipline de feu, se dit Fleury après avoir repris sa place dans la pièce Boutier, sans elle on s'entre-tuait comme des chefs…

Les hommes du premier maître Huon n'ont pas bougé lorsque la lueur rasante de la grenade lancée par le Normand du groupe Montjaux s'est manifestée. Ils demeurent tapis au-dessus du Kiss, à quelques mètres du Maroc.

Caroff, qui a repris son surnom de la Bonne Terre mérité en Indochine pour sa perpétuelle gentillesse, a bien étalé son groupe. Il a simplement détourné un court instant la tête à l'éclatement du V.B. éclairant, pour ne pas déshabituer son regard à l'obscurité. Pastini et Robin, les compagnons de Fleury au cours Darasse, sont allongés auprès de Vandamme, dit le Baron et de Musart, son inséparable compagnon de guerre et de sortie. L'immense Debrowski, tout naturellement appelé Popof, qui ne parle jamais de ses combats en Indochine et dévore la Bible aux moments de repos, est aux aguets un peu plus loin.

Huon est alerté par le matelot le plus proche de lui.

— Ça bouge de l'autre côté de l'oued, lui chuchote ce dernier, j'en suis sûr…

Le matelot n'est pas le seul à avoir entendu le vague bruit de branchages écrasés. Toute l'embuscade est sur les nerfs. Huon glisse furtivement vers Caroff.

— Ce ne sont certainement pas des Marocains, prévient-il, laissons les approcher encore un peu…

Quatre silhouettes se découpent en ombres chinoises au-dessus de l'oued presque tari. Elles marquent un long temps d'arrêt et piquent droit sur l'embuscade.

Huon tire le premier. Toutes les armes de ses deux groupes crachent le feu au signal très sec de sa carabine U.S. Les autres hommes venus du Maroc ripostent en se rejetant en arrière. Leurs tirs instinctifs passent très haut sur les bérets-verts. Puis ils refranchissent l'oued à la course, et disparaissent.

— Et, bien sûr, rage le premier maître en se relevant tranquillement dès le dernier tir ennemi, on n'a pas le droit de les poursuivre...

Les commandos demeurent tapis dans l'ombre.

— Vous pouvez vous relever, leur lance La Hure à voix haute, tout est fini maintenant... Ratissez jusqu'à l'oued et on rentre...

Des voltigeurs avancent prudemment vers le Maroc, prêts à ouvrir le feu.

— On en a eu un ! annonce l'un d'eux en butant du pied contre une forme tassée au sol.

Le commando se penche sur le mort et lui arrache l'arme qu'il tient entre ses doigts crispés. Huon rend compte par radio du résultat de l'embuscade.

— Ce devait être un élément du commando de passage, précise-t-il au pacha, il venait jalonner la piste d'une grosse bande... Tout le monde est demeuré chez le roi du Maroc...

Le grand premier maître aux nerfs inattaquables clôt l'entretien radio.

— On rentre, ordonne-t-il à ses chefs de groupe, ils ne passeront certainement plus maintenant...

La section rejoint les autres aux Perdreaux. L'arme du rebelle abattu, une énorme mitraillette de fabrication tchécoslovaque, passe de main en main.

— On n'en a jamais vu de pareille, reconnaît Montjaux en soupesant la prise dont le canon noir et long est entouré d'un épais refroidisseur à air ajouré, elle vient certainement d'un arrivage tout frais des pays de l'Est...

Fleury empoigne à son tour l'arme inconnue, l'ausculte, puis la tend à Boutier.

— Y a qu'à bombarder tous les rafiots suspects, envisage le fidèle lecteur de San Antonio, comme ça, tout serait fini une bonne fois pour toutes...

16

BAROUD SUR LE PLATEAU DE TIENT

Le convoi parti d'Aïn Sefra n'est plus très loin de Nemours.

— Après ces opérations au cours desquelles j'ai peu à peu appris mon métier de soldat, se souvient le Granvillais en dénouant ses muscles gourds, on est rentrés en France, et nous, les derniers embarqués, nous avons profité du repos mérité par nos anciens…

Un nouvel arrêt du véhicule d'ouverture de route bloque les Simca à quatre kilomètres seulement de la porte en arc de triomphe qui marque l'entrée de Nemours. La halte traîne en longueur. Quelques commandos sautent au sol pour se dégourdir les jambes. Fleury préfère demeurer sur sa banquette. Il poursuit son voyage dans le temps et se retrouve tireur au fusil-mitrailleur, alors que Jaubert a regagné l'Algérie après un repos d'un mois et demi.

Il a hérité du 24/29 de Philibert Boutier qui a remplacé Pascaud parti au centre Siroco pour suivre le cours des gradés du cadre spécial. Montjaux est toujours là, mais Godier a quitté lui aussi le commando. C'est Janssen, un second maître blond, qui a pris la tête du deuxième groupe de la section toujours commandée par l'enseigne de vaisseau Boizeau.

Le commando a retrouvé ses chambrées de la caserne Lyautey. Médina a très vite recomplété son poulailler. Les bérets-verts se sont remis en jambes au cours de quelques opérations de routine et sans grands résultats.

— On va grenouiller au sud du plateau de Tient, vient annoncer Montjaux à ses hommes qui s'apprêtaient à vivre une tranquille journée de repos après une semaine de traques vaines entre les djebels Gorine et Sidi Sofiane, on part dans une heure…

Les deux voltiges et les deux pièces de Boizeau dévalent à l'heure convenue les trois étages de larges escaliers lavés au savon noir. Ils s'alignent à côté des deux autres sections du commando et embarquent quelques minutes après dans un des G.M.C. vieillissants dont les moteurs tournent dans la cour. Le convoi prend la direction de Nedroma, puis tourne à droite, vers l'ouest, en direction d'une gare isolée qui ne sert plus à rien depuis le début de la rébellion. Les bérets-verts franchissent la voie ferrée tout de suite après avoir sauté des camions et se dirigent, laissant les hauteurs du djebel Zhakri derrière eux, vers les contreforts en pente nette du plateau de Tient.

— On doit rejoindre le village là-bas, indique Montjaux après une demi-heure de marche.

Le douar désigné du bras par le Catalan s'étale à flanc de coteau. Des lignes épaisses et sombres de buissons de figuiers de Barbarie marquent ses limites irrégulières. Ses mechtas ocre et blanc sont atteintes après une très calme progression. Les troisième et deuxième sections du commando grimpent sur le plateau pelé.

— Nous, ordonne Boizeau à ses deux chefs de groupe, on reste ici en réserve pour la nuit…

La section investit les habitations désertées par leurs occupants qui ont rejoint, contraints et forcés, un centre de regroupement. Une mare d'eau croupissante s'étale au bas des bâtisses à toits plats. Médina y lance machinalement une pierre. Les bords de la pièce d'eau s'animent en une fraction de seconde. Sa surface figée, crevée par le caillou de la Bohème, semble éclater tout entière, agitée par les plongeons vifs d'une centaine d'énormes batraciens.

— Des grenouilles ! s'exclame joyeusement le Vosgien, on va faire un de ces gueuletons…

Le béret-vert a depuis toujours l'âme braconnière. Il confie sa mitraillette à un de ses voltigeurs. Et se lance à la pêche. Le fusil-mitrailleur du groupe Janssen est mis en batterie sur un toit plat et jonché d'une épaisse couche de figues desséchées. Tout est calme autour du village planté en escargot sur la pente du plateau. L'opération se transforme en pique-nique. Le Vosgien, aidé par trois autres commandos, capture rapidement quelques dizaines de grosses grenouilles à la peau fraîche. Il jubile.

— Qu'est-ce qu'on va se mettre, lance-t-il à Montjaux qui suit son adroit manège en souriant.

D'autres bérets-verts bousculent le fouillis sombre de la mechta abandonnée. Ils en ramènent quelques gamelles poisseuses de vieilles graisses et recouvertes de poussière. Un feu de bois est allumé sur un large kanoun à demi écroulé contre le mur de la cour. Des commandos se sont encombrés au départ d'une gourde supplémentaire pleine de rosé ramené d'une mission d'escorte à la ferme Havard, tenue par des producteurs de vin très fort. Du pain frais sort des sacs de combat. Chacun dévoile les provisions dont il s'est chargé : soubresades, boîte de piperade, harengs saurs, de l'ail et de gros oignons plats et roux. Le tout avait été acheté pour agrémenter la soirée de repos prévue à la caserne Lyautey. Le Catalan se laisse saisir par l'ambiance. Il prend le combiné du S.C.R. 300 de la section, et appelle le groupe Caroff.

— La Bonne Terre, où es-tu ? demande-t-il après les formules rituelles de la procédure, si tu n'es pas trop loin, rejoins-moi, on t'invite à bouffer...

Le sous-officier breton accepte l'invitation et, sous le prétexte d'une liaison, déboule vite vers la mechta en fête. Médina achève à gestes précis le dépiautage de ses grenouilles. Le sang noir des bestioles coupées en deux, tête à gros yeux et tronc d'un côté, cuisses musclées de l'autre, souille la terre battue de la cour en pente. Un commando sort d'un appentis crasseux et sombre. Il tient deux bocaux remplis à ras bord d'un magma brun-rouge.

— C'est de la sauce tomate, avance La Bohème à qui le béret-vert tend sa trouvaille, ouvre-les vite...

Le mécanisme rouillé qui tient clos le premier récipient poussiéreux ne joue pas facilement. Le matelot fait une grimace de dégoût en réussissant enfin à ouvrir le bocal.

— Saloperie de saloperie, gronde-t-il en jetant l'infecte ratatouille entre les troncs torturés de quelques figuiers plantés au-dessus de la mare aux grenouilles, c'est pire que de la merde...

Les commandos qui ne sont pas de veille éclatent de rire.

— Ouvre l'autre, ordonne Médina qui a suspendu la préparation des cuisses de grenouille, il est peut-être pas pourri...

Le commando hésite un instant.

— Ouvre, je te dis, encourage le Vosgien.

Le contenu du bocal, dont le fermoir casse sous l'effort du

matelot aux narines pincées, ne sent pas mauvais. Il est recouvert d'une mousse ouatée, brune et tachetée de points vert-de-gris.

— C'est tout bon, décide La Bohème en écartant la moisissure de la pointe de sa dague et goûtant l'épais coulis de tomate, ce truc-là c'est comme la pénicilline… Ça ne peut pas nous faire de mal…

Caroff pénètre dans la mechta animée avec un quartier-maître. Le site embaume l'oignon et l'ail frits. Les cuisses de grenouille dorent en grésillant dans l'huile d'olive qu'avait emportée, à tout hasard, un voltigeur gourmand. Le rosé coule à flots. Le repas est joyeux. Les hommes qui veillent au fusil-mitrailleur descendent à leur tour du toit de la mechta pour participer aux agapes.

Des commandos repus prennent leur place au guet en s'efforçant de ne plus regarder vers le festin inachevé. Le soleil termine sa course vers l'ouest. La pente sud du plateau de Tient s'assombrit et se rafraîchit.

— C'est pas tout, décide le second maître invité par Montjaux en alertant le quartier-maître qui l'escorte, faut rejoindre les copains…

Le Breton déplie à regret sa longue carcasse après avoir offert à ses hôtes une imitation parfaite de Fernand Raynaud. Il reprend la mitraillette qu'il avait appuyée au mur de pierres disjointes de la mechta et s'éloigne, accroupi, en faisant des bonds de grenouille.

— Sacré Balandard, commente le Catalan hilare en appelant le rescapé de François par son deuxième surnom tiré du répertoire comique de Raynaud, s'il n'existait pas il faudrait en inventer un comme lui… Et ça ne serait pas facile !

L'ambiance change de ton en quelques minutes. La guerre reprend ses droits. Montjaux et Janssen peaufinent les défenses de leur position. Les cendres du feu sur lequel ont cuit les cuisses de grenouille et bouilli l'eau du café sont recouvertes de terre. Chaque équipe de veille sait à quelle heure elle doit prendre la garde.

L'obscurité envahit le village redevenu silencieux. Il fait très frais. Des bérets-verts qui ne sont pas postés en défense se sont allongés à l'abri de la mechta sans porte. Fleury est de ceux-là. Il frôle machinalement de la main droite son arme au bipied déplié avant de s'endormir, accagnardé tout près du chambranle veuf de porte, l'étui de son pistolet ramené sur sa braguette, tout entier abandonné à la garde des hommes qui veillent sur le toit de la mechta.

Il est bientôt minuit. La mechta bien protégée est hantée de ronflements. Des rafales l'animent soudain. Montjaux est dehors en trois secondes. Les hommes, éveillés et aveugles, se cognent les uns contre les autres en lâchant des jurons étouffés.

Fleury empoigne son sac de combat, l'ajuste dans son dos en une seconde et ramasse son 24/29. L'air vif qui coule au ras du coteau l'éveille tout à fait. Boizeau est à l'écoute radio, Montjaux et Janssen se tiennent tout près de lui. Leurs voltigeurs et servants des pièces se sont instinctivement alignés contre le mur de la cour, prêts à bondir dans la nuit vers le feu qui ne diminue pas d'intensité.

— Les copains ont accroché là-haut, chuchote l'officier de réserve, on doit aller les appuyer...

Montjaux rejoint son groupe.

— La voltige devant, ordonne-t-il tandis que les détonations s'enragent encore.

Médina part à la course. Il contourne la mare aux grenouilles sur la gauche, suivi comme son ombre par Seibert. La colonne pressée s'engage ensuite par une piste étroite dans les méandres du village désert.

— Pourvu que les fells ne décrochent pas avant notre arrivée, espère le Granvillais en suivant sans effort le rythme soutenu des voltigeurs malgré le poids de son arme et des chargeurs bien alignés dans son sac.

Faess, un Alsacien tout blond qui remplit les fonctions de chargeur de la pièce, règle ses foulées à celles du Normand. Les rafales prennent de plus en plus d'intensité dans la nuit. Leurs échos résonnent entre les murs des mechtas qui bordent, très serrées, la piste étroite et sombre. La section de renfort débouche à l'orée du douar, sur l'arête du plateau de Tient. Le vacarme devient plus précis.

Médina marque un temps d'arrêt.

— Par là, lui hurle Montjaux en indiquant du bras gauche le long mur bordé de cactus d'une grande mechta.

Boizeau avertit par radio les occupants de l'endroit de son approche. Le feu meurt presque. Seuls les fellagha continuent à tirer.

— On y va ! crie le Catalan en donnant l'exemple et passant devant Médina.

La Bohème se lance derrière le chef de groupe. Il le rattrape. Les deux hommes, suivis de très près par Seibert, pénètrent dans une grande cour rectangulaire.

— Magnez-vous, crie Montjaux au reste de la section en s'agenouillant au ras de la porte du lieu pris pour cible par les rebelles, tout le monde avec moi...

Les trois derniers voltigeurs de Médina rejoignent le trio déjà à l'abri en courant courbés. Fleury franchit à son tour à toute vitesse les quarante mètres qui le séparaient de ses compagnons. Faess et ses deux pourvoyeurs, Quintin, un Toulousain, et Martin, un gars du pays vannetais, se jettent eux aussi dans l'enceinte de la mechta transformée en forteresse.

— Tout le monde est là ? interroge Montjaux pendant que Boizeau rejoint l'enseigne de vaisseau Poher, qui est toujours officier en second de Costagliola.

Fleury détaille la mechta. Il reconnaît la silhouette maigre d'un caporal-voltigeur embusqué sur un angle de mur. L'homme a recommencé à arroser calmement les emplacements de tir rebelles de ses rafales de mitraillette. Le vacarme des armes reprend de l'épaisseur. Quelque chose tombe dans la cour, près du mur de la mechta.

— Grenade ! hurle un commando.

Les hommes de Montjaux et Janssen se plaquent contre les murs. Poher et Boizeau disparaissent à l'intérieur de la bâtisse. L'engin explose, gommant un instant tous les autres bruits de l'accrochage. Faess s'est jeté tout contre Fleury.

— T'as rien ? s'inquiète le Normand qui avait fermé les yeux à l'éclair de l'explosion.

L'Alsacien s'ébroue, légèrement abasourdi. Il remue la tête sans répondre. Les commandos se redressent un à un. Pierre Gras, un second maître de la troisième section, toujours impeccablement mis, se risque à la grande porte de la mechta. Il tire quelques rafales en essayant de localiser les emplacements de tir du groupe ennemi. Il pousse un grognement et se rejette derrière le mur. Une balle lui a déchiré un pouce. Montjaux s'est aperçu de l'incident. Il bondit et attire le blessé à l'intérieur de l'habitation qui doit, vu le luxe des finitions qui l'ornent, appartenir à un caïd de la région.

Le pacha appelle Boizeau près de lui et lui parle à voix basse. L'officier de réserve chauve glisse à son tour quelques paroles à l'oreille de Montjaux et, ce dernier laissant le blessé aux soins de l'infirmier, rejoint son groupe à grandes enjambées.

— On va les bousculer, lance-t-il à ses hommes.

Fleury accueille la nouvelle avec un frémissement nerveux.

— On laisse le barda ici, précise le second maître en se défaisant de son havresac et le déposant au ras du mur de la cour.

Le pacha n'a désigné que le groupe du Catalan pour contre-attaquer l'ennemi. Les voltigeurs de Médina piaffent d'impatience.

— Ecoute-moi bien, explique leur chef de groupe à son tireur au fusil-mitrailleur, tu suis la ligne de voltige à quelques mètres, moi je marche au milieu du mouvement, juste devant toi et, dès qu'on accroche, on se fout la gueule dans la poussière et tu allumes les fells au-dessus de nous...

Le Normand a plus de dix fois répété le dangereux et pas très réglementaire exercice de tir avec le Catalan.

— Ça va aller, annonce-t-il d'une voix qu'il veut sûre.

Les voltigeurs de la troisième section font boule de feu pendant presque une minute.

— C'est à nous ! ordonne Montjaux lorsque meurt leur dernière rafale.

Le second maître donne une tape amicale au Normand qui se tient prêt à emboîter le pas des hommes de Médina.

— On fait comme j'ai dit, lui souffle-t-il une dernière fois.

La Bohème bondit dans la nuit zébrée du feu de l'ennemi. Ses voltigeurs franchissent en colonne pressée l'épais barrage de cactus qui cerne le décor. Puis ils s'étalent rapidement en tirailleurs pour ratisser le terrain tout plat. Montjaux se retourne une fraction de seconde pour voir si son tireur au 24/29 marche bien dans l'axe de sa progression.

Les rebelles ne semblent pas s'être rendu compte du mouvement rapide des commandos. Ils continuent à tirer, prenant surtout la face sud-ouest de la mechta d'où personne ne leur répond. Les balles ennemies sifflent haut sur les têtes du groupe Montjaux qui parcourt sans encombre un peu moins de cent mètres. Les voltigeurs se plaquent soudain au sol en tiraillant. Fleury demeure debout et tire lui aussi, à la hanche, en tenant de la main gauche le bipied de son arme relevé et en tendant très fort sa bretelle de cuir pour assurer son équilibre.

— Pourvu que je ne tire pas trop bas, a-t-il le temps de se dire en suivant la course brillante de ses balles traceuses.

Un bruit de galopade naît à quelques mètres du feu rageur.

Des silhouettes fugaces apparaissent entre quelques arbres, éclairées par les rafales des commandos.

— Ça va comme ça ! hurle Montjaux à l'adresse de son tireur au F.M. et en se relevant pour se lancer à la poursuite des fellagha qui décrochent.

Faess tend un nouveau chargeur plein au Normand. Les rebelles ne tirent plus que quelques balles imprécises. Le bruit de leur retraite prend de l'ampleur après cinquante mètres de poursuite.

— Ils avaient planqué des mules, constate Montjaux.

Le second maître essoufflé s'empare du T.R.P.P.8 de son radio et entre tout de suite en contact avec la mechta. Il reçoit l'ordre de ne pas s'éloigner plus.

— Les V.B., ordonne-t-il à un pourvoyeur de sa pièce muni de longues grenades de type 52 qui ont remplacé les vieilles patates de la dernière campagne du commando, mets le paquet...

Le matelot tire rapidement quatre projectiles qui s'écrasent sur la ligne de fuite des rebelles.

— Ils ont filé dans la plaine, remarque le chef de groupe en scrutant les explosions à la jumelle, on ne les aura plus...

Le feu est mort. Le silence est redevenu maître du plateau de Tient. Quelques minutes passent. Les bérets-verts au souffle court se rendent compte qu'ils sont très éloignés de la mechta occupée par leurs compagnons.

— S'agirait pas de nous faire allumer par les copains, grommelle le Catalan en donnant le signal du retour.

Le groupe bien étalé parcourt un peu plus de la moitié du chemin tracé à l'aller. De nouvelles rafales éclatent, entre eux et le douar. Montjaux est tout de suite à l'écoute radio. Il jure en catalan.

— *Me cago en Dios !* Il y a encore des fells tout près des gourbis... On a l'air fin...

La fusillade s'affole. Des grenades explosent. Fleury goûte le spectacle en regrettant de ne pouvoir intervenir avec son fusil-mitrailleur. Une voix de stentor se mêle aux détonations. Le Normand reconnaît l'organe puissant du second maître Pihan[1], un rescapé de Ninh Binh comme Caroff.

— Passez par ici ! Vers moi, hurle le colosse plusieurs fois

1. Voir G. Fleury, *le Commando*, Grasset.

blessé en Indochine, un peu plus sur la droite... Magnez-vous !

Montjaux repère sa progression sur son ami qu'il appelle comme tout le monde le Quintal. Médina parvient tout près du fouillis de cactus. Pihan balance ses grands bras en mouvements de sémaphore pour guider l'élément de ratissage hors de la ligne de tir.

— Tout droit ! hurle-t-il encore. Voilà, c'est bon... vous y êtes...

Les tirs cessent. Le groupe Montjaux pénètre dans la cour animée.

— Tout est fini, regrette son chef, il n'y a plus qu'à attendre tranquillement le jour...

Le sous-officier de la troisième section qui est blessé au pouce endure calmement le mal qui le ronge. Ses voltigeurs demeurent à leur poste de combat. La section de Caroff veille à l'autre bout du village.

Les dernières heures de la nuit passent vite. Le jour se lève. La plaine qui court de la frontière marocaine aux contreforts du Zhakri est brumeuse. Il fait très frais. Les bérets-verts allument des petits feux. Le rituel du café se déroule, immuable. Gras a les yeux creux.

— Dans une heure tu te feras dorloter à l'hosto, lui promet Montjaux, on va certainement pas moisir ici...

Un cri abrège les encouragements du Catalan. Un voltigeur du premier maître Guillerm a découvert le cadavre d'un rebelle, à moins de dix mètres de la mechta qui sent le café. L'homme est vêtu d'un uniforme très clair. Il est désarmé.

— Il a peut-être balancé son arme dans les cactus, envisage Montjaux.

Des voltigeurs s'arment de bâtons et essayent de percer le rideau de palettes vertes et hérissées de longs piquants blancs. Ils abandonnent vite la recherche.

— Y a pas moyen de fourrer le nez là-dedans, rage Médina, c'est plus coriace qu'un réseau de barbelés...

Le pacha fait fouiller une dernière fois les alentours du village. Ses hommes trouvent de nombreuses traces rebelles. Des douilles jonchent le sol par endroits. Ils repèrent facilement les brisées du convoi de mules, elles courent en direction de la voie ferrée.

Un message radio rameute les commandos vers le terrain d'aviation qui est installé à l'extrême bord nord du plateau de Tient. Des G.M.C. roulent à la rencontre de la colonne bien étalée des trois sections qui cheminent sur une piste étroite. Fleury marche à pas réguliers, sans penser, ivre de fatigue. Les fantassins et les véhicules se rencontrent bientôt. Les bérets-verts montent dans les camions. Les chauffeurs manœuvrent vite en emballant leurs moteurs. Ils arrachent des criaillements déchirants à leurs boîtes de vitesses. Le convoi est remis en direction du nord.

— Les armes avant la peau, hurle Montjaux une fois que son groupe a rejoint la chambrée de la caserne Lyautey, on pourrait bien repartir sous peu...

Bonnot, le chef de pièce du groupe Janssen, approche de Fleury qui démonte son fusil-mitrailleur sur la table installée entre les deux sections.

— Dis, lance sans ambages l'ancien d'Indochine, ça fait pas mal de temps que je t'observe... Si tu veux bien, on pourrait être copains... D'accord ?

Le Normand laisse une seconde en l'air le chiffon avec lequel il dégraisse les pièces de son arme. Etonné, il fixe le quartier-maître plus âgé que lui.

— Si tu veux, répond-il simplement.

L'ancien d'Indochine sourit et s'éloigne sans rien ajouter.

Fleury astique consciencieusement son arme. Puis la remonte à gestes automatiques. Il sait qu'il pourra maintenant tout partager avec Bonnot. Il a un frère de guerre.

— Ça fait chaud au cœur, se dit-il en pendant son fusil-mitrailleur impeccable au montant de son lit, avoir un ami, ça compte...

Des voltigeurs de Médina ont dégréé leurs chargeurs de mitraillette. Ils en ont extrait les ressorts qui poussent les balles vers le haut, les étirent et les suspendent à leurs lits en les lestant de grenades ou de rangers de cuir.

— Ça leur donne plus de force, commente Médina à l'intention des nouveaux embarqués, comme ça on ne risque pas d'incidents de tir.

Montjaux revient dans la chambrée. Il est rasé de frais et porte une tenue de sortie vert olive.

— Vous cassez plus les gars, annonce-t-il joyeusement, on est de repos...

Bonnot approche à nouveau du Granvillais.

— On sort, invite-t-il.

Le Normand accepte. Les deux amis se préparent à la fête païenne des retours d'opération.

17

L'AMITIÉ DU CHACAL

Le commando du lieutenant de vaisseau Costagliola quitte la caserne Lyautey quelques jours après l'accrochage du village abandonné au bout du plateau de Tient. Ses sections se sont partagées dans quatre G.M.C. La nuit est tombée depuis peu. Les bérets-verts se sont très légèrement équipés. Fleury n'est pas chargé de son habituel fusil-mitrailleur. Il est armé d'une mitraillette Mat 49, comme les voltigeurs de Médina qu'il envie souvent au cours des plus longues marches dans le djebel. Les véhicules bifurquent vers l'ouest une fois parvenus au carrefour dit des Quatre-Routes. Ils roulent avec leurs phares allumés.

— Pour une fois, commente Montjaux, il faut que les fells nous voient arriver de loin...

Le pacha a bien précisé la mission à ses chefs de section. Les commandos doivent sauter deux par deux des camions en marche pour approcher furtivement du plateau de Tient et installer un long réseau d'embuscades. Le G.M.C. de la section Boizeau, qui roule en queue de convoi, ralentit progressivement.

— On commence à sauter dans une minute, avertit le Catalan, gare aux chevilles...

Médina se lève et donne une tape à son coéquipier. Les deux hommes enjambent la porte arrière rabattable du camion qui roule à un peu plus de vingt-cinq kilomètres à l'heure. Ils se laissent tomber sans crainte dans le noir et boulent dans le fossé de la route groudronnée. Deux autres bérets-verts disparaissent dans la nuit un peu plus loin.

— A nous, souffle le second maître Leresteux à Fleury.

Le Normand essaye vainement de distinguer les détails du bord de la route. Le sous-officier le pousse presque. Il se retrouve allongé sur le dos après un roulé-boulé sans douleur.

Leresteux s'est très bien reçu lui aussi. Il est déjà relevé et marche vers le Normand, qui vérifie du petit doigt que le canon de sa mitraillette n'est pas obstrué par de la terre.

— Ça va ? demande l'ancien du commando François cité à l'ordre de l'Armée en Indochine.

Le Granvillais acquiesce. Le bruit des moteurs de G.M.C. décroît vers l'ouest.

— On y va, décide alors le gradé aux traits anguleux, on a à peu près cinq cents mètres à parcourir...

Les deux bérets-verts silencieux piquent résolument au nord, vers l'ombre massive du plateau à boucler.

— C'est là, souffle le sous-officier qui ouvre la marche en parvenant au bas d'une sente étroite.

Le Granvillais s'allonge au milieu de roseaux desséchés qui oscillent tout doucement dans un vent coulis assez frais. Sa vue s'habitue bientôt à l'obscurité bruissante.

— On est pas mal placés, se réjouit à voix chuchotée son adjoint de section, si quelqu'un vient sur la piste on ne pourra pas le rater...

Le Normand ne répond pas. Il repense au convoi de mules qui s'est échappé il y a quelques jours devant les rafales de son fusil-mitrailleur.

— Si seulement, espère-t-il, elles pouvaient se repointer...

Tout le commando est maintenant au sol. Le sud du plateau de Tient est impeccablement bouclé. Des éléments de la D.B.F.M. et les harkis du commando Yatagan du capitaine Delayen ont tendu d'autres pièges à l'ouest et à l'est du site. Les heures s'écoulent, de plus en plus lourdes à supporter. Leresteux s'énerve un peu. Il jette un coup d'œil à sa montre à cadran lumineux.

— Les renseignements ne valaient rien, chuchote-t-il à son jeune compagnon immobile, l'heure prévue pour l'arrivée des fells est presque passée...

Un mouvement furtif retient soudain l'attention des deux commandos mordus de crampes. Ils remontent tout doucement le canon de leur arme. Ils ne parlent plus. Le bruit insolite grandit. Il provient de la droite de la petite embuscade.

— Cette fois, c'est bon ! se réjouit déjà le Normand en glissant tout doucement en position de tir vers l'origine du bruit.

Les deux mitraillettes sont armées. Le froissement énervant des roseaux se rapproche. Mais rien ne bouge à hauteur d'homme.

— Ce doit être un gosse, envisage le plus jeune des deux guetteurs prêts à faire feu, ou un nain...

Le bruit s'affirme de plus en plus. Les roseaux s'écartent à peine. Une forme basse se présente devant les deux bérets-verts.

— Merde, s'étonne Fleury en sentant tous ses nerfs se dénouer, c'est un chien...

L'animal sorti des roseaux demeure interdit à deux mètres de l'embuscade. Puis il approche du Normand décrispé, le hume, et se couche tout contre lui en remuant tout doucement la queue. Leresteux se remet en veille vers la piste qui descend du plateau.

— C'est peut-être un chien de fell, susurre-t-il à son voisin de guet. En tout cas, c'est pas normal, ouvre l'œil car ses maîtres pourraient bien venir par ici...

Le matelot commando flatte de la main l'animal sorti de la nuit.

— Il a l'air gentil, se dit-il en essayant de deviner la forme de la tête du chien.

Le silence parfait retombe sur le bas du plateau. L'heure annoncée pour la venue des rebelles est passée depuis longtemps.

La deuxième section, commandée depuis le retour de métropole par l'enseigne de vaisseau Fossat, s'est planquée aux abords d'un petit village. L'officier est allongé tout près du matelot Robin. Les deux hommes, les yeux rougis de fatigue, guettent dans le ciel l'apparition de la fusée blanche qui doit donner le signal du démontage des embuscades vaines. Le jeune officier de réserve lutte contre le sommeil. Les détails tout proches de son poste de guet prennent de temps en temps des proportions gigantesques à son regard.

— Attention, souffle soudain Robin qui est aussi blond-roux que son chef est brun, j'ai entendu des bruits vers les mechtas...

La fatigue des deux hommes aux muscles tétanisés par les heures d'immobilité disparaît en une seconde. Deux silhouettes sortent de l'ombre du village. Elles grandissent vite et se dirigent à pas tranquilles tout droit vers l'embuscade.

— On les laisse approcher à nous toucher, souffle l'officier qui ne bouge pas sa tête ronde, tu ne dois tirer qu'à mon signal...

Robin fait un petit signe de tête pour montrer qu'il a compris l'ordre. Les deux rebelles ne sont plus qu'à une dizaine de mètres des armes françaises.

— Ils portent des sacs, se rend compte Fossat, c'est bon pour nous...

Les intrus marchent presque côte à côte. Ils ne sont plus qu'à deux mètres des marins. Fossat écrase la queue de détente de son arme. Robin l'imite dans la même fraction de seconde. Les deux rebelles s'écroulent sans un cri au travers de la piste. Le matelot n'a qu'à tendre le bras pour en toucher un.

— Attends un peu, intime le chef de section alors que Robin allait se relever, il y en a peut-être d'autres derrière...

Les deux bérets-verts demeurent une bonne minute plaqués derrière les cadavres qui se vident de leur sang. Rien ne bouge dans le village.

— On peut y aller, décide Fossat.

Robin palpe rapidement les deux corps et les défait de leurs havresacs. Les doigts nerveux du matelot rencontrent des grenades pendues dans des petits sacs de cuir à la taille de l'homme qu'il fouille à l'aveuglette. Ses mains se poissent de sang chaud et de viscères éclatés. Une odeur de lapin éventré l'agresse, plus épaisse que celle de la poudre brûlée qui se dilue dans le vent.

Fleury et Leresteux, couchés en veille à quatre cents mètres de l'embuscade réussie, ont eux aussi oublié leur fatigue dès la première rafale de Fossat.

— Ça part de la deux, commente l'officier-marinier malouin, ils ont eu de la chance...

L'animal confiant, qui s'est endormi auprès de Fleury s'est remis sur ses pattes, soudain nerveux.

— Il va certainement foutre le camp, envisage à regret le Granvillais.

Le chien n'est pas très haut sur pattes. Il pointe des oreilles très droites, le nez en l'air. Il demeure ainsi pendant plus d'une minute, puis se recouche contre le béret-vert. La nuit s'éclaircit petit à petit. Une fusée blanche monte dans le ciel. Leresteux bondit sur ses pieds.

— C'est pas trop tôt, reconnaît-il, ça va faire du bien de marcher un peu...

Fleury bouge aussi, sans gestes brusques, attentif à ne pas effaroucher l'animal qu'il a décidé de garder. Les deux hommes font quelques flexions de jambes pour se dégourdir.

— On regagne la route, ordonne Leresteux après son manège ravigotant, les camions vont bientôt revenir.

L'officier marinier se met en route. Suivi de Fleury. Et du chien.

— Drôle de bête, se dit le Normand lorsque le petit jour lui permet de voir enfin son insolite compagnon d'embuscade.

La bête a une gueule de grand renard, son poil est roux et gris, laineux par endroits, et son arrière-train très efflanqué est bas.

— C'est un chacal ! réalise soudain le matelot ami des bêtes.

Leresteux parvient au bord de la route. D'autres paires de commandos transis sortent de la brume à quelques dizaines de mètres autour de lui. Des groupes se forment au fil des minutes. Costagliola, suivi comme son ombre par le jeune musulman capturé près du poste Requin, passe des messages au P.C. de l'opération en démontage. Fossat et Robin rejoignent leurs compagnons. Les sacs qu'ils ont récupérés sont vite inventoriés. Ils renferment des tas de paperasses aux armes de l'A.L.N. et du F.L.N.

— Ça va bien servir au deuxième bureau, commente Montjaux pour ses hommes qui se regroupent, c'est un sale coup pour les fells du coin...

L'attention du second maître est soudain captée par le chacal qui colle aux jambes de Fleury.

— Qu'est-ce que c'est que cette saleté ? interroge-t-il d'un ton bourru, fais la foutre le camp...

Le Normand plaide :

— C'est un chacal apprivoisé... un peu comme un chien... Est-ce que je peux essayer de le garder ?

Le Catalan caresse l'animal peu craintif.

— Si tu veux, accepte-t-il amusé, on va le foutre avec les poules de La Bohème...

Les camions de la D.B.F.M. approchent. Les sections les envahissent. Fleury prend le chacal dans ses bras et le jette entre les jambes de ses compagnons. Quelques minutes passent encore. Le pacha donne le signal du départ, après une dernière liaison radio avec les autres éléments du bouclage désintégré. Le chacal se coule sous la banquette du camion de la première section, juste sous le maître qu'il semble s'être donné.

— Il a l'air vachement sympa, se dit ce dernier en épiant la moindre réaction de l'animal, c'est chouette de l'avoir trouvé...

La fatigue se fait plus lourde. Le Normand somnole. Un cri le sort de sa torpeur.

— Ta sale bestiole a dégueulé, lui hurle une voix furieuse, fous-la par-dessus bord...

Des éclats de rire couvrent le timbre du coléreux. La pauvre bête incommodée par les mouvements du camion dans les nombreux virages de la route se coule à nouveau sous la protection du Normand. Les bérets-verts cessent soudain de rire. Ils fixent tous, bouche bée, la vomissure qui s'étale, fumante, en plein milieu du G.M.C.

— Bon Dieu, s'exclame La Bohème, regardez... Il a dégueulé un œil !

Un globe oculaire émerge du magma dégoûtant. Il semble dévisager les commandos.

— Et, précise le Vosgien, c'est un œil de bonhomme !

Fleury est saisi de nausées. Il est bien obligé de reconnaître l'évidence : l'œil régurgité par son chacal a de grandes chances d'avoir appartenu à un être humain.

— Je le garde tout de même, se promet-il en protégeant instinctivement le chacal de ses jambes.

Puis, ramassant un chiffon taché de cambouis, il s'empare vivement du tas écœurant et le lance sur le bord de la route en surmontant difficilement sa nausée. Ses compagnons font grise mine.

— En tout cas, émet sentencieusement l'un d'eux, ça ne peut être qu'un œil de fell, puisqu'il n'y a jamais eu un seul mort de chez nous abandonné sur le terrain...

La réflexion détend l'atmosphère. Fleury s'enhardit et caresse de nouveau le chacal qui réagit à la flatterie en remuant la queue comme un chien tout ce qu'il y a de plus banal.

Le convoi pénètre dans Nemours, l'antique Ghazaouet d'avant la conquête. Le chacal, maintenant considéré avec une sorte de respect morbide par les bérets-verts, se retrouve dans la chambrée de la première section. Il demeure toujours à moins d'un mètre de Fleury.

— Tu ne vas tout de même pas le garder ici, fait remarquer Médina au Normand affairé à nettoyer la mitraillette qu'on lui a confiée pour l'embuscade, il est cannibale, ton bestiau, ne l'oublie pas...

L'arme est vite démontée.

— On pourrait peut-être l'attacher près du poulailler, avance son propriétaire d'une nuit.

La Bohème réfléchit quelques secondes en grattant son menton noirci de barbe serrée.

— D'accord, accepte-t-il, il foutra certainement la trouille aux guignols qui viennent nous piquer des œufs et des pigeons.

La nouvelle mascotte de la section se retrouve attachée devant une caisse de bois remplie de loques.

— On dirait qu'il a l'habitude de la longe, constate un commando lorsque l'animal efflanqué se love tranquillement dans sa niche improvisée.

Les bérets-verts poursuivent inlassablement leurs sorties dans le bled après l'embuscade réussie du plateau de Tient. Ils mènent une guerre d'usure, sans grands éclats, mais qui porte tout de même des coups sérieux à la rébellion. Cette dernière réduit bientôt ses actions à quelques incursions nocturnes dans les douars de la région. Le barrage frontalier a été électrifié. Les katibas de l'A.L.N. instruites au Maroc ne se risquent plus à tenter de gros passages.

— Je ne sais pas si c'est partout pareil, commente Fleury à la fin d'un repas partagé sur la table de sa chambrée, mais on dirait bien que les fells ne vont pas tenir le coup bien longtemps...

Boutier s'est allongé sur son lit tout proche de la table desservie. Il s'est déjà plongé dans la lecture d'un San Antonio.

— On n'est pas payés pour penser, lance-t-il à son tireur au fusil-mitrailleur, c'est San Antonio qui a raison à ce sujet...

Le Normand fixe la bonne tête ronde de son compagnon aux petits yeux tout ronds qui doit bientôt quitter le commando pour aller, comme Pascaud et Godier, suivre le cours du cadre spécial au centre Siroco.

— Qu'est-ce qu'il dit sur nous, ton commissaire à la noix ? lui demande-t-il.

Le Bourguignon s'épanouit en feuilletant rapidement quelques pages de son livre à la couverture illustrée d'un dessin réaliste.

— Tiens, lance-t-il en retrouvant le passage cherché, écoute un peu ça...

Le Granvillais se rapproche de son chef de pièce hilare.

— L'Armée, ânonne sentencieusement ce dernier, n'est que le refuge des esprits de troisième catégorie...

Montjaux pénètre en coup de vent dans la chambrée. Il a entendu la tirade iconoclaste de son caporal adjoint.

— Arrête de lire des conneries, tonne-t-il, faussement outré, et prépare ton matériel, on part dans une heure... Avec quarante-huit heures de vivres...

18

LES REBELLES DU BOU KIOU

Les six groupes de Jaubert grenouillent deux jours et deux nuits à l'extrême est du territoire de la D.B.F.M. entre les djebels Sidi Sofiane et Gorine, avec une unité de tirailleurs sénégalais. Les rebelles ne sont pas au rendez-vous. L'opération est démontée. Des camions viennent récupérer les bérets-verts bredouilles sur la piste Cuttoli-Est. Piquant au sud, le convoi rejoint la route de Nedroma.

Il est un peu plus de dix-sept heures. Fleury, comme il en a pris l'habitude depuis qu'il remplit les fonctions de tireur au fusil-mitrailleur, se tient debout. Il contrôle son équilibre en

appuyant le bipied de son 24/29 sur le toit de la cabine de son camion, paré à riposter à toute embuscade. Le vent fouette soudain plus fort son visage juvénile marqué par la fatigue. Un ordre radio a fait accélérer le convoi. Les chauffeurs lancent leurs véhicules à toute vitesse dans les nombreux virages qui mènent à Nedroma. Des commandos évitent de justesse la chute en se cramponnant aux ridelles grinçantes du G.M.C.

— Qu'est-ce qui lui arrive, grommelle Montjaux en maudissant le conducteur de son véhicule, il se prend pour Fangio...

Un hurlement métallique emplit soudain le ciel. Deux avions à réaction, des Mistral de l'Aéronavale, flèches argentées, viennent de l'est. Ils plongent au-dessus de l'oued Bou Kiou en tirant de longues rafales de mitrailleuse. Le convoi dépasse le petit village de la Zaouïa de Sidi Mohamed. Les G.M.C. stoppent à trois cents mètres de ses mechtas blanches lovées en vrille sur un mamelon qui pointe à deux cents mètres en contrebas de la route.

Les bérets-verts giclent des camions. Boizeau court vers le pacha qui a déjà étalé sa carte d'état-major sur le capot de sa jeep Willis. Les deux appareils à réaction frôlent le site à plusieurs reprises en prenant pour cibles les méandres de l'oued qui passe en dessous du village escarpé. Des automitrailleuses viennent à la rescousse de Nedroma. Elles se postent en batterie aux coudes de la route. Les commandos détaillent tous les mouvements, impatients de savoir ce qui se trame. Montjaux, très agité, rejoint son groupe étalé au-dessus d'une pente de terre arable acrobatiquement labourée par les fellahs de la Zaouïa.

— Les fells que nous cherchions depuis deux jours se sont repliés dans le coin par l'oued Bou Kiou, apprend le sous-officier à ses hommes, on est juste au-dessus d'eux... On attend que les zincs décrochent et on leur tombe sur le poil...

Les commandos vérifient leurs brêlages. Fleury reconnaît d'un regard grave l'itinéraire qui lui permettra de courir au plus vite se mettre en position de tir au-dessus de l'oued occupé par les rebelles. Les deux avions étincellent aux derniers rayons du soleil. Ils plongent une dernière fois sur leurs proies signalées il y a moins d'une heure par un avionnet d'observation qui vole maintenant plus au nord du site enfumé.

Le pacha donne l'ordre du mouvement dès que la dernière traînée de feu lâchée par les appareils s'est mêlée aux buissons d'aulnes et de lauriers-roses qui tapissent le fond sinueux de l'oued.

— On dévale tout droit, hurle Montjaux en se lançant sur la pente labourée.

Médina, Le Bris et Seibert parcourent en déséquilibre une centaine de mètres. Fleury les imite en contrôlant sa course des talons contre de grosses mottes de terre.

Les voltigeurs atteignent un petit plateau d'où s'écroule sur soixante mètres un à-pic menant au lit du cours d'eau matraqué par les avions qui ont déserté le ciel. La cheville droite du Granvillais se dérobe sous lui, en porte à faux. Le tireur au fusil-mitrailleur roule sur lui-même pendant plus de vingt mètres et retombe sur ses pieds à quelques mètres de Montjaux.

— Installe-toi là-bas, lui hurle ce dernier qui rit de la cabriole de son tireur au 24/29 malgré la tension du combat tout proche, et allume tout ce qui bouge par en bas...

Faess a rejoint le porteur de la pièce. Les deux hommes bondissent ensemble à l'extrême arête du plateau en pente douce. Le Normand met son arme en batterie. Il a vue plongeante sur tout le cours d'eau vers l'ouest. Son regard fouille les buissons, là où les avions ont largué leurs dernières rafales de mitrailleuse. Faess lui donne soudain un coup de coude.

— Regarde, conseille-t-il, ça bouge...

Les ramées de lauriers-roses s'animent légèrement de place en place.

— C'est le vent, souffle Fleury tout en pointant son arme noire prête à tirer.

L'Alsacien braque son Mas 49.

— Y a pas que le vent, insiste-t-il, j'ai vu bouger un fell... Il est juste en dessous de nous...

Le chargeur au F.M. pointe un doigt vers une touffe d'arbrisseaux plus épaisse que les autres.

— C'est là, précise-t-il, regarde bien...

Le Granvillais devine une forme humaine dans le magma vert sombre des feuillages. Il arme sa pièce d'un geste nerveux, mais retient de justesse la pression de son doigt sur la queue de détente de l'arme.

Un bras sort du buisson qu'il vise, et balance un morceau de tissu.

— Il se rend, commente le Normand, faut le laisser grimper jusqu'ici...

Le rebelle s'extrait à demi de l'ombre. Ses traits sont déformés par la peur. Il agite nerveusement le tissu crème de son chèche dénoué.

— Viens par ici, lui hurle Montjaux qui l'a aperçu lui aussi.

L'homme hésite encore un instant. Puis entame d'un pas ferme l'escalade vers les commandos éparpillés au-dessus de lui. Médina et Seibert vont à sa rencontre. Ils le fouillent à gestes experts et l'encouragent à poursuivre la grimpée. Fleury le regarde passer tout près de lui.

— Ce pauvre gars serait mort si j'avais ouvert le feu dès que Faess me l'a désigné, se dit-il tandis que la silhouette craintive et vêtue d'une blouse grise se dirige vers Montjaux.

Le prisonnier sans armes est poussé vers le pacha, un peu plus haut sur la pente labourée. Un harki l'interroge à mots rapides et précis.

— Il dit que les fellagha l'ont obligé à les guider dans l'oued Bou Kiou, précise le musulman fidèle aux couleurs françaises.

Costagliola hoche la tête d'un air entendu.

— Combien en reste-t-il en bas ? demande-t-il.

Le harki traduit la courte question. Le captif qui reprend péniblement son souffle grimace et balbutie quelques mots en haussant ses épaules étroites et écartant les bras de son corps en geste fataliste.

— Il dit qu'il ne sait pas exactement, relaie le harki coiffé d'un béret vert et armé d'une carabine U.S. Il ment…

L'officier de Marine détourne son regard vers les ombres de l'oued encaissé.

— Envoyez une voltige pour ratisser les fonds, ordonne-t-il à Boizeau qui a accompagné le prisonnier jusqu'à lui.

L'enseigne de réserve redescend vers Montjaux. Ce dernier hèle Médina, et lui fait signe de se préparer à descendre vers les couverts épais.

— Toi, ordonne-t-il à Fleury, tu nous couvres d'ici…

Le Normand suit des yeux les bonds agiles des voltigeurs qui se frayent un passage entre les lauriers-roses.

Des rafales résonnent soudain, toutes proches. Leurs échos saccadés viennent de deux cents mètres sur la droite du dernier voltigeur de Médina. Boizeau, qui est demeuré près de la pièce de son premier groupe se met en veille radio.

— Ce sont des biffins qui ont accroché, apprend-il à ses hommes, ils ont perdu un adjudant…

Les rafales s'enragent. Médina se baisse pour pénétrer dans un coude couvert de l'oued résonnant de coups de feu et de cris. Le Bris marche à deux mètres de lui, sur le bord du cours d'eau sec. Il écarte une volée de branches et tombe nez à nez avec un rebelle. Le Breton lâche une rafale en mouvement réflexe. Le Catalan bondit aussitôt vers lui en tirant à la hanche.

— Et moi, je ne peux pas intervenir, enrage Fleury en essayant de distinguer le déroulement confus de l'accrochage.

Le fellagha s'écroule en hurlant. Il est touché à mort. Le Bris dédaigne l'arme du vaincu, il l'enjambe pour avancer de quelques mètres. Médina progresse lui aussi. Il aperçoit un deuxième rebelle au travers du fouillis des branches serrées. Il bondit vers lui, le visage fouetté par des rameaux souples et en balayant le fourré d'une longue rafale de sa mitraillette. Le rebelle n'a pas esquissé un geste, ni pour tirer ni pour fuir. Il fixe le Français de ses grands yeux, comme étonnés. Le Vosgien, emporté par son élan furieux, bute tout contre lui.

— Il était déjà clamcé, se rend-il compte en détaillant l'homme criblé de balles et qui est demeuré enchâssé à la verticale dans sa gangue de branches après avoir reçu une balle de mitrailleuse d'une rafale tirée par un pilote de l'Aéronavale.

Médina change de chargeur. Montjaux accélère le mouvement de fouille. Le feu meurt vers l'élément de l'armée de terre.

— Ils en ont eu trois, hurle Boizeau au Catalan après une liaison radio.

Le chef de groupe affairé ne se détourne même pas.

— Ça fait six, se dit-il seulement, il en reste certainement d'autres...

Les voltigeurs tirent tous en même temps sur un septième fellagha. L'homme frappé à mort laisse tomber son arme, une mitraillette allemande, et s'affale sur elle. L'oued fait un très large coude quelques mètres après le mort. Il est dominé par une contre-pente très longue et très douce.

— Traverse l'oued ! hurle le chef de groupe à son tireur au F.M., et balaye devant nous...

Le Granvillais se jette à la course sur la pente, suivi de près par Faess. Les deux commandos passent tout près de l'homme debout, tué par le straffing des avions à réaction. Ils se lancent ensuite sur la pente opposée à la position qu'ils viennent de quitter. Fleury cale le bipied de son arme sur un tronc d'arbre mort. Montjaux lui fait un grand signe de bras.

— Tire, lui crie-t-il, vas-y à fond...

Le 24/29 crache de longues rafales. Le Normand hache

méthodiquement les buissons qui restent à fouiller. Montjaux lance une grenade offensive dans un trou sombre. L'explosion de l'engin de tôle jaune crème couvre le chant régulier du fusil-mitrailleur. Les voltigeurs profitent du tir de préparation pour reprendre leur souffle. Ils attendent la dernière rafale du Normand pour continuer leur fouille énervante vers l'ouest.

Montjaux fait un nouveau geste de bras. Fleury comprend qu'il doit cesser le feu et attendre que les hommes armés de mitraillettes le dépassent et aient investi l'oued sur une cinquantaine de mètres pour se porter à leur hauteur et poursuivre ses tirs a priori. Faess glisse les quatre chargeurs vides dans son sac de combat qu'il porte à bout de bras et grand ouvert.

Les voltigeurs avancent d'une vingtaine de mètres. Boizeau enraye le mouvement de la traque implacable. Les bérets-verts en sueur reviennent en râlant sur leurs pas. Ils fouillent les cadavres et ramassent leurs armes. Le troisième rebelle abattu avait lui aussi souffert du tir des avions de chasse. Il a le tibia droit fracassé par une balle de mitrailleuse.

— Chapeau, gronde Montjaux, il s'est sacrifié pour ses copains qui ne doivent pas être bien loin de nous et en train de se foutre royalement de nos gueules...

Le pacha précise par radio les intentions du commandement du secteur lorsque sa première section a remonté la pente vers la route de Nedroma. Elles n'ont rien de réjouissant pour ses chefs de section.

— Des gens approchent en bouclage, leur annonce-t-il en indiquant sur sa carte les positions qui vont être occupées à la nuit par les renforts annoncés, nous on monte sur ce piton...

Le prisonnier en blouse grise est pris en main par un élément du 2e Bureau de Tlemcen qui l'emmène sans ménagements.

Les commandos se dirigent en colonne vers leurs points d'embuscade. Un brouillard épais nappe toute la montagne deux heures après la tombée de la nuit.

— Manquait plus que ça, regrètte Médina, déjà qu'on nous a rien donné à bouffer... C'est vraiment pas le bonheur...

Les bérets-verts de Montjaux, déçus par l'ordre qui les a privés de la poursuite déjà bien engagée ne trouvent pas le sommeil. Fleury est de veille. Il est allongé derrière son arme approvisionnée d'un chargeur gréé de balles traceuses et incendiaires.

— Comme ça, se dit-il en luttant contre l'ankylose qui le gagne irrésistiblement, s'il vient du monde, je verrai un peu plus clair dans cette foutue purée de pois...

Des bêlements envahissent soudain le silence ouaté. Ils naissent au fond de l'oued.

— On dirait qu'un troupeau vient vers nous, s'inquiète le tireur au fusil-mitrailleur transpercé par l'humidité ambiante, c'est pas banal à cette heure-ci !

Montjaux est vite debout. Il bouscule ses voltigeurs de la pointe du pied.

— Y a du louche, confie-t-il à Médina en scrutant la pente embrumée, c'est sûrement un piège des fells survivants...

Des piétinements accompagnent les bêlements incongrus qui se rapprochent du piton nu. Des chèvres passent, comme affolées, au ras du fusil-mitrailleur du groupe Montjaux.

— Qu'est-ce qu'on peut bien faire ? se demande ce dernier, on ne peut tout de même pas abattre tout le troupeau : il y en a plus de cent ! Les fells sont certainement au milieu...

Les bêlements agaçants s'éloignent vers la route de Nedroma. Les commandos qui ne sont pas de veille se rallongent sur le sol de plus en plus humide. Les dernières heures de la nuit passent sans autres alertes. Le brouillard s'effiloche tout doucement dès l'aube.

— Regardez ce que j'ai trouvé ! crie un voltigeur qui s'est éloigné pudiquement de son groupe pour satisfaire un besoin pressant. C'est une veste de treillis !

Montjaux s'empare du vêtement trempé de rosée. Il le palpe et le hume.

— C'est un fell qui l'a perdu cette nuit, affirme-t-il, ils nous ont bien eus avec le coup des chèvres... On a vraiment l'air de boudins...

Les bouclages inutiles se défont un à un. Les commandos réintègrent les derniers leurs camions. Fleury se replace en veille derrière la cabine de son G.M.C. Montjaux, assis à droite de son fusil-mitrailleur ne décolère pas.

— Les fells ne reçoivent d'ordre de personne, confie-t-il au Normand, ils peuvent manœuvrer comme bon leur semble, selon nos mouvements bien trop lents. Ils ont bien de la chance...

Le Granvillais ne trouve rien à répondre à la réflexion amère de son chef. Les bêlements de la nuit résonnent dans sa tête, comme des éclats de rires moqueurs. Le paysage traversé par le convoi se débarrasse de ses brumes. Le soleil a pris possession du ciel lorsque les camions pénètrent dans la cour de la caserne Lyautey.

— T'en fais pas, souffle Montjaux à son tireur au 24/29 aux traits gelés par le vent de la course avant de sauter à bas du camion immobilisé, on les aura tout de même à la longue...

19

LES FEUX DU 13 MAI

De nouvelles opérations coups de poing sont montées à rythme régulier tout au long du premier trimestre de l'année 1958. Le commando De Penfentenyo opère nerveusement sur le territoire du 3e bataillon de la D.B.F.M. qui s'étend à la frontière algéro-marocaine. Ses groupes ne laissent aucun répit aux membres de l'organisation politico-administrative du F.L.N. qui s'est implantée autour du djebel Zendal, haut de six cents mètres et planté à moins de cinq kilomètres de la mer et dix du poste de Bab el Assa. Les hommes du lieutenant de vaisseau Gouva, l'officier alsacien très élancé qui a remplacé Tessier à la tête du commando depuis quelques mois, récupèrent des armes au cours d'embuscades patientes. Les bérets-verts de Jaubert apprennent leurs succès et, gourmands de bilan, les envient.

Des rumeurs venues d'Alger bousculent heureusement le 14 mai la routine des opérations dans les sections de Costagliola. Montjaux explique à ses hommes en mots simples que de hautes autorités de l'armée semblent décidées à prendre le relais des hommes politiques qui n'arrivent plus à mener la guerre contre l'A.L.N. de Paris. Médina et ses compagnons, inhabitués à ce genre de discours, sont graves. Les mots comité de salut public n'éveillent pas d'intérêt particulier dans leur groupe attentif. Un nom pourtant les captive : Massu. L'immense silhouette de l'ancien compagnon de combat du maréchal Leclerc et son visage aux traits forts et irréguliers ne s'oublient pas facilement. Ils s'imposent à l'esprit de Fleury.

— S'il est dans le coup, c'est sérieux, et c'est gagné, se dit-il tandis que Montjaux précise encore que le général Salan et l'amiral Auboyneau participent aussi aux événements d'Alger.

Maurice Montjaux, dit Le Catalan. Cette photo a été prise lorsque l'ancien chef de groupe de Jaubert servait au commando Tempête.

Le Catalan en termine et quitte la chambrée énervée.

— Qu'est-ce qui va se passer par chez nous ? s'inquiète un matelot du groupe Janssen.

Bonnot, sage et fataliste, hausse les épaules.

— Qu'est-ce que tu veux qui se passe ? répond-il, tout dépend du pacha de la D.B.F.M.

Ce dernier, le capitaine de vaisseau Guillon, est un ancien du régiment blindé de fusiliers marins de 1944. Ses réactions ne filtrent pas de sa grande villa P.C. de Llabador jusqu'aux combattants de la base. Ni le lendemain de la cassure entre Alger et Paris ni dans les jours qui suivent. Le commando Jaubert demeure consigné dans l'expectative à la caserne Lyautey. Les esprits s'échauffent dans ses groupes. Une sorte de conjuration naît. Fleury a accès aux papiers officiels puisqu'il assume le secrétariat du pacha. Il se laisse facilement convaincre d'établir de faux ordres de mission pour Alger.

— Nous sommes seize dans le coup, se réjouit Montjaux qui est l'âme de la machination, si la D.B. ne se rallie pas ouvertement dès demain au mouvement de Massu, on fout le camp là-bas...

Le Normand vit l'aventure à fond. Un de ses amis pieds-noirs, garagiste algérois dans le civil et qui fait son service militaire sous le pompon rouge, a proposé un G.M.C. pour le voyage vers la capitale.

— Il va falloir trouver des bons d'essence, précise ce dernier au Catalan lors d'une furtive rencontre au foyer de la caserne Lyautey, je ne pourrai assurer qu'un plein et quelques jerricans supplémentaires... On est rudement surveillés aux garages...

Montjaux fait un clin d'œil à son tireur au fusil-mitrailleur.

— Tu vas nous arranger ça en moins de deux, lui lance-t-il joyeusement.

Le Normand sait que la chose ne sera pas difficile puisqu'il dispose du tampon officiel de service à la mer. Il accepte donc de fabriquer de nouveaux faux.

— Il n'y a que pour la signature du pacha que je suis un peu gêné, s'avoue-t-il en quittant le foyer avant Montjaux, c'est tout de même pas très honnête de l'imiter...

Les événements se précipitent le lendemain de la dernière mise au point du voyage illégal. L'adjudant du commando, l'air sombre, hèle son secrétaire occasionnel dans la cour de la caserne.

— Le pacha veut te voir, annonce-t-il, file tout de suite au bureau...

Le Normand rencontre Montjaux dans le couloir du deuxième étage du bâtiment, où se trouve le vaste bureau carré de Costagliola. Les deux hommes échangent un regard inquiet. Le Granvillais frappe à la porte du local à paperasses et attend l'ordre d'y pénétrer.

— Donnez-nous les papiers, ordonne dès que la porte s'est refermée derrière le faussaire la voix durcie de l'officier en second du commando qui se tient près du lieutenant de vaisseau, nous savons tout...

Le jeune matelot au garde-à-vous sent vaciller ses jambes. Il se demande en une fraction de seconde s'il doit nier l'évidence.

— On a été vendus, a-t-il le temps de se rendre compte alors que tout semble tournoyer autour de lui, qu'est-ce qui va se passer ?

Les faux ordres de mission sortent d'un tiroir. L'officier en second les jette sur le bureau, devant Costagliola. Le matelot choisit de dire toute la vérité.

— Commandant, bredouille-t-il en assurant son garde-à-vous pour se donner une contenance, je vais...

Le lieutenant de vaisseau ne le laisse pas poursuivre.

— Ce n'est rien, tranche-t-il, on va oublier tout ça... C'est pour votre bien qu'un de vos conjurés a vendu la mèche...

Le pacha a souri en employant le mot « conjuré ». Le Normand ne comprend pas très bien où veut en venir le chef à la voix calme. Il se tient sur ses gardes, bien décidé à couvrir ses camarades et à endosser toute la responsabilité des faux.

— C'est pas très sérieux votre petite machination, poursuit le trois-galons en éclairant son visage dur d'un franc sourire, en tout cas, vous pensez bien que s'il doit se passer quelque chose avec le mouvement d'Alger, cela se fera à un tout autre niveau...

Et le matelot abasourdi apprend que l'officier de Marine a décidé lui aussi de brusquer les choses. Il sort du bureau en reconnaissant qu'il vient de l'échapper belle. Le spectre de la prison maritime et de l'exclusion du commando s'éloigne. Il respire très fort, et descend dans la cour de la caserne où Montjaux l'attend.

— Alors ? questionne ce dernier, inquiet.

Les traits tendus de l'officier marinier se rassérènent en écoutant le récit rapide de son tireur au fusil-mitrailleur.

— En tout cas, conclut ce dernier, le pacha m'a bien fait

comprendre qu'il va se passer quelque chose... Et que ce sera certainement dans le sens espéré, c'est tout de même chouette...

La vague d'enthousiasme qui déferle sur l'Algérie atteint Nemours le lendemain du difficile entretien. La ville portuaire explose. Des cortèges de véhicules klaxonnant parcourent ses rues pavoisées. Les musulmans descendent des douars pour se mêler à la liesse d'espoir. Les plus vieux d'entre eux arborent fièrement les médailles à rubans passés de couleur qu'ils ont gagnées en Italie, en France et en Indochine et même, pour certains chibanis respectables, en 14-18.

Le couvre-feu est levé pour l'occasion. Un comité de salut public est formé. Tout le monde s'embrasse. Les bérets-verts sont tout naturellement de la fête. Fleury a réussi à se hisser sur la jeep hérissée de drapeaux bleu, blanc, rouge qui ouvre le cortège tonitruant. Il hurle comme tout le monde sa foi en l'Algérie française. Montjaux l'aperçoit au moment où la foule passe, pour la dixième fois au moins, devant l'église de Nemours dont le parvis est envahi.

— Faut rentrer à la caserne, hurle le sous-officier. On fout le camp...

Le Granvillais, ivre de hurlements, ne saisit pas tout de suite l'invite pressante de son chef. Ce dernier appuie ses cris inaudibles de grands gestes de bras qui ramène le manifestant en veste camouflée à la réalité.

— Faut y aller, regrette le jeune commando en s'arrachant à la troublante étreinte d'une jeune fille très brune et en robe blanche.

Le béret-vert saute au sol, au milieu des manifestants qui occupent de leur flot mouvant toute la largeur de la rue et des trottoirs. Il fend difficilement les groupes serrés de pieds-noirs et de musulmans qui reprennent à l'unisson les slogans que leur lancent des meneurs munis de porte-voix. D'autres commandos se dirigent eux aussi vers la caserne.

— Faudrait tout de même pas que les fells profitent de la fête pour foutre le bordel dans le bled, explique Montjaux une fois que la section Boizeau est tout entière réunie dans sa chambrée, c'est à nous de veiller...

Et le commando quitte la ville en transe pour patrouiller dans les douars alentour, où ne demeurent plus que des femmes et des gosses. Les hommes de Gouva descendent eux aussi à Nemours pour participer à la grande foire de l'Algérie française. Le nom du général de Gaulle cristallise à lui seul toutes les espérances. Le gouvernement éphémère de Pierre Pflimlin s'est effacé devant la force d'Alger. L'immense général revient aux affaires.

— C'est gagné, tout va se tasser maintenant, assure Montjaux lorsque Jaubert quitte la caserne Lyautey pour aller s'installer à Bab el Youdi, sur le territoire du 3e bataillon de la D.B.F.M.

Le dépaysement est brutal. Les trois sections de Costagliola partagent quelques tentes montées sur un long mamelon désolé qui domine à l'ouest la piste de Bab el Assa et un petit groupe de mechtas abandonnées. De larges sillons creusés par des oueds éventrent les collines sans arbres vers la mer et le djebel Zendal. La première section du commando s'installe juste au-dessus du douar désert.

— On va être peinards, envisage Médina qui rêve de recréer l'ambiance du poste Requin, on va arranger tout ça en quelques jours...

Fleury goûte l'énervement de l'installation du bivouac.

— J'aurais peut-être dû amener mon chacal, regrette-t-il, espérons que le copain des cuisines de Lyautey à qui je l'ai confié ne le laissera pas crever de faim... Il aurait été bien par ici...

L'agitation de Nemours s'oublie vite. Les bérets-verts bannissent de leurs préoccupations premières la politique et les flonflons patriotiques. Ils ne vivent plus que pour traquer les rebelles.

— On monte un coup ce soir, vient annoncer le Catalan, quelques jours après l'occupation du poste sans défenses en dur on a reçu un renseignement de toute première main...

Fleury se réjouit déjà.

— Médina, appelle Montjaux, tu viens avec moi, toi aussi Seibert... Et...

Le Normand retient son souffle.

— Toi, lui ordonne le second maître aux yeux brillants d'excitation, tu passes ton F.M. au second maître Janssen...

Le Granvillais retient difficilement un juron.

— Je ne suis peut-être pas assez bon pour le coup dur, grommelle-t-il en sortant de mauvaise grâce son arme bien soignée de dessous sa couche de toile, ce n'est pas juste...

Les hommes désignés pour le coup de main se préparent, radieux. Ils sortent de la tente, le visage noirci à l'aide de bouchons brûlés. Leresteux prend la tête du groupe silencieux. La petite colonne disparaît dans une ravine, vers un puits creusé à six cents mètres de Bab el Youdi, là où il doit rencontrer les rebelles. Fleury ne décolère pas. Il se tourne et se retourne sur son lit Picot sans trouver le sommeil. Des échos de rafales mettent tout le campement en émoi, un peu plus d'une heure et demie après le départ de Leresteux et de ses compagnons.

— C'est mon F.M., reconnaît le Granvillais, la gorge nouée, dire que c'est moi qui devrais être en train de tirer...

Les sections sont appelées au poste de combat. Les groupes se jettent dans les fossés creusés au ras des tentes et se placent en veille. Fleury n'est armé que de son pistolet Mac 50 et de quelques grenades. Il écoute les rafales qui résonnent vers le puits.

Le feu diminue d'intensité au bout de quatre minutes. Un V.B. éclairant illumine les ravines. Elles dansent sous la lumière artificielle. Quelques coups de feu éclatent encore, vers la masse du djebel qui ferme l'horizon, au nord-ouest du poste éveillé.

— Les fells doivent se barrer par là, imagine le Normand désarmé, ils essayent de se faufiler vers le Maroc...

Le calme revient tout à fait. Un ordre rompt le poste de combat. Les hommes de quart demeurent seuls sur les défenses de Bab el Youdi.

— Moi, se promet Fleury en réintégrant la longue tente de sa section, je ne vais certainement pas roupiller... J'attends Montjaux et les autres...

Les hommes du coup de main se font bientôt reconnaître à coups de lampe torche par les sentinelles aux aguets. Le Normand s'est assoupi malgré sa détermination. Il émerge d'une lourde somnolence lorsque Seibert et Médina écartent la toile d'entrée de sa tente.

— On les a bien baisés, claironne La Bohème.

Le Granvillais ne se lève pas pour féliciter les hommes aux visages noirs. Janssen pénètre à son tour dans l'abri de toile sombre.

— Tiens, ton F.M., lance-t-il au propriétaire de l'arme automatique, il marche bien...

Le matelot grommelle un vague merci et remet le 24/29 sous son lit. Puis il s'endort, cette fois volontairement.

— Janssen a eu drôlement chaud, se rend-il compte au jour levé en examinant son fusil-mitrailleur, regardez...

Les compagnons du Normand demeurent bouche bée en découvrant la longue éraflure qui argente en biais la boîte de culasse du F.M. Montjaux pénètre dans la tente.

— Il n'est pas cassé ton joujou ? lance-t-il à Fleury.

Le Normand ne répond pas au sourire engageant de l'officier marinier. Ce dernier saisit tout de suite la froideur de l'accueil.

— Viens dehors ! ordonne-t-il d'une voix soudain dure, j'ai deux mots à te dire...

Les deux hommes se figent à une dizaine de mètres de la tente.

— Ecoute bien, petit con, gronde le Catalan, tu n'as que huit mois de commando... Janssen est second maître et en a fait trois fois autant en Indochine, c'était tout de même bien à lui de sortir cette nuit... Non ?

Le Granvillais est bien obligé de reconnaître l'évidence. Il sourit. Montjaux se détend.

— Ton tour viendra, promet-il, mais en attendant ne fous pas l'ambiance de la section en l'air pour une nuit sans ton foutu F.M... D'accord ?

Fleury acquiesce. Les deux hommes retournent vers le reste du groupe.

Un cheval blanc, lancé au galop sur la piste qui vient du Zendal, approche du poste. Un homme le monte.

— Qu'est-ce que c'est que ce gonze ? se demande à voix haute le Catalan qui allait rentrer dans la tente.

L'équipage rapide soulève un nuage de poussière sur la sente gris pâle. Le cavalier se précise bientôt. Il est vêtu d'une veste noire. Il lance sa monture sur le raidillon d'accès au poste et passe juste sous le groupe Montjaux. Deux sentinelles se propulsent à sa rencontre. L'homme saute à bas de sa monture en sueur.

— Je veux voir votre commandant, lance-t-il aux bérets-verts qui le fouillent rapidement.

Le pacha est déjà alerté. Il approche du groupe qui se forme autour de l'inconnu. Un dialogue s'engage, sans vaines formules de politesse.

— J'en ai marre, mon commandant, avertit tout de suite le musulman très propre et âgé d'une quarantaine d'années, les fellagha me prennent tout...

L'officier de Marine dissimule adroitement son intérêt. Il laisse l'homme qui tient la longe du cheval aux flancs fumants et frémissants parler de lui-même.

— Je veux rester avec vous, affirme ce dernier, le masque volontaire, je ne veux plus vivre chez moi...

La voix du premier maître Guillerm tonne pour disperser les commandos curieux qui s'agglutinent autour du cheval piaffant.

— Tout le monde à son poste de propreté, hurle-t-elle, et en vitesse…

Les bérets-verts se dirigent vers les corvées d'entretien en traînant leurs pataugas. Le cavalier explique un peu mieux les raisons qui l'ont amené à Bab el Youdi.

— Ils sont encore venus cette nuit, souligne-t-il, l'œil allumé de colère, ils ont obligé ma fille à coucher avec l'un d'eux… Je n'en peux plus…

Le pacha est presque persuadé de la sincérité de l'homme. Il l'entraîne vers sa tente P.C. installée tout en haut du poste.

— On va vous garder avec nous, lui promet-il tout en étant fermement décidé à prendre bien des précautions.

Le cavalier se révèle un excellent compagnon malgré la peine qu'il endure de vivre loin des siens. Il est volontaire pour toutes les corvées de cuisine et accepte les tâches les plus rebutantes sans jamais rechigner.

— C'est vraiment un brave type, confie Montjaux à Janssen qui a le torse moulé dans un maillot de sport vert, il finira bien par nous donner des renseignements sérieux…

20

LES RENSEIGNEMENTS DU CAVALIER

Les commandos regardent vivre le rallié au cheval blanc. Il les intrigue.

— Si ça se trouve, avance un voltigeur du groupe Janssen en revenant à sa tente après avoir partagé une corvée de cuisine avec le musulman, ce gars-là est en train de nous endormir et il va foutre le camp pour renseigner les fells...

Le Catalan, qui venait de donner des ordres à son groupe avant la mi-journée, a entendu la réflexion du béret-vert soupçonneux.

— Dis pas de conneries, le contredit-il, il vient au contraire de fournir des indications qui vont nous permettre de monter un nouveau coup...

Fleury craint qu'on ne le prive une fois de plus de son fusil-mitrailleur. Le chef de groupe le rassure en poursuivant son exposé.

— On opère demain matin, précise-t-il, trois petits chefs rebelles doivent tenir une réunion quelque part vers le village de notre copain... et, souligne l'officier marinier à l'intention de son tireur au F.M., cette fois : tout le monde sera de la fête !

Le début de l'opération traîne dans l'ennui. Le soleil tape fort. Le groupe du second maître Janssen ratisse les flancs surchauffés d'une ravine après avoir quitté la piste de Bab el Youdi pour marcher vers le nord, bien avant les contreforts du djebel Zendal. Le miroir bleu-vert de la mer luit au loin. La seconde partie de la section Boizeau progresse dans un ravin parallèle à celui que fouillent Bonnot et ses compagnons. Les deux chefs de groupe sont en liaison radio permanente. Ils échangent des

Médina et La Bohème à droite d'un puits où s'est réfugié un rebelle.

messages rapides au rythme de leurs trouvailles. Les voltigeurs en sueur découvrent quelques caches dans les groupes de mechtas qu'ils investissent. Le rallié est resté à Bab el Youdi où une section se tient en réserve. Le coup de main a été lancé à l'aube sans que rien n'ait pu laissé croire aux gens de l'O.P.A. et du F.L.N. qu'il allait se dérouler.

— Ils devraient être au rendez-vous, tente de se persuader Montjaux.

Une rafale balaye les doutes du second maître. Elle provient du groupe Janssen. Le Catalan s'empare du T.R.P.P. 8 de son radio.

— On a avancé trop vite, gronde-t-il en se rendant compte que Janssen a accroché des rebelles à près de quatre cents mètres vers le sud de sa progression.

Médina mâchouille un brin d'herbe sec en fixant son chef furieux.

— Ils en tiennent deux, lui lance ce dernier, mais ils en ont raté un... Il a disparu dans notre direction...

La section très étirée renverse son dispositif vers un douar qu'elle vient de fouiller sans succès. Médina cale ses voltigeurs en embuscade à droite des dernières mechtas blanches.

— Toi, tu restes là, ordonne Montjaux à De Petris qui a remplacé Boutier comme chef de pièce du groupe, et ouvre bien l'œil...

De longues minutes passent. De nouvelles rafales éclatent dans la ravine de Janssen.

— Ils l'ont à nouveau levé, commente Montjaux en écoutant

son poste radio qui crachote, ils sont trop loin pour l'avoir… Il file vers le village…

Médina avance encore de deux cents mètres.

— Pique encore sur ta droite, lui ordonne le Catalan, on va le coincer à la sortie des gourbis… Faut pas l'obliger à s'y terrer, on ne le reverrait plus…

La Bohème infléchit la marche de son équipe d'un geste volontaire du bras. Les bérets-verts s'engagent sur une pente raide qui mène à la ligne de crête sur laquelle serpente la piste sortant des mechtas. De nouvelles rafales tirées par le fusil-mitrailleur de Janssen égratignent les murs chaulés des habitations abandonnées. De Petris se sert des jumelles que lui a confiées Montjaux avant de s'éloigner vers sa voltige. Fleury suit du regard la marche bien étalée de ses compagnons; ces derniers stoppent à quelque dix mètres en dessous de la piste. Le Normand crispe sa main droite sur la poignée pistolet de son arme et cale un peu mieux son épaule sous la plaque de couche rabattable de sa crosse. Une silhouette jaillit des mechtas.

— Bon Dieu qu'il est grand ! souffle le tireur au F.M. en appréciant le mouvement rapide des longues jambes de l'intrus, il se dirige en plein sur les copains… Ils vont l'avoir…

Le fuyard se découpe sur sa ligne de crête à six cents mètres du fusil-mitrailleur. Il semble avoir décelé la présence ennemie en longeant un à-pic que les commandos ont difficilement contourné il y a près de trois quarts d'heure. Il semble fouiller sous la longue veste dont il est vêtu. Il fait ensuite un large mouvement du bras droit. Une grenade explose juste au-dessus des bérets-verts placés sous lui et qui n'ont pu encore l'apercevoir. Fleury actionne le levier d'armement de son 24/29.

— Qu'est-ce que je fais, je l'allume ? demande-t-il à De Petris qui suit la course du rebelle dans ses jumelles.

Le grand pied-noir marocain ne détourne pas la tête.

— Attends, souffle-t-il simplement, faut d'abord voir ce que va faire le chef…

Le Normand obéit, tout en suivant l'avance du fellagha dans l'œilleton de son arme. Il tourne un instant la tête sur sa gauche et se rend compte que les voltigeurs de Janssen sont parvenus sur le flanc est de leur ravin. Ils apparaissent, minuscules, entre des touffes de cactus sombres.

— Il va foutre le camp ! gronde De Petris lorsque le grand rebelle jette une seconde grenade vers les voltigeurs qui ne bougent toujours pas, prépare-toi à le tirer…

Le Granvillais règle en une fraction de seconde sa hausse à huit cents mètres en contrôlant mal les battements de son cœur. Le fellagha lance une troisième grenade. Elle roule sur la pente qui croule irrégulièrement de la piste et éclate tout près de la voltige figée. Trois bérets-verts se lancent vers la ligne de crête dans des retombées de pierres et de terre. Ils se rejettent au sol, juste en dessous de la piste.

— Ils ne peuvent pas savoir exactement ce qui les attend au-dessus d'eux, commente De Petris, ils sont bloqués…

Fleury quémande du regard l'ordre de feu.

— Vas-y, tire ! lâche enfin le chef de pièce en rebraquant ses jumelles sur le rebelle.

Le Normand libère une rafale d'une pression de doigt. Les balles de 7,5 passent toutes au-dessus de ses compagnons et se perdent dans le bleu du ciel.

— Raté, peste-t-il, c'est pas mon jour…

La forme pressée qui se découpe en ombre chinoise sur la crête l'hypnotise. Il la tient bien dans sa ligne de mire et tire à nouveau. La crosse du 24/29 tremble contre son épaule droite au rythme rapide des départs de coups.

— Merde, il ne tombe pas, s'inquiète le tireur, qu'est-ce qui se passe ?

De Petris laisse pendre ses jumelles sur sa poitrine et se penche vers la hausse de sa pièce.

— Tu tires trop haut, commente-t-il calmement en ramenant le curseur à six cents mètres, vite… il va filer…

Le rebelle avance comme un funambule au-dessus de l'à-pic. Fleury le prend à nouveau dans son œilleton.

— Cette fois, gronde-t-il en retenant son souffle, je le tiens bien… Mais je risque aussi de toucher les copains…

La rafale s'évade sans que le Normand en ait véritablement conscience. Ses deux premières balles soulèvent un peu de terre à quelques mètres seulement des voltigeurs de Médina. Le doigt du Normand demeure crispé sur la queue de détente de l'arme tressautante. Le rebelle bat soudain l'air de ses grands bras, se casse en deux, puis boule sur la pente. Sa longue carcasse s'immobilise.

Fleury la fixe, bouche bée, sans se réjouir. Il est simplement conscient d'avoir fait son métier.

— Tu vois, lui fait remarquer De Petris pas plus ému, j'avais raison, il faut toujours bien prendre le temps d'évaluer les distances...

Deux voltigeurs de Montjaux fouillent le grand corps mort. Puis ils l'abandonnent aux charognards et reviennent sur leurs pas.

— Tiens, c'est pour toi, lance le Catalan en tendant un étui de grenade en cuir rouge au Normand, tu l'as bien mérité...

Un voltigeur, fraîchement détaché de la deuxième section du commando, fait grise mine.

— Tu as failli me bousiller, râle-t-il en s'adressant à Fleury, c'est pas normal...

Le Catalan prend l'homme par le bras.

— Chez nous, c'est comme ça, lui précise-t-il sur le ton de la plaisanterie, et ça sera toujours comme ça...

Puis il lâche le voltigeur inhabitué à ses méthodes toutes particulières de combat, et reprend contact avec Janssen.

— Ça fait trois, lui annonce-t-il, le compte y est...

Boizeau reçoit de Bab el Youdi l'ordre de fouiller encore un peu plus vers la mer et de remonter ensuite vers le poste. Fleury tourne le dos à l'homme mort.

— C'est la toute première fois que je suis sûr d'avoir tué, se dit-il en guise d'oraison funèbre, ça fait tout de même une sale impression... J'ai presque cru que je le touchais du doigt quand je l'ai mouché...

Le Normand a suspendu à son ceinturon l'étui de lanières rouges du rebelle. Il le caresse tout en marchant d'un pas de plus en plus lourd. Les deux groupes ne trouvent plus rien. Ils rentrent à Bab el Youdi juste avant la nuit.

— Encore trois ou quatre petits coups comme celui-là, avance joyeusement Montjaux en se séparant de ses hommes pour rejoindre la tente des officiers mariniers du commando, et on rentre à Nemours.

Chaque journée des semaines suivantes apporte son lot de découvertes. L'O.P.A. du secteur est vite réduite à sa plus simple expression.

— Demain c'est le 14 juillet, annonce le Catalan au retour d'une journée de fouille, le pacha vient de nous avertir qu'on doit défiler à Nemours...

Un joyeux brouhaha s'empare de la tente en désordre.

— Ça nous fera pas de mal d'aller boire quelques coups à la terrasse du café de Paris, lance la Bohème, on les aura bien mérités...

Le pacha ne laisse que quelques hommes à la défense du poste au matin de la fête nationale. Il inspecte une dernière fois ses sections impeccables. Guillerm suit le manège de l'officier à deux pas, rectifiant quelques détails d'uniforme d'une main nerveuse.

— Aux camions, hurle-t-il lorsque Costagliola a trouvé la parade à son goût, et tâchez de ne pas vous saloper...

Trois G.M.C. chargent les sections endimanchées. Les hommes sont nets. Les fourragères rouges de la Légion d'honneur qui ornent leurs épaules gauches tranchent sur le chamarrage des vestes camouflées. Leurs bérets verts de sortie sont bien ajustés sur les têtes rases. Les rangers luisent de cirage longtemps frotté. Les plus anciens portent leurs décorations. Certains arborent la Médaille militaire, la Croix de guerre des T.O.E. et la Médaille coloniale qu'ils ont ramenée d'Indochine. Le cliquetis des décorations fait envie au Normand qui se tient, comme toujours, debout derrière la cabine de son camion.

— On en aura peut-être un jour autant, se dit-il, si Dieu le veut... et la guerre aussi...

Le convoi passe au bas du grand poste de Bab el Assa, et bifurque un peu plus loin vers l'est.

Des chansons paillardes naissent sous le ciel bleu. Les bérets-verts sont heureux. Boizeau dévisage un à un les jeunes guerriers de la section qu'il doit quitter sous peu pour retrouver la vie civile.

— On arrive bientôt, lance Bonnot à Fleury, l'œil allumé.

Les deux compères se sont promis une belle virée dans Nemours. Ils la goûtent à l'avance. La jeep du pacha s'engage dans un virage très long. Une formidable déflagration retentit. Les véhicules s'immobilisent. Les commandos pensent à l'embuscade et bondissent sur le bord de la route. Fleury ne saute pas. Il tient fermement son fusil-mitrailleur prêt à ouvrir le feu. Les échos roulants de l'explosion meurent dans les ravines qui courent au nord de la route, vers la mer. Quatre formes pressées filent très loin, vers le sud.

— Ce sont certainement ceux qui ont posé la mine, se dit l'homme au fusil-mitrailleur en regrettant qu'ils soient déjà hors de portée de son arme.

Montjaux, rassuré par le grand silence qui suit le vacarme se dirige à pas pressés vers l'endroit où le piège rebelle a sauté. Le pacha regarde l'heure à sa montre. Il grimace, et donne l'ordre de repartir.

— C'est un chacal qui a fait sauter le fourbi, commente le Catalan après avoir repris place dans le camion de sa section, sans lui la jeep du pacha volait dans les pâquerettes... Il a eu du pot !

Le Normand aperçoit au passage une bouillie sanglante sur le bord de la route. Il pense à son chacal attaché derrière la caserne Lyautey.

— Je prendrai le temps d'aller le voir, se promet-il, et je le ramènerai à Bab el Youdi...

Les camions roulent à bonne vitesse pour rattraper le temps perdu. Ils passent au-dessus du bordel de Nemours. Les commandos hurlent des promesses de visite dans sa direction. Une foule bariolée a envahi les rues de la ville. Des banderoles flottent un peu partout, affirmant l'Algérie française.

— Il y a beaucoup plus de monde que les autres années, constate Montjaux lorsque les camions sont parvenus à la caserne Lyautey, on dirait que tout le monde est descendu du bled...

La fête patriotique a belle allure. Le défilé est ouvert par un peloton de marins à cheval. Quelques chiens de guerre participent à la parade. Les commandos au béret vert sont presque autant acclamés que les harkis de Delayen.

— C'est pas tout ça, avertit Bonnot à la dislocation des troupes, maintenant on va s'en payer une bonne tranche...

L'ancien d'Indochine rayonne, tout comme son habituel équipier de dégagement. Les deux hommes voient avec appréhension approcher le premier maître Guillerm. Le solide officier-marinier a sa mine des mauvais jours. Les conversations joyeuses meurent d'un seul coup.

— Tout le monde aux camions, annonce-t-il, dépêchez-vous...

Quelques huées sourdes montent dans la caserne Lyautey.

— Pas la peine de râler, poursuit l'adjudant en forçant le ton, on rentre chez nous...

Les commandos défont les faisceaux bien alignés de leur armement et se hissent sans entrain dans les G.M.C. dont les moteurs commencent à ronronner. Le convoi refrôle le bordel.

— Ce n'est qu'un au revoir, entonne une voix qui n'éveille pas d'échos dans le camion.

La jeep du pacha passe sur le cratère de la mine miraculeusement mise en action par le chacal dont les restes éparpillés ont déjà servi de repas à des charognards à poil ou à plume.

— Je n'ai même pas eu le temps d'aller voir le mien, se souvient tout à coup Fleury, tout à la déception de la fête manquée.

Les bérets-verts font pâle figure en sautant à bas des G.M.C., en dessous de leur poste. Ils regagnent lentement leurs tentes.

— Changement de tenue, leur crie Guillerm, et départ tout de suite après la bouffe !

Montjaux partage les regrets de ses hommes.

— Mais, leur explique-t-il, faut tout de même pas oublier que nous sommes en guerre et que les fells nous croient peut-être encore à Nemours... On va essayer de leur offrir un joli feu d'artifice...

La remarque touche juste. Fleury capelle son sac de combat avec un entrain retrouvé. Il fait un pâle sourire à Bonnot.

— Ça sera pour une autre fois, la java, lui lance-t-il alors que ce dernier s'éloigne avec le groupe Janssen, et on mettra les bouchées doubles...

21

LA MORT DE L'ASPIRANT

Les hommes de Costagliola sont rappelés à la caserne Lyautey. Bonnot et Fleury dépensent en quelques sorties fracassantes les économies qu'ils ont faites au poste de Bab el Youdi où s'est installé un autre commando. Le chacal du Normand a disparu, quelques jours seulement avant le retour de son maître.

— Si ça se trouve, se plaît à imaginer le matelot attristé par l'absence de l'animal, c'est son ancien patron qui est venu le récupérer en douce... Ça serait bien...

Les compagnons du Granvillais ne sont pas du tout du même avis.

— Tu parles, lui lance l'un d'eux en achevant de s'habiller en tenue de sortie, c'est plutôt un gars de la D.B. qui ne supportait plus les hurlements de ta bestiole qui lui a rendu la liberté...

Les permissionnaires s'alignent dans la cour de la caserne. C'est Montjaux, maître de service, qui les passe rapidement en inspection.

— Forcez pas trop sur le biberon, conseille-t-il à Bonnot et Fleury lorsque le groupe figé au garde-à-vous a reçu l'ordre de rompre les rangs, il se pourrait bien qu'on bouge cette nuit... Alors, allez-y mollo...

Les deux inséparables gourmands de vie promettent d'être sages. Les permissionnaires en tenue nette s'égaillent en ville par paires. Le temps passe vite. Quelques aller et retour dans la longue rue principale de Nemours, quelques anisettes accompagnées de kémia appétissante, grosses olives poivrées, petits escargots cuits dans une sauce très noire, tranches de soubresade et petits dés de poulpe tiédis dans du vinaigre aromatisé, deux ou trois sandwiches et une visite animée au bordel le peuplent.

— Il est temps de rentrer, constate tristement Bonnot lorsqu'il est dix-sept heures, on y va...

Son compagnon le suit à regret. Les deux hommes rejoignent sur la route qui descend du bordel d'autres bérets-verts en goguette. La mission annoncée au matin par Montjaux se précise. L'enseigne de vaisseau Chaudron, le remplaçant de Boizeau, a étalé une carte d'état-major sur la table de la chambrée de sa section. C'est un homme grand et blond. Il a le nez fort, un regard franc, et s'inquiète de tout savoir sur ses hommes.

— On va débarquer en L.C.M. sur la plage d'Honaïne, indique-t-il à ses hommes à peine défaits de leur tenue de gala, puis on empruntera la piste Cuttoli pour marcher à la rencontre d'éléments du 5e R.E.I. et du 5e R.T.S. qui viendront du sud...

Le doigt du grand officier de réserve suit le tracé de la piste sur la carte. Il s'arrête sur les lignes hachurées des djebels Sidi Sofiane et Gorine.

— Les fellagha vont être coincés par là, conclut le chef de section, espérons que tout se passera bien comme prévu...

Fleury est tout songeur en préparant son matériel de combat. Bien que marin avant tout, il n'apprécie pas tellement les longues courses en L.C.M.

— Pourvu que la mer soit calme, espère-t-il en revivant en une fraction de seconde la dernière expédition maritime du commando Jaubert.

Les trois sections de Costagliola s'étaient serrées dans la cuve d'une barge. Des clapots assez forts frappaient les tôles vibrantes de l'engin qui avait beatché sur la plage de Nemours pour charger les commandos à la nuit. Les anciens gardaient les yeux fixés vers les rochers des Deux-Frères qui apparaissaient et disparaissaient dans les pinceaux lumineux du phare bâti plus à l'ouest, sur une haute falaise. Les moteurs du L.C.M. s'étaient emballés lorsque le dernier béret-vert avait embarqué, la porte avant rabattable de la barge avait été relevée par les boscos de la flottille. L'engin avait franchi sans trop de balancements la distance bien protégée par le môle du port, puis s'était retrouvé plongé dans une véritable marmite bouillonnante. Personne ne parlait dans la cuve agitée. Chaque commando tentait vainement de conserver son équilibre lorsque l'étrave plate de la barge pointait tout droit vers le ciel sans étoiles et retombait sur les lames folles en donnant l'impression de se briser. Le patron du L.C.M., encouragé par le pacha qui voulait à tout prix assurer le bon déroulement de sa mission de débarquement, avait insisté dans la tourmente en utilisant à fond la puissance de ses deux moteurs. Quelques commandos avaient rejeté le repas de la caserne Lyautey. Costagliola, la rage au cœur, avait dû se rendre à l'évidence dangereuse. Et le L.C.M., risquant à tout instant de se retourner, avait difficilement parcouru en marche arrière les quelque deux cents mètres qu'il avait tracés dans le maelström hurlant.

— J'ai eu une sacrée trouille, s'avoue le Normand, et je crois bien que je n'étais pas le seul...

Montjaux s'annonce en hurlant :

— Tout le monde sur le pont !

La joyeuse bousculade de tous les départs en opération emplit la cage d'escalier de la caserne.

— Même si on tombe le plus souvent sur le vide complet, se dit Fleury en goûtant l'euphorie de la mise en train, l'espoir du baroud est toujours le même...

Médina est sombre pourtant.

— Ça va pas, La Bohème ? lui demande Montjaux qui s'est aperçu de son état inhabituel.

Le Vosgien fait une grimace.

— Moi, ça va, lâche-t-il doucement, mais c'est le calendrier qui va pas : on est le 20 août...

Le sous-officier s'assombrit lui aussi.

— Merde ! grommelle-t-il en se souvenant des coïncidences qui ont voulu que souvent le commando s'endeuille à cette date.

Les images de la mort de Darasse à l'hôpital et du

quartier-maître tué au poste Requin par l'obus de mortier défectueux l'agressent.

— C'est des conneries tout ça, lance-t-il à son caporal-voltigeur, tout va bien se passer...

Le commando envahit bientôt le L.C.M. qui attendait au port. La mer est très calme. Fleury est rassuré. L'engin cingle vers l'est dans la nuit sans lune. Il trace sa route sans précipitation en longeant les falaises sombres de la côte. Ses moteurs chantonnent à bas régime pour ne pas alerter les guetteurs de l'A.L.N. toujours sur le qui-vive.

La plage choisie pour le débarquement est atteinte au bout d'une heure et demie de navigation tranquille. Le L.C.M. glisse tout doucement vers le sable d'Honaïne. Un choc léger annonce aux commandos qu'il a beatché. Deux marins de l'équipage de l'engin courent souplement sur les bords de la barge, au-dessus des bérets-verts, pour enlever les grosses goupilles qui maintiennent sa porte en position de navigation. Les commandos ont bien ajusté leurs équipements et s'apprêtent à sauter à terre.

— On n'a vraiment pas fait de boucan, apprécie Fleury en tenant son fusil-mitrailleur très en travers de son ventre pour ne pas gêner ses compagnons entassés dans la cuve, jusque-là tout va pour le mieux...

Le chuintement régulier des vaguelettes qui meurent sur le sable a remplacé l'agaçant ronronnement des moteurs. La nuit s'emplit d'une écœurante odeur de gasoil brûlé.

— Qu'est-ce qu'ils foutent ? s'impatiente en chuchotant instinctivement un commando qui ne voit pas s'abaisser devant lui la porte du L.C.M.

Un des matelots affairés à l'ouverture récalcitrante rejoint le patron de l'engin. Ce dernier glisse lui aussi sur le bord de la barge mollement balancée par son arrière. La coque de fer résonne tout à coup d'un bruit infernal. De fantastiques coups de gong lancent leurs échos vers les hauteurs sombres du paysage. Les matelots du L.C.M. s'acharnent à coups de maillet pour débloquer la goupille qui empêche la porte de s'abattre sur le sable mouillé. Cette dernière glisse enfin en position d'ouverture. Les chaînes de retenue se libèrent d'un seul coup. Des grincements criards hurlent aux oreilles des commandos. La lourde porte s'abat sur la plage dans une gerbe d'eau.

— On ne pouvait pas rêver mieux comme arrivée discrète, râle Montjaux. Il ne manque plus que la clique de la D.B...

L'étalement lisse de la plage est vite labouré par les pataugas des soixante-quinze hommes de Costagliola. Les commandos avancent vers la terre dure et attendent les ordres. Un groupe de l'armée de terre d'Honaïne est là, qui protégeait le débarquement. Un musulman échange quelques mots avec le pacha.

— Ce doit être notre guide, chuchote Montjaux à Médina, comme si on en avait besoin, on connaît certainement la région aussi bien que lui...

La porte du L.C.M. remonte presque sans bruit. Le bateau recule, remet son nez en direction de l'ouest, puis s'éloigne au ralenti dans la nuit.

Costagliola donne le signal du départ après une liaison radio avec le commandement de l'opération qui se met en place tout autour des djebels à investir à l'aube. Chaudron reçoit l'ordre d'ouvrir la marche du commando. Le Bris quitte le premier les abords de la plage pour gagner la naissance de la piste Cuttoli. La Bohème suit la haute silhouette du Breton, à huit mètres environ. Puis Seibert se met en marche à son tour, lui-même suivi de Musart qui est resté à la première section depuis Bab el Youdi. Montjaux passe près de Fleury pour emboîter le pas du voltigeur aux cheveux rares.

— Tu marches derrière moi, souffle-t-il au tireur au F.M., et tâche de respecter les distances...

Tout le commando s'engage sur la piste qui serpente en pente douce vers le sud-est. Le vent qui vient de la mer rafraîchit la nuit estivale. Les bérets-verts ne font aucun bruit.

— Le boucan du L.C.M. a dû s'entendre à des kilomètres à la ronde, envisage le Granvillais qui progresse avec son arme bien calée sur le ventre, main gauche au bipied et main droite serrant la crosse pistolet du 24/29 encombrant, mais les guetteurs fells ne sont pas obligés de savoir qu'on a débarqué...

Le Bris ouvre à bon pas trois kilomètres de route. Un ravin profond dévale à gauche des commandos furtifs qui, imitant le grand voltigeur de la première section, marchent tout au bord opposé de la large piste. Il est presque trois heures. Les hommes de Chaudron atteignent une courbe régulière. L'aspirant déboîte de sa position de marche pour gagner la tête de colonne. Il dépasse un à un les voltigeurs du groupe Janssen, puis commence à frôler les pourvoyeurs de la pièce de Fleury. Ce dernier détourne à peine la tête au passage de l'officier de réserve. Chaudron marche à grandes enjambées. Il double

Montjaux. Une boule de feu jaillit de la piste dans un fracas délirant. Fleury se sent soulevé de terre et projeté dans le fossé, à quelques mètres en arrière.

Montjaux s'est affalé lui aussi. Le Bris, épargné par l'explosion infernale, s'est jeté à plat ventre au milieu de la piste sous une pluie de terre et de gravier. Trois fellagha lui font face et tirent de longues rafales de mitraillette. Médina, Seibert et Musart se redressent en titubant. Ils sont abasourdis mais intacts. Des cris montent de la colonne tombée en embuscade.

Fleury émerge de la torpeur dans laquelle il s'est senti sombrer et se remet difficilement sur ses jambes en s'ébrouant. Faess, son chargeur, n'a pas ressenti le souffle brûlant de la mine qui a explosé sous les pas de Chaudron, et juste devant Montjaux. Il rejette son fusil en bandoulière et tient un chargeur de F.M. dans chaque main en se collant tout contre le dos du Normand.

— Sur le piton, sur le piton ! hurle le second maître Leresteux qui a calmement décelé dans le vacarme la dangereuse présence d'une mitrailleuse ennemie.

Faess interprète le cri comme un ordre. Il passe les bras sous les aisselles de son tireur au 24/29 et l'oblige à se hisser sur la pente qui domine la piste balayée de rafales et où la riposte s'organise. Le Normand parcourt une vingtaine de mètres au-dessus de ses compagnons. Faess ne le lâche pas. Les deux hommes tombent nez à nez avec la pièce rebelle qui tire à une cinquantaine de mètres de la piste.

Le Granvillais assourdi par l'explosion qui a haché le grand corps de son chef de section, n'entend pas les détonations de l'arme rebelle. Il tire tout son chargeur d'une seule rafale. Ses balles traceuses encadrent la position des fellagha qui, sans doute surpris de voir surgir devant eux les deux commandos, cessent le feu et reculent en catastrophe.

Faess passe un chargeur plein à son tireur. Une nouvelle longue rafale oblige les rebelles à se terrer derrière un repli de terrain.

Une deuxième mitrailleuse ennemie, placée à quatre cents mètres en élément de recueil, ouvre à son tour le feu. Ses rafales passent à quelques mètres de Faess et de son compagnon sourd qui demeurent toujours debout. Leresteux rappelle les deux hommes sur la piste. Les rebelles allongés devant Le Bris rompent à leur tour le combat. Ils détalent et disparaissent à l'autre bout de la courbe où ils s'étaient embusqués.

Un béret-vert sort un poncho de son sac de combat. Dubois,

l'infirmier, qui a reçu une grosse pierre sur son genou droit, dépose les restes sanguinolents de Chaudron sur la toile imperméable. Musart et Seibert, encore sous le choc du souffle puissant de la mine, reprennent peu à peu leurs esprits. Ils sont adossés contre le remblai de la piste. Le pacha a pris le contact radio avec les autorités de l'opération.

— C'est foutu pour nous, grommelle Montjaux, moins choqué que ses voltigeurs, les fells ont devancé tous les plans de manœuvre... Pauvre lieut' !

Le second maître se souvient soudain de l'avertissement de la Bohème.

— C'est une coïncidence de plus, se dit-il en se dirigeant vers Fleury qui a installé sa pièce en défense au-dessus des ravins sombres, à quelques mètres de la dépouille de son chef. Les autres sections du commando investissent la hauteur au-dessus de la piste.

— On ne bouge plus en attendant le jour, annonce Leresteux, l'opération est annulée, du moins en ce qui nous concerne...

A l'aube, les commandos contemplent le trou de la mine. La charge posée par les rebelles a creusé un cratère de plus d'un mètre cinquante de large et profond d'autant.

— Il devait bien y avoir dix kilos d'explosifs là-dedans, commente Montjaux, heureusement que leur saloperie n'avait pas d'enveloppe en fonte... On y serait tous passés...

Un hélicoptère se pose là où était embusquée la première pièce rebelle. Deux commandos y déposent les restes de Chaudron. L'appareil décolle vite en emmenant dans ses flancs les voltigeurs aux tympans torturés. Quelques heures passent en veille inutile. Des roulements de canonnades viennent du sud.

— On fait la guerre sans nous, regrette le Normand lorsque l'hélicoptère a disparu dans le ciel, c'est tout de même pas de chance...

Le commando rejoint Honaïne où le L.C.M. est revenu beatcher. Personne ne parle dans les groupes de Janssen et Montjaux lorsque la section étêtée retrouve la caserne Lyautey.

Le père du jeune chef mort vient à Nemours quelques jours plus tard. Il tient à rencontrer les commandos de son fils. L'ambiance est tendue dans leur chambrée. L'homme au deuil très digne dévisage un à un les voltigeurs et les servants des pièces de F.M.

— Je vous reconnais tous, leur avoue-t-il d'une voix sûre, mon fils m'avait envoyé des photos... Il me parlait souvent de vous dans ses lettres... Il vous aimait bien...

Fleury sent une boule grossir dans sa gorge nouée par l'émotion.

— Faut pas que je pleure, se morigène-t-il, il faut rester digne...

L'homme en civil parle encore. Il souligne la foi inébranlable de son fils.

— Il avait conscience de la légitimité de votre combat, précise-t-il, continuez la lutte comme il l'aurait fait s'il avait vécu...

Puis, visiblement à bout de nerfs, le malheureux se détourne des visages durs des commandos. Il fait quelques pas pour s'éloigner. Sa silhouette très droite s'encadre dans la porte de la chambrée. Il pénètre dans la carrée déserte de la deuxième section, fige soudain son pas, et revient en arrière.

— Que Dieu vous garde à vos parents ! lance-t-il d'une voix étranglée avant de s'éloigner pour de bon, toujours aussi droit.

L'émotion est à son comble. Fleury crispe les mâchoires à se faire mal. Des larmes coulent chaudes sur ses joues de jeune homme vieilli trop vite par la guerre.

— C'était bien trop dur de se retenir, se dit-il, pourvu que les autres ne se moquent pas de moi...

— Garde à vous ! hurle Montjaux.

Les commandos deviennent des statues pour saluer le départ du visiteur. Fleury ose un regard furtif vers les plus anciens des deux groupes figés. Ils pleurent tous.

— Repos ! ordonne le Catalan en dominant mal le tremblement de sa voix.

Les larmes viriles sont vite balayées à revers de main.

— Quand je pense qu'on va rentrer à Toulon dans quelques semaines, commente simplement Bonnot en s'asseyant sur son lit à la couverture brune parfaitement tendue, c'est tout de même pas de chance...

— C'est la guerre, lui répond une voix mal assurée, on n'y peut rien...

22

LES LOUPS DE DELAYEN

La guerre n'offre pas de trêve à la section endeuillée. L'habituel train de G.M.C. conduit le commando Jaubert tout entier à l'extrémité est de la zone d'influence du 1er bataillon de la D.B.F.M. Le convoi roule en direction de l'oued Saftar qui cherche le chemin de la mer au fond de gorges étroites dont les hauts sont parfois si rapprochés que le soleil ne pénètre jamais tout à fait jusqu'à ses méandres.

La première section mène la progression sous un soleil cruel. Médina et ses voltigeurs marchent sur le bord d'une route à l'asphalte laissée sans soins depuis le déclenchement des hostilités par le F.L.N. Un ordre, lancé par le pacha, court le long des groupes et bloque la progression juste en dessous d'un douar planté à huit cents mètres au sommet d'un piton étonnamment verdoyant. Montjaux jette un regard professionnel vers les mechtas minuscules.

— Il y a certainement bien longtemps que quelqu'un de chez nous est grimpé jusque là-haut, avance-t-il à l'attention de Médina, ça doit être un vrai nid de fells…

Deux détonations pètent sec un peu en dessous des premières habitations suspectes. Le Catalan braque vivement ses jumelles sur la montagne.

— Qu'est-ce que je te disais, commente-t-il d'une voix énervée, ils nous canardent au fusil de chasse… Juste pour marquer le coup… Ils sont rudement gonflés…

Quelques commandos quittent le bord de la route et commencent à avancer vers le début de la pente raide. Les rebelles qui ont tiré se méprennent sans doute sur leurs intentions. Ils jaillissent de leurs abris pour fuir en direction de la ligne de crête qui s'évade du village.

— Allume-les, ordonne le Catalan à Fleury qui a mis son arme en batterie dès le premier coup de feu.

Le fusil-mitrailleur du Normand est approvisionné d'un chargeur uniquement gréé de balles incendiaires. Les impacts de sa première rafale fument juste sur les talons des quatre fuyards. Leurs silhouettes agiles, brunes et blanches, atteignent la ligne de faîte et disparaissent.

— On devrait couper à travers la montagne, rage le tireur au F.M. en changeant de chargeur, c'est trop con de les laisser filer comme ça...

Le pacha passe un message radio aux postes escarpés occupés par les marins de la D.B.F.M. pour signaler la fuite des fellagha et relance son commando vers l'oued Saftar, pour respecter l'horaire de l'opération. Les voltigeurs de tête parviennent au dernier plateau qui se brise net au-dessus de l'oued à fouiller. Un ordre radio stoppe une nouvelle fois les bérets-verts. Le moteur d'un avion d'observation se fait entendre. Le petit appareil suit les courbes des gorges, vers la mer. Il semble voler au ras de l'extrémité du plateau.

— On va s'installer en veille aux gourbis qui sont là-bas, ordonne Montjaux à Médina après avoir été appelé auprès du pacha avec Leresteux, on va prendre le temps de casser la croûte...

Les bérets-verts marchent un bon quart d'heure pour atteindre la grande mechta carrée et toute blanche qui luit sous le soleil, à cinq cents mètres du canyon. Fleury installe sa pièce sur son toit.

— Je me demande bien à quoi on peut servir, se dit-il en éventrant une boîte de ration, ça s'emmanche pas encore très bien pour nous...

Tout le commando mange, étalé sur près de six cents mètres. La mer brille à moins de trois kilomètres, comme un deuxième ciel sans nuages.

— Bon sang qu'il peut faire chaud, se plaint La Bohème en gagnant un coin d'ombre de la mechta désertée par ses habitants qui ont certainement gagné le centre de regroupement d'Honaïne, il doit faire bien meilleur au fond du Saftar...

Montjaux, qui s'est éloigné vers le centre du dispositif d'attente, revient à grands pas vers son groupe. Il saisit la phrase de son voltigeur le plus ancien.

— Pleure pas, tu vas y aller dans ton oued frais, lui

annonce-t-il, et après tu vas encore râler parce que ce sera trop dur d'y crapahuter...

Les bérets-verts recapellent leurs sacs de combat et avancent vers le bord des gorges. Les premiers voltigeurs commencent à descendre l'à-pic. Un ordre hurlé les fige dans les buissons tièdes.

— Les harkis de Yatagan vont arriver au fond de l'oued, annonce Leresteux à Montjaux, on ne bouge plus...

Le second maître ne peut laisser échapper un geste de mauvaise humeur. Il arrache nerveusement une branche sèche à un arbrisseau et la jette loin de lui.

— Faudrait savoir ce qu'on veut, gronde-t-il, c'est noir ou c'est blanc ? Qu'on nous le dise une bonne fois pour toutes...

L'officier-marinier malouin n'ajoute rien. Le Catalan rageur étale son groupe sur l'arête du plateau. Tout le monde fixe le fond de l'oued et ses bords opposés où tout paraît tranquille. Le Piper vole maintenant un peu plus au sud. Les buissons qui tapissent le fond de la gorge remuent soudain. Des cris montent jusqu'à la position de Jaubert. Des bérets-noirs apparaissent de temps en temps dans le fouillis agité.

— Voilà les gars de Delayen, continue de râler Montjaux, ils vont faire notre boulot juste sous nos yeux... On nous prend pour qui ?

Le commando Yatagan est en liaison radio avec les bérets-verts. Quelques informations courent dans les groupes impatients de descendre enfin à la traque.

— Il y a une bonne vingtaine de fells qui tentent de fuir vers la mer, apprend un voltigeur de la deuxième section à Médina et ses compagnons, ils vont certainement les avoir.

— Ça nous fait une belle jambe, regrette La Bohème...

Le Piper d'observation passe juste en dessous des hommes de Costagliola. Le pilote lance tout à coup son appareil en demi-chandelle, et pique rapidement vers le sud.

— On lui a tiré dessus, se dit Fleury en suivant du regard le vol du petit avion qui se perd au large, les fells sont bien là...

Des éclats de rafales se font entendre.

— Voilà la chasse, crie un matelot en pointant un bras vers deux petits points qui grossissent vite dans le ciel, en venant de l'est.

Les commandos reconnaissent les formes en W très écrasés des ailes de deux Corsair bleu marine de l'Aéronavale. Les avions monomoteurs piquent droit sur l'endroit où un affluent du Saftar rejoint la gorge principale au pied d'une falaise de roches brunes. Les bérets-verts oublient leur dépit de ne pas participer à l'hallali. Les pilotes très adroits des avions leur offrent un spectacle somptueux. Les harkis ont bloqué leur progression à quatre cents mètres au sud de la haute barre de rocs. Le premier avion bleu monte haut dans le ciel et plonge à pic au fond de l'oued.

— Il va se planter, craint un instant Fleury en retenant son souffle. Il est fou !

Le Corsair ventru semble foncer tout droit à la destruction pendant que le second appareil de la patrouille amorce lui aussi un vertigineux plongeon. Le nez de l'avion leader repointe vers le ciel après avoir largué une grosse bombe qui explose en souffle puissant et faisant naître une grosse boule de feu orangée et frangée de bleu-vert.

— C'est du napalm, commente Montjaux qui tient ses jumelles braquées sur l'avion bleu, ils mettent le paquet...

L'appareil frôle de son ventre la haute barrière brune pour laisser la place au piqué du second Corsair qui le suit de très près. Un deuxième bidon de napalm s'éventre en souffle ouaté sur la position refuge des rebelles. De longues langues de feu lèchent les rochers et embrasent les buissons.

Les Corsair plongent à nouveau pour parfaire leur travail de mort à la mitrailleuse. Puis ils passent une dernière fois au-dessus de l'oued, sans plonger vers les fonds incendiés. Les pilotes balancent les ailes des avions délestés pour saluer les harkis et les commandos.

— On aurait presque envie d'applaudir, se dit Fleury en suivant des yeux leur course tonitruante vers l'embouchure du Saftar.

Des rafales éclatent à nouveau entre les buissons. Elles ramènent le regard du Normand vers la fouille qui reprend. Les bérets-noirs passent juste en dessous des commandos de Costagliola. Ils gueulent en arabe et lancent des éclats de rire incongrus. Les premiers voltigeurs de Yatagan parviennent près des incendies. Leurs armes crépitent à nouveau. Ils lancent des courses nerveuses dans l'affluent du Saftar qui résonne à son tour de rafales et d'explosions de grenades.

— Il va rien nous rester, se plaint Médina en dévissant d'un geste machinal le bouchon de sa gourde, ces gars-là sont pires que des loups...

La meute bruyante de Delayen s'éloigne un peu plus vers la mer. Les échos de ses cris de fauves meurent dans le fouillis de végétation. Le silence retombe sur le site. Des colonnes de fumée montent droit contre les falaises. Le Piper tournoie bien au sud, vers le djebel Sidi Sofiane. Aucun ordre n'anime la ligne des commandos.

— Qu'est-ce qu'on fait, s'informe Montjaux auprès de Leresteux au bout d'une demi-heure d'attente impatiente.

Le Malouin hausse les épaules.

— Je vais voir du côté du commandant, répond-il simplement en s'éloignant du bord de la gorge enfumée.

Il revient bientôt sur l'étalement de sa section.

— On reste planqués là, annonce-t-il à Montjaux, s'il reste des fellagha en bas ils ne doivent pas savoir qu'on est là... On descendra plus tard...

Montjaux saisit le but de la manœuvre.

— Faut pas bouger, explique-t-il à son tour à Médina, on va attendre que ça remue par en bas. On a peut-être encore une chance d'accrocher...

Deux heures passent. Les bérets-verts endurent le rayonnement implacable du soleil qui se déplace très lentement vers l'ouest. Des brillances tremblotantes naissent au ras du sol sur le plateau qui s'étale à perte de vue derrière les commandos en sueur. Le radio du pacha recapelle soudain son S.C.R. 300 sur ses épaules. Médina saisit le mouvement qui anime le groupe de commandement jusque-là installé un peu en retrait du bord de la falaise, à l'abri d'un figuier au tronc noueux.

— Ça va bouger, annonce-t-il joyeusement à ses voltigeurs.

Fleury devance l'ordre de lever le camp. Il se recharge de son sac de combat et repasse la bretelle de son 24/29 sur son épaule gauche. Un ordre de Costagliola court de groupe en groupe. Les voltigeurs de la première section se hasardent sur la pente vertigineuse. Les plus hautes branches des buissons qu'ils éventrent en totale rupture d'équilibre fouettent leurs visages luisants de sueur. Quelques hommes armés de mitraillette se cramponnent de justesse à des racines au-dessus d'un à-pic infranchissable.

— Plus à droite, leur crie Montjaux que sa course a mené sur un passage praticable.

Médina s'arrache en ahanant au piège abrupt et rejoint son chef de groupe mieux loti. Fleury calque prudemment sa route sur celle du Catalan. Tout le commando parvient sans encombre au fond de l'oued qui sent la poudre et le bois brûlé. La fouille s'organise sur les brisées de Yatagan.

La première section marche en tête, et c'est le groupe Janssen qui se coule le premier en direction des incendies mourants. Fleury, qui progresse derrière la voltige de Médina, prend le temps de cueillir des grenades très mûres et éclatées. Le goût sucré des grains roses qui craquent sous ses dents lui procure un rafraîchissement inespéré. Ses compagnons l'imitent.

— C'est une simple balade touristique qu'on nous offre là, se dit le Normand en se défaisant de la cosse rugueuse d'un fruit jaune orangé, les gars de Yatagan n'ont rien laissé derrière eux.

Capiomont, un matelot fraîchement embarqué au commando plonge soudain sous un buisson et en ressort en brandissant un fusil de chasse.

— Bravo, lui lance Montjaux, c'est toujours ça de pris...

L'attention du second maître détendu est tout à coup attirée par les grands gestes de bras qu'exécute un voltigeur de Janssen qui progresse très haut dans les éboulis de pierrailles.

— Il y a des traces de sang, hurle l'homme après avoir dévalé quelques mètres vers ses compagnons, elles mènent toutes à un trou... Là-haut...

Fleury distingue nettement l'ouverture étroite d'une grotte. Il se lance à la course, dépasse l'autre pièce de la section, et installe son arme en batterie en appui sur la fourche bien écartée d'un grenadier à écorce lisse.

Trois voltigeurs approchent du trou noir, une faille haute de deux mètres. Le Normand se tient prêt à tirer pour les couvrir. L'un d'eux laisse fuser une grenade offensive dans sa main gauche après l'avoir dégoupillée d'une traction sèche. Il laisse passer cinq secondes et lance son engin jaune dans le trou sombre. La grotte crache un nuage de fumée et de poussière deux secondes plus tard. Rien en bouge ensuite. Le voltigeur se coule dans la faille. Il en ressort très vite en toussotant.

— Il y a des traces de pas et encore du sang, hurle-t-il à Janssen. Il y a un départ de boyau en coude, on ne peut rien voir...

Le pacha, suivi du Caïd et de Giraud, le matelot chargé du S.C.R. 300 du commando, approche de la faille en patinant sur les éboulis. Il rend compte par radio de la découverte de l'abri rebelle qui semble avoir échappé aux investigations de Yatagan. Le lieutenant de vaisseau grimace lorsqu'une voix déformée par le grésillement de son poste lui apprend que les autorités de l'opération lui dépêchent un sous-officier artificier en hélicoptère.

— Comme si on ne pouvait pas s'occuper nous-mêmes de foutre tout ça en l'air, regrette Montjaux en apprenant la nouvelle.

Un Sikorsky brasse de ses quatre pales en croix l'air chaud de l'oued qui s'assombrit de plus en plus, les rayons du soleil ne balayant plus que le dernier quart de ses flancs est. L'équipage de l'hélicoptère débarque rapidement quelques caissettes d'explosif. Des commandos s'en emparent et les hissent péniblement jusqu'à l'entrée de la grotte. Le sous-officier du génie capte toute l'attention des bérets-verts tandis que le Sikorsky s'arrache à sa dangereuse position.

— Regardez plutôt ce qui se passe devant vous, conseille judicieusement Janssen à ses hommes, tout n'est peut-être pas encore fini...

Le sergent venu de Tlemcen inspecte rapidement le trou suspect. Puis il explique au pacha de Jaubert ce qu'il compte faire pour le réduire.

— Je vais m'arranger pour aspirer les rebelles à l'extérieur, mon commandant, promet-il, l'air sûr de lui, vous allez voir ça...

Le lieutenant de vaisseau suit le manège précis du spécialiste qui n'agit pas assez rapidement à son goût.

— Dépêchez-vous, lui conseille-t-il, il nous reste encore pas mal de terrain à fouiller...

Le gradé du génie se renfrogne et tait la suite de ses explications. Il installe ses charges. Annonce enfin que tout est prêt pour la destruction, et demande aux commandos de s'abriter au fond de l'oued. L'artificier manœuvre d'un mouvement de main sec la poignée de son boîtier de mise à feu électrique. La terre tremble. Des pierres énormes croulent des hauteurs. Le tonnerre de l'explosion fuit en échos qui se répercutent vers la mer et vers l'amont de l'oued soudain envahi par un épais nuage de poussières.

— Ben, souffle Montjaux, il a mis le paquet le copain... Il a failli faire ébouler toute la falaise !

Il ne reste plus rien de l'ouverture de la grotte lorsque les commandos remontent sur la pente. Aucun rebelle n'a été aspiré au-dehors de l'antre par la charge. Mais ceux qui avaient cru pouvoir s'échapper en s'enfonçant dans ses profondeurs sont emmurés pour l'éternité.

— Je leur souhaite d'être morts sur le coup, commente sans haine un voltigeur du Catalan en détachant difficilement son regard du petit coin de falaise bouleversé par les charges d'explosif.

Costagliola reçoit l'ordre de poursuivre ses fouilles vers le nord. Les commandos retrouvent sous les buissons quelques sacs de combat abandonnés par les hommes qui voulaient échapper aux harkis. Ils parviennent bientôt au bas de la falaise que frôlaient les Corsair en remontant en chandelle. La gorge s'évase vers le bleu de la mer qui n'est plus qu'à un kilomètre à peine. Les cris de ralliement des bérets-verts éparpillés sur toute la largeur du confluent des deux oueds taris par la sécheresse intense des mois d'été meurent les uns après les autres.

Une épouvantable odeur de viande rôtie agresse les narines des voltigeurs. Fleury est assailli par un hoquet incoercible. Ses yeux horrifiés contemplent de monstrueuses statues humaines figées dans des positions grotesques par le feu du napalm. Une quinzaine de corps s'étalent sur une centaine de mètres à peine. Les morts sont gonflés comme des animaux noyés. Leurs vêtements ont brûlé en s'amalgamant à leurs chairs marbrées d'infectes traînées de graisse figée. Certains ventres ont éclaté au feu. Leurs viscères se sont répandus sous eux. Des faces charbonneuses, sans yeux, exposent leur dentition en rire démoniaque. Les bérets-verts pressent le pas pour s'éloigner du sinistre et puant étalage. Les moins aguerris d'entre eux passent près des morts en fixant le bout de leurs pataugas poussiéreux d'un regard absent. La plage est heureusement toute proche.

— C'est tout de même une sale mort, commente Fleury qui, surmontant son dégoût, a pris le temps de dénombrer seize cadavres.

Montjaux se soulage de son sac de combat et décolle de la peau de son dos le tissu trempé de sueur de sa veste camouflée.

— Il paraît que ces gars-là ont participé au massacre de toute une famille musulmane dans un douar, lance-t-il à son tireur au F.M., ils n'ont donc eu que ce qu'ils méritaient : tous les feux de l'enfer !

23

LES BLESSÉS DU FILLAOUSSÈNE

Le lieutenant de vaisseau Costagliola ramène son commando en métropole à la fin du mois d'octobre 1958. Les commandos Trepel, De Penfentenyo et De Montfort continuent le combat. La cassure de repos et de remise en condition de tout le matériel de Jaubert passe vite. Ses bérets-verts retrouvent le djebel à la fin du mois de janvier 1959. Le Caïd, qui avait été confié à un autre commando, réintègre la troisième section du premier maître Guillerm.

— C'est pas possible, s'étonne ce dernier en l'accueillant, il a encore forci...

Les commandos reprennent leurs habitudes de la caserne Lyautey et, tout de suite, les opérations, en grenouillant autour du poste de Bab el Assa pendant plus d'une semaine.

— Il n'y a vraiment plus beaucoup de fells dans le secteur, commente Fleury lorsque le commando regagne Nemours après la remise en jambes des courses vaines tout le long du barrage électrifié.

Le Normand a changé de fonctions. Il a légué son fusil-mitrailleur éraflé par une balle rebelle à Faess, et mène maintenant la voltige du groupe Janssen. La première section est commandée par l'enseigne de vaisseau Charles Alefsen de Boisredon d'Assier.

Un ordre d'alerte immédiate tombe un matin à la caserne Lyautey. Les trois sections de Jaubert se rassemblent. Les bérets-verts touchent chacun une boîte de ration conditionnée pour vingt-quatre heures et embarquent dans des G.M.C. qui filent rapidement vers Nedroma.

— On dirait que ça presse, commente joyeusement Bonnot

Le Normand mène maintenant la voltige du groupe Janssen.

qui remplit les fonctions de caporal adjoint et chef de pièce de Janssen, les moteurs râlent sec...

Le convoi dépasse Nedroma. Les chauffeurs négocient les virages sans freiner. La porte arrière du G.M.C. blindé de la première section s'ouvre soudain. Deux bérets-verts sont à demi éjectés du véhicule. Ils demeurent cramponnés au-dessus de la route, incapables de se rétablir. Médina tape à coups de poing rageurs sur le toit de la cabine du G.M.C. juste au-dessus de son chauffeur.

— Freine, nom de Dieu ! hurle-t-il dans le vacarme du moteur lancé à plein régime tandis que le camion dérape dangereusement dans un autre virage.

Les deux hommes suspendus à l'arrière du véhicule sont à bout de forces. Leurs compagnons les plus proches réussissent à les agripper et, peu à peu, les remontent dans la cuve. Les deux voltigeurs s'affalent entre les jambes de leurs sauveurs. Ils ne parlent pas et font jouer les articulations torturées de leurs mains blanchies sous l'effort. Le chauffeur ralentit enfin.

— Il est bien temps, gronde La Bohème, l'œil mauvais.

Des commandos profitent d'une portion de route rectiligne pour refermer les deux lourds battants du camion blindé qui grince de partout. Il est à peine huit heures lorsque le convoi stoppe à l'extrémité est du djebel Fillaoussène.

Les commandos giclent des véhicules aux moteurs brûlants. Le pacha se dirige à bons pas vers un groupe d'officiers de l'armée de terre qui ont installé un petit P.C. protégé par deux half-tracks au bord de la route. Des avions de chasse plongent au-dessus du long djebel et disparaissent aux regards des commandos pour mitrailler ses flancs sud. Fleury échange un coup d'œil avec Bonnot. Les deux hommes n'ont pas besoin de mots pour se comprendre. Ils espèrent le baroud. Le pacha revient vers le commando étalé au bas d'une pente douce qui mène aux à-pics de la montagne grise.

— C'est à notre tour de crapahuter en tête, jubile Montjaux lorsque le lieutenant de vaisseau replie sa carte d'état-major et donne à l'enseigne de vaisseau Mieg de Boofzheim, son second, l'ordre de lancer la progression vers le feu.

Les bérets-verts étirent leur colonne rapidement. La pente s'accentue. Des pierres roulent sous les pataugas. La première section débouche au bout d'une demi-heure de marche au-dessus d'un oued qui frôle le djebel d'est en ouest. La pente sud du

Fillaoussène est enfumée. De larges plaques de buissons incendiés par les T.6 qui se sont éloignés au sud-est, vers Tlemcen, achèvent de brûler. Le pacha s'installe au milieu de la première section, au-dessus d'un à-plomb rocheux d'où il domine toute la situation.

— Les fells ! hurle un voltigeur de Fleury, là-bas...

Le commando montre d'un doigt nerveux l'endroit où deux silhouettes en uniforme se sont profilées pendant une seconde, à quatre cents mètres des commandos. Le pacha signale par radio l'apparition suspecte à l'unité qui fouille les fonds de l'oued.

— Nous avons tout inspecté, lui répond un officier, vous devez avoir vu des sangliers, il y en a énormément par ici...

Costagliola demeure circonspect et scrute à la jumelle les buissons qui ont échappé à l'incendie. Puis il accompagne du regard la compagnie de l'armée de terre qui approche des premières pentes du Fillaoussène.

— Ce sont des Sénégalais du 5e R.T.S., se rend compte Montjaux qui braque lui aussi ses binoculaires sur l'étalement irrégulier des hommes en treillis kaki.

Fleury, têtu, a pris le fusil à lunette de son groupe et, se désintéressant tout à fait de la progression des Africains, fouille nerveusement du regard le gros buisson dans lequel se sont enfoncés les prétendus sangliers.

— Ils sont certainement encore là, se persuade-t-il, Coquard n'a sûrement pas rêvé...

Une demi-douzaine d'hommes, minuscules fourmis, dévalent soudain une longue pente dénudée au-dessus de la rive sud de l'oued, et dans le dos des Sénégalais.

— Regardez, chef, conseille le Normand à Janssen, c'est bizarre...

Le second maître blond fait la moue lorsque les intrus s'installent en position derrière une levée de terrain.

— Ce sont sans doute des biffins détachés d'une compagnie qui fouille plus au sud, avance-t-il.

Et, l'officier-marinier approche du pacha pour lui montrer du doigt le groupe douteux. Le ratissage du 5e R.T.S. approche de plus en plus. Le vrombissement de l'avion d'observation qui couvre l'opération croît et décroît sur les hauteurs du Fillaoussène maintenant gris-blanc sous le soleil de plus en plus fort. L'officier de Marine et le chef de groupe, rassurés par l'immobilité des inconnus, regardent les premiers soldats noirs qui débouchent dans l'oued. Les cris de la traque montent jusqu'à eux.

— Ils font un sacré boucan, ironise le Catalan, c'est toujours pareil, ils ne peuvent rien faire en silence...

Le pacha entre en liaison avec l'autorité du régiment de coloniaux. Celle-ci lui annonce que ses hommes vont s'installer sur les bords de l'oued pour casser la croûte. Les cris des Sénégalais qui ont formé des faisceaux avec leurs fusils comme dans une cour de caserne, se transforment en rires.

— Il y a vraiment de l'ambiance, ne peut s'empêcher de souligner Bonnot, c'est la guerre en dentelle par chez eux...

Les Africains, agglutinés par paquets inégaux, éventrent leurs boîtes de ration.

— A la bouffe ! lance Montjaux lorsque le pacha décide de faire manger ses hommes à leur tour.

Fleury défait le papier kaki et très épais de sa boîte de ration au contenu sans surprises tout en fixant toujours les buissons intacts du Fillaoussène. Le Piper entoilé tourne au-dessus des unités figées. Les intrus venus du sud ne bougent pas de leur tertre. Le soleil tape de plus en plus dur. L'ambiance guerrière se relâche un peu dans les sections de Jaubert.

— C'est pas encore aujourd'hui qu'on fera du bilan, regrette Fleury en avalant une bouchée de pain de guerre recouverte de pâté.

Quelques Sénégalais entonnent une chanson d'Afrique, puis se mettent à courir dans tous les sens.

— Qu'est-ce qu'ils foutent ? se demande le Normand en ne comprenant pas tout de suite que les Noirs se font allumer par une arme automatique.

Des échos de rafales montent vers les commandos qui cessent de manger pour se mettre en position de tir. Une folle pagaille s'est emparée du fond de l'oued. Des silhouettes demeurent allongées au sol sous le feu rebelle. D'autres galopent sur la pente sud sans avoir eu le temps de défaire les faisceaux de leurs armes.

— Qu'est-ce qu'ils prennent, souffle Bonnot à Kerninon, son tireur au fusil-mitrailleur, c'est le bordel complet...

Le pacha de Jaubert apprécie vite la situation confuse. Il fait descendre sa deuxième section, commandée par l'enseigne de vaisseau Fossat, vers l'oued en feu. Le second maître Caroff et ses compagnons profitent adroitement de la protection d'une coulée étroite. Un homme en uniforme kaki, nu-tête, jaillit brusquement des buissons et court vers le sommet du Fillaoussène en agitant un chiffon blanc au-dessus de son crâne. Une arme rebelle hache des branchages tout autour de sa course folle. L'homme disparaît de la vision des commandos. Des balles sifflent bien au-dessus de ces derniers qui ne se baissent même pas. Les Sénégalais ont gagné des abris dans le plus grand désordre.

— Ils ont salement morflé, regrette Montjaux en laissant traîner son regard sur les formes qui demeurent tassées à découvert.

Les armes rebelles tirent de moins en moins. Une riposte s'organise enfin sur les positions de repli du 5e R.T.S.

— Pas trop tôt, gronde Leresteux en rageant de ne pouvoir intervenir.

Le second maître ne fait pas plus de commentaires. Il se propulse à l'abri d'un bloc de pierre pour échapper aux tirs des Sénégalais qui arrosent tout le flanc sud du Fillaoussène.

Les fellagha, toujours invisibles, reprennent le combat. Le pacha de Jaubert, pris entre deux feux, décide de mettre ses groupes à l'abri de la ravine dans laquelle se sont engouffrés Fossat et ses hommes.

— Y a plus qu'à laisser passer l'orage, plaisante Montjaux, une fois que sa pièce et sa voltige se sont coulées dans la ravine encaissée, on ne sait même plus qui tire, et sur qui...

La pagaille dure plus d'une heure. De nouveaux Sénégalais souffrent du feu rebelle. L'un d'eux, rendu fou par la violence de l'engagement, apparaît dans un buisson juste au-dessus du groupe Caroff. Il vide son chargeur de mitraillette Thompson au ras des commandos qui, l'ayant reconnu, ne tirent pas. Le dément disparaît soudain, comme happé par le magma de végétation. Le feu roulant baisse d'intensité. Caroff se risque hors de la ravine.

— Sors de ton trou, hurle-t-il au Sénégalais invisible, viens vers nous... Tu ne risques rien...

Des fellagha sont tout proches. Ils tirent à nouveau. Le rescapé de Ninh Binh renonce à récupérer l'Africain. Les commandos ne peuvent pas riposter car ils risqueraient d'ajouter de nouvelles pertes à la compagnie noire qui est mêlée au dispositif adroit de l'ennemi. La chasse tourne haut sur le champ de bataille confus. Impuissante elle aussi.

— Pour des sangliers, plaisante Bonnot qui avait entendu le

commentaire radio du début de matinée, les bestioles sont vachement bien armées...

Les bérets-verts les plus novices vivent un étrange baptême du feu. Ils guettent les réactions de leurs anciens et de leurs chefs. Le commandement de l'opération décide de retirer une à une toutes les unités engagées au pied du Fillaoussène pour ne plus laisser que le commando Jaubert au contact des rebelles. La manœuvre d'extraction du feu traîne en longueur. Les bérets-verts sont à bout de patience. Le pacha leur fait expliquer les intentions des autorités par ses chefs de groupe.

— Ils auraient dû commencer par là, regrette Montjaux, on y aurait vu bien plus clair...

Les sections du 5e R.T.S. s'éloignent lentement. Les rebelles vainqueurs ne se manifestent plus que par quelques rafales.

La nuit tombe. Les commandos demeurent plus d'une heure sur leurs positions inconfortables. Ils sont à l'écoute du moindre bruit. La montagne, rafraîchie par l'ombre, sent la fumée. Le pacha décide d'étaler furtivement son dispositif en embuscade. Le premier maître Guillerm avance d'une centaine de mètres vers l'ouest et sur la rive nord de l'oued. Ses hommes progressent tout doucement, en marchant à pas comptés, puis se tapissent face à la montagne pendant que la première section se coule plus à l'est sur une pente embroussaillée par endroits. Fleury est bientôt allongé tout près de Didou, son plus solide voltigeur.

— Maintenant, se dit-il lorsque le mortel jeu d'échecs a déjà duré plus d'une heure, le premier qui bougera est sûr de perdre la partie... Les fells ne doivent pas être bien loin au-dessus de nous...

Un vent léger fait naître des bruissements réguliers dans les broussailles. Un hurlement étrange vrille tout à coup les oreilles des bérets-verts sur le qui-vive.

— C'est pas un chacal, reconnaît le Granvillais en serrant un peu plus les mains sur sa mitraillette, qu'est-ce que ça peut bien être ?

D'autres hurlements déchirants emplissent la nuit. Ils naissent à une cinquantaine de mètres de l'embuscade du premier maître Guillerm.

— Ce sont les fells qui torturent des prisonniers pour nous obliger à bouger, se rend compte Fleury, les salopards !

Les cris de douleur rebondissent en échos lugubres tout le long de l'oued. Certains durent plus d'unc minute affreuse. Le Granvillais a envie de vomir. Il quête du regard la forme massive et rassurante du Breton qui est allongé à un mètre au-dessus de lui. Didou ne peut évidemment saisir le désarroi de son jeune chef de voltige. Il demeure lui aussi comme hypnotisé par les appels fous. Une galopade nerveuse naît en dessous des rebelles. Des rafales, tirées à hauteur d'homme pour épargner les prisonniers qui doivent être allongés aux pieds de leurs tortionnaires, perçent les buissons. Les cris se taisent. La montagne explose. Les fellagha ripostent aux commandos de la troisième section qui, irrésistiblement entraînés à la libération des captifs par l'exemple du premier maître Guillerm, courent vers eux. Les assaillants se trouvent vite entre la première section et les rebelles qui amorcent un habile mouvement de décrochage en bousculant les broussailles.

— On ne peut pas tirer, regrette le Normand encore sous le choc des hurlements atroces, on risque de toucher les copains...

Le bruit de course approche. Puis meurt à l'extrémité de la végétation, à vingt mètres seulement du groupe Janssen. Guillerm hurle dans le dos des fellagha pour guider ses hommes près des blessés.

— Pourvu qu'ils remontent vers le sommet du djebel, espère Fleury en serrant douloureusement son arme inutile.

L'enfer se déchaîne à nouveau sur le flanc de la montagne. Les rebelles font boule de feu. Ils tirent tous ensemble en fonçant tout droit sur les bérets-verts.

— Bon Dieu, c'est fini ! se dit Fleury en les voyant surgir et retenant difficilement l'envie de tirer qui le libérerait de la panique irréversible qui l'envahit.

Le Normand s'est inconsciemment projeté vers le corps de Didou, comme pour se protéger derrière lui. Les soldats de l'A.L.N. frôlent et dépassent en hurlant les commandos mal placés. Ils plongent à nouveau dans un fouillis de buissons. Puis se perdent au loin, vainement poursuivis par quelques rafales imprécises.

— *Me cago en Dios !* sacre horriblement le Catalan comme en toute mauvaise occasion et en se remettant sur ses jambes, ils nous ont eus...

Les voltigeurs essoufflés de Guillerm descendent au bord de l'oued. Ils sont chargés des trois blessés qu'ils ont arrachés aux fellagha. L'infirmier du commando examine rapidement les trois hommes en sang. Il grimace devant l'ampleur des dégâts qu'il rencontre. Les gisants sont trois sous-officiers européens qui ont été oubliés lors du retrait de leur unité. Le pacha demande par radio une évacuation par hélicoptère. Des avions viennent tourner au-dessus du site et lancent des lucioles. Le djebel apparaît tout blanc sous leur lumière crue. Le commando manœuvre pour se placer en protection de la délicate évacuation sanitaire. L'hélicoptère approche bruyamment en perdant de l'altitude.

— Ils sont rudement gonflés, reconnaît Bonnot qui a placé sa pièce face au nord-est, dans la direction prise par les rebelles.

Le souffle des pales du lourd engin anime les buissons. Le pilote demeure longtemps au point fixe au-dessus de la D.Z. mal balisée par les lampes électriques des chefs de groupes du commando. Puis il descend peu à peu et pose les roues de son appareil sur le sol inégal. Les trois blessés, maintenant sans connaissance, sont vite chargés dans le Sikorsky qui décolle tout aussitôt dans la lueur mouvante des lucioles. Les avions s'éloignent tout de suite après l'hélicoptère. La montagne redevient calme. Le bruissement léger du vent reprend ses droits. Les commandos continuent à veiller.

— On pourrait tout autant roupiller, se dit Médina, les fells ne reviendront certainement plus par ici cette nuit...

L'aube salue bientôt les groupes sans sommeil. Les bérets-verts apprennent par radio que les trois marsouins torturés sont morts pendant l'héliportage. Ils rôdent, songeurs, sur l'emplacement piétiné où Guillerm les a récupérés, essayant de lire dans les indices du combat l'horreur de leur calvaire. Le pacha donne en début de matinée l'ordre de remonter vers les hauts du Fillaoussène et de descendre ensuite vers la route de Nedroma.

Des officiers de l'armée de terre sont là, la mine grave. Costagliola discute avec eux pendant quelques minutes. Le premier maître Guillerm est appelé près du groupe. Un colonel s'adresse au large officier-marinier.

— C'est très bien ce que vous avez fait cette nuit, le félicite-t-il chaleureusement.

Le commando au béret vert passé de couleur se raidit. Ses yeux se font durs.

— Peut-être bien, répond-il sèchement, mais cette action aurait été plus belle encore si elle avait été exécutée par vos hommes...

Et le chef de section tourne les talons pour rejoindre ses hommes qui ont suivi la scène à quelques mètres.

*
**

Le convoi d'Aïn Sefra pénètre dans Nemours. Fleury s'ébroue en ayant la très nette impression d'avoir fait deux voyages, le premier sur la route, et l'autre, le plus long, dans le temps. Les camions pénètrent dans la cour de la caserne Lyautey. Les commandos aux muscles noués par les heures de transport sautent au sol, s'alignent par sections et, lorsque Guillerm leur donne l'ordre de rompre les rangs, s'engouffrent dans l'escalier qui mène à leurs chambrées.

— Pourvu qu'on nous ramène bientôt dans le Sud, confie Fleury à Bonnot en défaisant son maigre barda, on va s'ennuyer si on nous garde par ici…

24

EMBUSCADE
AU RASS BENI SMIR

Tout le commando fait la nouba le lendemain de son retour au bord de mer. Bonnot et Fleury ne sont pas les derniers à festoyer. Ils se retrouvent avec Médina, Seibert, Leresteux, Caroff et Montjaux au Café de Paris, qui étale ses terrasses en face de l'église de Nemours. Le Normand est maintenant bien conscient de faire partie du clan très fermé des initiés de la guerre. Ses compagnons de liesse sont bien plus âgés que lui. Il se décide à goûter la fête d'intronisation jusqu'au bout.

— Je dois fermer, se rend soudain compte le patron de l'établissement, c'est déjà l'heure du couvre-feu...

L'épouse toute blonde du brun pied-noir se dirige vers les battants des portes du grand café en balançant les hanches.

— Le couvre-feu ne sert plus à rien, lui lance un commando en levant très haut une canette de bière « la Gauloise », y a plus de fells par ici... Ils sont tous dans le Sud...

Des restes de kemia trônent sur le long comptoir qui semble planté sur un tapis de cosses de cacahuètes. Fleury s'emplit la bouche de pois chiches huileux.

— On en boit encore une et on rentre, décide Montjaux. Médina se fait tout à coup très grave.

— Non, annonce-t-il, cette tournée-là, c'est la mienne... Je quitte la Marine !

Et le Vosgien explique que son engagement est arrivé à son terme.

— J'aurais même pas dû vous accompagner sur le Bou Amoud, précise-t-il, mais je l'aurais regretté toute ma vie...

Le patron décide d'offrir le coup de l'étrier. Les bérets-verts se dirigent ensuite vers la caserne Lyautey. Le Normand ne marche pas très droit. Des voitures roulent dans la grande rue de Nemours. Des groupes pressés de civils en habits de fête encombrent les trottoirs et marchent vers l'ouest de la cité qui se calfeutre peureusement.

— Où est-ce qu'ils vont tous ? demande le Vosgien en rupture de ban, sans trop savoir à qui il s'adresse.

— Il paraît qu'il y a bal ce soir, lui répond le Catalan, en tout cas c'est pas pour nous...

Le joyeux groupe atteint la caserne sombre. Une sentinelle de la D.B.F.M. ouvre pour lui la petite porte agencée dans le large portail aveugle. Les officiers mariniers se séparent de leurs compagnons moins gradés. Fleury et Bonnot gagnent leur longue chambrée où dorment déjà les autres matelots et quartiers maîtres de la première section. Leur intrusion peu silencieuse fait naître des grognements inamicaux. Les deux hommes se dévêtent presque silencieusement.

— On remet ça demain ! promet le Normand à l'ancien d'Indochine en guise de souhait de bonne nuit.

Bonnot ne répond pas. Son frère de guerre refuse le sommeil. Il se relève au bout d'une heure et va se pencher à la fenêtre de la chambrée qui donne sur la cour de la caserne. Son regard traîne vers l'endroit où se déroule le premier bal donné depuis très longtemps dans Nemours, de l'autre côté de rangées de G.M.C. bien alignées et gardées par des factionnaires du Train. Le Normand savoure quelques éclats de flonflons en humant l'air de la nuit.

— C'est pas juste, décide-t-il, je ne vois pas pourquoi on n'aurait pas le droit de s'amuser aussi...

Et le Granvillais va secouer son adjoint de groupe.

— Bonnot, lui annonce-t-il d'une voix qu'il croit étouffée, habille-toi, on refout le camp en ville.

Le quartier-maître endormi se redresse à demi sur son lit.

— T'es pas dingue, lâche-t-il en reconnaissant son compagnon de sortie, fous-moi la paix et laisse-moi roupiller...

L'ancien tireur au fusil-mitrailleur du groupe Montjaux secoue de plus belle l'ensommeillé.

— Lève-toi, je te dis, insiste-t-il, on va au bal...

Bonnot décide de jouer le jeu.

— Ça va, ça va, grommelle-t-il en se mettant sur ses jambes, je viens avec toi...

Les deux fêtards réendossent leurs tenues de sortie vert olive et redescendent dans la cour très éclairée par endroits. Bonnot se dirige tout droit vers la porte bien gardée.

— Non, pas par là, lui intime le Normand en le rattrapant par un bras, faut pas emmerder les factionnaires...

Les deux hommes discutent à haute voix en plein dans une zone de lumière crue.

— T'as raison, reconnaît l'adjoint de Janssen, mais par où veux-tu passer ?

Fleury réfléchit avec une gravité de pochard.

— Par là, décide-t-il en indiquant du bras la direction des latrines de la caserne qui sont construites sous la soute à munitions du commando.

Les deux commandos grimpent souplement sur le mur qui sépare la caserne Lyautey du vaste parc de camions. Ils se retrouvent empêtrés dans des rouleaux de fil de fer barbelé.

— C'est pas le moment de péter mon froc, commente à voix claire le Normand en s'immobilisant en équilibre pour inspecter le bas du mur.

Les sentinelles de l'armée de terre sont invisibles.

— On y va ! décide le quartier-maître en sautant dans le noir.

Bonnot tombe tout près de son compagnon. Deux silhouettes approchent de leur point de chute. L'une d'elles balaye la nuit d'une lampe électrique.

— Qui va là ? crie l'autre d'une voix fébrile.

Les deux commandos demeurent tapis contre le mur. Les factionnaires approchent en braquant leurs armes.

— Ces cons-là pourraient bien nous allumer, réalise soudain Fleury, on va les avoir au baratin !

Le Normand sort de l'ombre et se dirige tout droit vers le pinceau lumineux qui perce la nuit entre les camions.

— Par où on sort ? demande-t-il le plus naturellement du monde tandis que Bonnot se décide à le rejoindre.

L'homme qui tient la lampe torche reconnaît les bérets-verts. Il croit sans doute à un exercice de routine.

— Par là-bas, indique-t-il en éteignant sa lampe, je vais vous montrer...

Les deux fêtards se retrouvent au-dehors de l'enceinte militaire sans avoir eu à exercer une fois de plus leurs talents d'escaladeurs. La musique prend de plus en plus de place dans la nuit. Les commandos en goguette se dirigent tout droit vers l'endroit d'où elle s'échappe. Il y a du monde autour de l'entrée éclairée du bal. Des fusiliers marins en armes veillent un peu à l'écart. Des civils et quelques officiers de Marine pénètrent encore dans l'établissement exceptionnellement ouvert.

— Le couvre-feu n'est vraiment pas fait pour tout le monde, grommelle Fleury.

Les deux quartiers-maîtres demeurent pendant quelques minutes dos au mur dans une zone d'ombre.

— On pourra jamais rentrer là-dedans, souffle Bonnot, on va se faire poisser...

Le Normand ne répond rien. Il épie les civils qui arrivent encore. Et reconnaît bientôt la jeune fille qui le tenait tout contre elle sur la jeep du 13 mai 1958, et à qui il a depuis adressé quelquefois la parole.

— Je vais lui demander de nous faire passer, promet-il à son compagnon, c'est une fille de famille, elle a le bras long...

Les deux hommes sortent de l'ombre.

— Et si le pacha en second ou un autre officier du commando venait au bal, avance encore Bonnot, qu'est-ce qu'on ferait ?

Son jeune compagnon balaye la réserve judicieuse.

— Zig de Boofmeg, tranche-t-il en déformant volontairement le nom de Mieg de Boofzheim, on l'emmerde !

Une main solide se pose sur l'épaule gauche de l'irrespectueux quartier-maître.

— Vous disiez ? questionne en même temps une voix que le Granvillais reconnaît immédiatement.

L'officier en second de Jaubert est là, tout souriant.

— Montez dans ma jeep ! ordonne-t-il aux deux fautifs, je vous ramène à Lyautey.

Un quartier-maître se tient assis près de la place du chauffeur. Il est armé d'une mitraillette et esquisse un pâle sourire d'excuse. Bonnot et Fleury sautent crânement derrière lui. L'enseigne de vaisseau s'installe au volant du véhicule débâché. Il démarre sèchement et dépose les deux commandos dégrisés devant le portail de la caserne Lyautey.

— On a l'air malin, reconnaît sans sourire le plus âgé des deux cavaleurs une fois que les deux hommes ont retrouvé leur chambrée.

Fleury est tout penaud lorsqu'il pénètre le lendemain après l'appel dans le bureau du pacha pour s'occuper des paperasses du jour. Le premier maître Guillerm l'accueille, goguenard.

— Bien dormi ? demande simplement l'officier marinier. Il y a du pain sur la planche...

Le Normand se doute bien que l'expédition d'Aïn Sefra doit lui apporter quelques heures de machine à écrire. Mieg de Boofzheim entre à son tour dans le local carré.

— Bonjour Fleury, lance-t-il au secrétaire tendu, tout va bien ?

Le Normand salue l'officier en faisant mine de s'intéresser déjà à son travail. Les heures passent. Le second de Costagliola ne parle pas de l'incident de la nuit.

— C'est un chic type, reconnaît le Normand soulagé en apprenant à l'heure du repas à son compagnon d'équipée que l'incident n'aura certainement pas de suites fâcheuses.

L'adjoint de Janssen oublie son inquiétude.

— Mais maintenant, précise le Granvillais qui a compris la règle du jeu, il faudra attendre un autre accrochage sérieux pour avoir le droit de faire à nouveau les guignols... C'est de bonne guerre !

Les bérets-verts combattent encore quelque temps au bord de mer tout en gardant le cœur au grand Sud. Ils quittent à nouveau le secteur de la D.B.F.M. sans savoir où leur chef a reçu l'ordre de les mener. Leurs désirs de longues courses à travers les immensités brûlantes des djebels pelés de la région d'Aïn Sefra sont exaucés. Le commando De Penfentenyo est aussi du voyage. Les deux commandos n'ont guère le temps de découvrir la ville aux trois piscines. Des camions les mènent directement au sud du djebel Bou Amoud, tout près du large poste de Djenien Bou Rezg où des disciplinaires de la Légion payent très

cher des manquements au règlement. Le convoi pique à l'ouest après le bagne, en direction de hauts djebels qui ferment l'horizon, vers le Maroc. Un vent fort et très chaud soulève des nuages de poussière rouge dans lesquels les chauffeurs des camions ont du mal à conserver leur direction.

— Ils doivent naviguer au compas, se dit le Normand en plissant les paupières dans la tourmente piquante pour protéger ses yeux.

Les Simca s'immobilisent auprès d'un poste de tentes entouré de maigres étirements de barbelés. Des hommes coiffés de bonnets marins souhaitent la bienvenue aux bérets-verts.

— Si ça se trouve, avance Bonnot, tout aussi étonné que ses compagnons, toute la D.B. va rappliquer dans le coin...

Le convoi repart vers le Maroc en empruntant une piste de plus en plus incertaine. Les commandos le quittent à l'approche d'une montagne qui émerge des bourrasques de sable.

— On va grimper peinards jusque là-haut, promet Montjaux à Janssen en lançant le bras vers le djebel inconnu.

Fleury ouvre le chemin à ses compagnons. Il apprécie la responsabilité de sa position. L'enseigne de vaisseau lui a montré sur sa carte le but de l'expédition. Le Normand a tout juste eu le temps de lire entre les lignes serrées des courbes à niveau le nom du col où Jaubert et De Penfentenyo doivent se placer en embuscade.

— Rass Beni Smir, se répète-t-il plusieurs fois comme une incantation magique, le nom est bien joli mais l'endroit qu'il désigne est salement haut et vachement loin...

Le commando du lieutenant de vaisseau Gouva s'étire derrière les bérets-verts de Costagliola. La très longue colonne des cent cinquante hommes des deux unités serpente pendant des heures entre des blocs de rochers et sur des escarpements peuplés de buissons secs. Le voltigeur de pointe parvient après une longue montée sur un djebel qui descend en pente douce vers le col à investir. Un ordre de Costagliola offre un moment de répit aux commandos. Les bérets-verts, inaccoutumés à crapahuter à de telles altitudes, ont pour la plupart le souffle court.

— Attention, avertit Leresteux en s'adressant à la voltige de tête qui se remet en marche, d'après les légionnaires il y aurait des pièges fells un peu partout. Ne touchez à rien !

Fleury redouble de vigilance. Il contourne prudemment tous les vestiges de combats qu'il rencontre.

— A ce train-là, regrette-t-il, on n'est pas près d'arriver au col...

La progression se poursuit sans encombre. La pente du djebel truffé de pièges rebelles s'accentue. La première section de Jaubert s'immobilise au-dessus du Rass Beni Smir. La trouée est large de quatre cents mètres. Elle est dominée au nord par une longue falaise. Une ligne de rochers la coupe dans sa longueur, à deux cents mètres sous les commandos. Costagliola donne ses derniers ordres à Guillerm, Fossat et Alefsen de Boisredon d'Assier. Ce dernier rejoint ses deux chefs de groupe et Leresteux, son adjoint qui vient de passer au grade de maître.

— La deux va descendre à droite du col et se couler dans les broussailles, leur explique-t-il rapidement, la trois va s'installer là où nous sommes... Et Penfen demeurera en réserve un peu en dessous de nous...

Les trois officiers mariniers sont suspendus aux lèvres de l'enseigne qui poursuit :

— Et nous, nous devons nous placer en embuscade dans le col, sur les rochers qui sont là en dessous...

Le dispositif du piège se met rapidement en place. Les vestes camouflées des commandos se fondent parfaitement dans les tons de la nature.

Leresteux et Montjaux se sont embusqués à la pointe ouest de l'allongement rocheux, là où les blocs de pierre sont les plus hauts. La voltige de Fleury s'est aplatie vers l'est, à deux cents mètres des premiers commandos de la deuxième section. Le Normand est allongé derrière une roche grise haute de quarante centimètres à peine et à trois mètres sur la droite du fusil-mitrailleur de son groupe. Bonnot est placé, quant à lui, à peu près au milieu de l'embuscade.

Une heure de veille tendue s'écoule.

— Ils se font désirer, les copains qui doivent venir du Maroc, regrette le Granvillais aux prises avec de désagréables fourmillements qui lui dévorent les mollets.

Un vent tourbillonnant siffle dans les branches de quelques pins plantés à la naissance d'un abîme qui s'effondre sur plus de six cents mètres vers le Maroc. Les falaises qui font face aux commandos s'animent soudain. Les bérets-verts échangent des regards alertés. Fleury essaye vainement de dénombrer les silhouettes agiles qui se faufilent à quatre cents mètres à peine de l'embuscade entre des blocs de rochers mal alignés.

— Il y en a certainement plus d'une centaine, se rend-il compte en devenant la proie d'une folle excitation, on en a jamais vu autant devant nous !

Les fellagha sont vêtus de treillis clairs et coiffés de casquettes de jockey en toile. Ils zigzaguent tranquillement vers le bout de la falaise.

— J'ai l'impression de rêver, c'est trop beau, se dit le Normand en écarquillant les yeux à se faire mal, pourvu qu'ils ne nous découvrent pas...

Les rebelles disparaissent tous ensemble. Ils sont comme happés par la montagne. Un homme à casquette à longue visière s'engage au bout de deux longues minutes angoissantes sur la pente du col. Il marche d'un pas tout ce qu'il y a de plus tranquille. Deux de ses compagnons sortent à leur tour des rochers et le suivent tout aussi paisiblement, de cinq en cinq mètres.

— Ils ont des mitraillettes, apprécie le Granvillais en les détaillant, les autres ont dû se planquer pour que ces deux-là reconnaissent le passage...

Les trois djounouds longent la frontière naturelle de l'abîme sur une centaine de mètres. Puis celui qui mène la marche bifurque sans hâte sur la gauche, vers les positions de Leresteux. Les commandos arment tout doucement leurs fusils et leurs mitraillettes. Fleury contrôle ses nerfs au maximum. Les trois fellagha frôlent l'officier-marinier malouin sans déceler sa présence et s'engagent franchement au travers du col.

— Pourvu qu'ils continuent comme ça, espère le Normand, et que tous les autres suivent le même chemin...

Une rafale anéantit les espérances du quartier-maître de plus en plus calme. Leresteux s'est relevé et tire en même temps que Montjaux et Duchemin, un voltigeur parisien qui n'était pas de la première expédition dans la région. Deux fellagha s'écroulent, touchés à mort. Le troisième bondit vers l'à-pic vertigineux et plonge entre les troncs d'arbres roux.

Un feu d'enfer s'abat sur l'embuscade. Des balles se fichent dans la terre juste derrière elle. Fleury ramène prudemment ses jambes plus près de la pierre qui le protège. Faess, son ancien chargeur au 24/29, s'est dressé derrière le rocher et tire à l'épaulé en éructant des insultes sonores.

— Planque-toi, boudin ! lui hurle Montjaux. C'est un ordre...

Fleury enrage de n'être armé que d'une mitraillette pour riposter aux fellagha idéalement placés au-dessus du col. Il jette un regard envieux au servant de la pièce de son groupe qui tire de longues rafales sur la falaise piquetée de points de fumée.

— Le con, gronde-t-il soudain en lui-même, il n'a pas mis son œilleton en position... Il tire n'importe comment !

L'ancien tireur au fusil-mitrailleur se propulse d'un bond nerveux vers le maladroit et met en place l'élément de visée d'une pichenette précise. Toutes les pièces de la troisième section du commando arrosent la falaise. Costagliola, très calme, donne l'ordre à Fossat de lancer ses hommes à l'assaut de la pente après une courte préparation de grenades à fusil. Le jeune enseigne de vaisseau se rapproche du col. Il évalue une dernière fois la force ennemie du regard. Puis se redresse.

— En avant ! hurle-t-il en s'engageant le premier sur la pente nue.

Ses hommes lui obéissent à l'unisson parfait. Ils courent bien en ligne vers l'ennemi qui, élément par élément, commence à décrocher.

— Bon sang que c'est beau, apprécie Fleury qui a tiré juste avant le rush un chargeur complet de sa Mat 49 tout en sachant qu'il gaspillait ses munitions, ils sont gonflés les gars de la deux !

L'assaut rapide franchit le col d'un seul bond et entame l'escalade de la falaise entre les rochers.

— A nous, crie à son tour Alefsen de Boisredon d'Assier qui a reçu du pacha l'ordre de rejoindre les hommes de Fossat.

Les fellagha ne tirent plus lorsque la section atteint elle aussi la falaise.

— Regardez, hurle Bonnot, ils se foutent de nous, les fells !

Un groupe de rebelles s'est arrêté à cinq cents mètres au Maroc. Les djounouds qui le composent lancent des insultes aux Français et leur adressent de vigoureux bras d'honneur. Deux T.6 plongent sans tirer au-dessus d'eux, mais reviennent vite dans le ciel français.

Les commandos fouillent rapidement le sommet de la falaise, puis retraversent le col. Les corps des deux fellagha tués par Leresteux, Duchemin et Montjaux, sont défaits de leurs mitraillettes, de leurs insignes de toile vert et rouge et de leurs sacs de combat. Costagliola donne l'ordre de leur offrir un semblant de sépulture. Des commandos entassent sur eux de grosses pierres tandis que d'autres se hasardent au-dessus de la pente à pic sur laquelle s'est jeté le survivant du trio d'éclaireurs venus du Maroc.

— Il s'est certainement cassé la gueule, avance Fleury qui mène la petite reconnaissance.

Le Normand ramène sa voltige auprès du tumulus. Le commando De Penfentenyo s'est étalé en défense sur les hauts du djebel. L'ambiance se détend.

— Des hélicos vont venir nous cueillir ici, annonce joyeusement Alefsen à ses hommes, et ce soir on dormira à Aïn Sefra.

Deux commandos font les clowns pour tuer l'attente. Ils improvisent un concours de statues au-dessus des corps des djounouds.

— On les a empêchés de passer, les fells, confie Bonnot à Fleury lorsque approchent du col les Sikorsky annoncés par radio, mais en Indo ça ne se serait pas terminé comme ça, on aurait réussi le coup de l'année...

— Et comment ? s'étonne le Normand.

— On trimbalait toujours un ou deux mortiers avec nous, se souvient le quartier-maître en laissant une dernière fois traîner son regard sur la falaise qui a protégé les rebelles, on devrait faire pareil, on n'est plus à la D.B., il y a du beau monde par ici.

25

LE RAVITAILLEMENT REBELLE

Le haut commandement, et tout particulièrement le général Gambiez, apprécie la présence des bérets-verts sur les territoires opérationnels du grand sud de l'Oranie. Les hommes à la vareuse camouflée démodée apprennent par cœur le pays sauvage qui les fascine. Les chefs de secteurs, ravis de l'aubaine, les utilisent à un rythme infernal. Les marins sont tantôt vers Aflou, à trois cents kilomètres au nord-est d'Aïn Sefra, réclamés par le colonel Roumiantzoff, un ancien des groupements mobiles du Tonkin qui ne laisse pas un jour de paix aux katibas de l'A.L.N., et tantôt au sud de la ville tenue par le 2e R.E.I., en face de Figuig, la ville marocaine qui abrite des camps d'instruction de la rébellion.

Jaubert embarque dans des hélicoptères par sticks de huit hommes. Les Sikorsky les dirigent au-dessus d'un djebel planté en larges cirques désertiques qui s'étend à cinquante kilomètres à l'est d'Aïn Sefra.

La première section de Costagliola a été enlevée la première à la plaine par les lourds engins bleu marine. Le pacha fait partie de cette première vague. Son hélicoptère est accueilli sur les flancs lunaires de la montagne par des rafales de mitrailleuses tirées du centre d'une large cuvette. Le radio du Sikorsky menacé signale le danger par radio au reste de la flottille. Le mécanicien du troisième H.S.S. prévient les bérets-verts prêts à gicler sur les rochers. Sa voix perce à peine le vacarme du rotor emballé.

— D.Z. battue par le feu ! saisit seulement Fleury qui se tient à la porte béante de l'engin qui perd très vite de l'altitude.

Le Sikorsky poursuit sa route bruyante malgré le danger. Ses roues frôlent à peine le sol du djebel. Le Normand se reçoit impeccablement et s'élance plié en deux vers la position du pacha qu'il a eu le temps de repérer avant de sauter. Ses voltigeurs le suivent. Des claquements de balles très secs se mêlent aux bruits de moteurs.

— C'est pourtant vrai que ça tire ! se rend compte le caporal-voltigeur en accélérant encore sa course de sprinter vers les rochers qui protègent les hommes déposés par les deux premiers hélicoptères de la vague d'assaut.

La pièce de Janssen se jette elle aussi à l'abri du chaos de rocs. Un quatrième H.S.S. plonge sur la D.Z. balayée par la mitrailleuse rebelle. Trois commandos en jaillissent et filent en zigzag vers les rochers. Le commando qui saute derrière eux perd son béret vert. Le couvre-chef de laine se met à rouler comme un petit cerceau vers la cuvette où les rebelles sont embusqués. L'homme, nu-tête, s'immobilise un instant à quelques mètres de l'hélicoptère qui penche sur son flanc gauche en décollant rapidement, puis se lance à la poursuite de sa coiffure qui prend de la vitesse.

— Il est dingue, gronde Montjaux en suivant la course du commando qui fait des écarts brusques lorsque des sautes de vent dévient la trajectoire de son béret, il va bouffer du plomb !

L'homme isolé sur la D.Z. nue rattrape enfin sa coiffure. Il la plaque d'un pied au sol, se baisse pour la ramasser et, indifférent aux sinistres claquements qui l'encadrent, rejoint les rochers à longues foulées tout en recalant le béret vert sur son crâne ras.

Le dangereux héliportage s'achève sans pertes. Le pacha braque ses jumelles sur une dorsale de rocs plantée au milieu de la large cuvette sans ombres. Ses chefs de groupe et de section l'imitent. Fleury se crève les yeux à vouloir distinguer à l'œil nu les rebelles qui ne se manifestent plus depuis que le dernier hélicoptère a disparu dans le ciel, vers l'ouest, vers Aïn Sefra. Alefsen de Boisredon d'Assier arrache le Normand à sa contemplation crispée.

— On va bientôt bouger, lui annonce-t-il, et c'est à notre tour de marcher en tête, venez voir le commandant avec moi.

Costagliola est calé dans une faille avec son radio.

— Regardez, ordonne-t-il à Alefsen et à son quartier-maître en tendant le bras droit, on a reçu l'ordre de nous porter là-bas... Trouvez-nous un itinéraire pas trop exposé...

Fleury, qui avait espéré recevoir l'ordre de marcher tout droit sur les rebelles, est déçu. Il suit l'indication de main du pacha, et se rend compte que le commando doit exécuter un large arc de cercle pour contourner l'ennemi sur sa gauche.

— Ça va aller ? s'inquiète le chef de section.

Le Granvillais reconnaît du regard un chemin sûr.

— Quand vous voudrez, répond-il simplement à l'officier après quelques secondes d'inspection du djebel.

Une compagnie de légionnaires débouche au-dessus de la cuvette, très à droite des bérets-verts. Leurs formes minuscules marchent droit sur le repaire de la mitrailleuse rebelle qui ouvre à nouveau le feu.

— Et voilà le travail, gronde le Normand en se lançant résolument entre les rochers, ils ne contournent pas les légionnaires : ils foncent au feu !

Le quartier-maître râleur suit à la dérobée le dangereux manège des soldats du 2e R.E.I. tout en traçant la route du commando. Quelques projectiles sifflent au-dessus de sa voltige bien étirée. Les bérets-verts n'y prêtent aucune attention.

— Stoppez la progression, on me tire dessus ! hurle soudain une voix énervée au milieu de la section Alefsen.

Fleury obéit, et se retourne. Un officier détaché au commando pour l'opération arrache fébrilement les barrettes à deux galons qui parent les pattes d'épaules de sa veste de treillis. Le Granvillais échange un regard entendu avec son chef de section et avance à nouveau.

Les légionnaires sont maintenant bien déployés devant les rochers qui abritent la mitrailleuse ennemie. Une vingtaine d'entre eux accélèrent brusquement le mouvement. Ils se lancent à l'assaut. L'arme rebelle balaye le sol devant leur rush. Quelques képis-blancs s'écroulent.

— Ça, c'est du beau travail, apprécie l'éclaireur du commando Jaubert, ils vont l'avoir, cette foutue mitrailleuse !

Un légionnaire s'étale à vingt mètres de la casemate naturelle. Il se redresse quelques secondes plus tard pour bondir à nouveau en lançant une grenade. Il tombe une seconde fois au milieu de dizaines de petits geysers qui naissent sous les impacts de balles rebelles.

— Il est gonflé, commente pour lui-même le Normand tout en ne ralentissant pas sa progression.

Le képi-blanc se relève encore et lance une deuxième grenade. La pièce de l'A.L.N. ne reprend pas le feu après son explosion.

Les légionnaires, bloqués jusque-là sous son tir, bondissent en hurlant dans les failles enfumées.

— C'est fini, rage le caporal-voltigeur de Janssen, il n'y a plus rien pour nous...

Les hommes de Costagliola parcourent encore trois cents mètres sur les pas du Normand.

— Nom de Dieu ! jure soudain ce dernier, il y a du monde devant nous...

L'éclaireur se plaque contre un rocher. Les taches vertes des couvre-chefs de ses compagnons disparaissent en une seconde. Une forme en kaki bouge à deux cents mètres de leur position, sur un surplomb rocheux. Le Normand fait un signe à ses hommes. Didou, Ducrocq, Coquard et Hoffmann saisissent ce qu'il attend d'eux. Les quatre voltigeurs dépassent leur caporal en se coulant derrière des blocs brûlants. L'homme en treillis les aperçoit. Il lève brusquement ses mains au-dessus de la tête.

— Français, hurle-t-il en grimpant sur un rocher, ne tirez pas !

Les commandos ne baissent pas leurs armes. L'intrus dévale la pente vers eux.

— Je suis sergent, crie-t-il, je me suis perdu avec deux harkis quand on a accroché ce matin...

L'homme s'explique dans un flot de paroles pressées. Le pacha du commando immobilisé tente de le ramener au calme en le prenant par un bras.

— Où sont vos camarades ? s'inquiète-t-il.

Le sergent est nu-tête. Il est seulement armé d'un pistolet Mac 50 relié par une longue chaînette à un ceinturon de cuir tout neuf. Il se retourne vers le fouillis de rochers et fait de grands gestes de bras.

— Vous pouvez venir, s'égosille-t-il, descendez...

Deux formes tassées tranchent net sur la grisaille des pierres. Elles paraissent désarmées elles aussi. L'un des deux harkis porte une bande de balles autour du cou.

— On dirait bien des fells, reconnaît Fleury lorsque les deux musulmans approchent de sa voltige en levant les bras pour éviter toute réaction brutale des commandos, heureusement que leur copain est descendu le premier...

Des armes rebelles ouvrent le feu, bien en arrière des rochers nettoyés par les légionnaires. Des claquements résonnent aux oreilles d'Alefsen et de ses hommes. Les trois inconnus plongent à l'abri des rochers. Quelques bérets-verts les imitent prudemment. Alefsen reçoit l'ordre de s'installer en défense pendant que le pacha contacte une à une par radio les forces engagées dans la manœuvre pour situer l'unité des trois isolés. Il ne bronche pas lorsqu'un rebelle le prend pour cible.

— Planquez-vous, lieutenant, lui hurle Montjaux.

Alefsen sourit à l'ancien d'Indochine en achevant tranquillement de se défaire de son sac de combat. Deux balles claquent sèchement. Tranquille, l'homme pose son havresac au sol. Et consent enfin à se baisser.

Le pacha a retrouvé la compagnie des rescapés de l'engagement confus qui a motivé l'héliportage de ses sections.

— On vous garde avec nous jusqu'au démontage de l'opération, annonce-t-il au sergent aux traits défaits, vous marcherez derrière moi...

Le lieutenant de vaisseau reçoit l'ordre d'avancer en piquant vers le centre de la cuvette sillonnée par des légionnaires et des marsouins. Le groupe Montjaux ouvre la marche à son tour à travers des éboulis impressionnants. Les fellagha tirent encore des coups de feu isolés. Puis se terrent.

— A moins de leur marcher carrément dessus, avance le Catalan, on ne risque pas de les retrouver dans tout ce bordel...

Le second maître voit juste. Les bérets-verts ne détectent pas la présence des rebelles. L'opération est démontée. Les légionnaires abandonnent les rochers qu'ils ont conquis à prix dc sang. Des hélicoptères viennent enlever leurs blessés et leurs morts. Les commandos rejoignent des camions au bout d'une marche harassante. Les véhicules les mènent à Aïn Sefra. Les sections s'installent dans le bois d'eucalyptus qui protège la ville de l'envahissement du sable de l'immense dune étalée aux contreforts nord du djebel Mekter.

— Pas de java avec la Légion, conseille Leresteux à ses deux groupes, on va certainement repartir demain en opération...

Jaubert quitte à l'aube son campement sans confort.

— On retourne sur le Rass Beni Smir, apprend Alefsen à sa section qui comble un G.M.C. blindé.

Bonnot accueille la nouvelle sans déplaisir. Il adresse un clin d'œil à son frère de guerre.

— Si seulement on pouvait retomber sur une katiba, espère ce dernier en se rappelant le formidable spectacle de la longue colonne rebelle bien découpée sur la falaise du col escarpé.

Le convoi du Train contourne le Mekter en empruntant la route qui mène à Colomb-Béchar et qui épouse le tracé de la voie ferrée descendant d'Oran. Il atteint Djenien Bou Rezg sans incident. Les commandos escaladent le Rass Beni Smir par le même itinéraire qu'à leur première incursion dans la région. Leur première section s'installe en embuscade tout près des tombes de pierre des deux rebelles abattus par Leresteux et Montjaux.

— Leurs copains ne sont pas venus les chercher, regrette le Normand en inspectant du regard la falaise déserte.

Un ordre de Costagliola démonte le piège bien étalé au bout d'une heure et demie de veille stérile. Il enjoint ensuite à Alefsen de lancer une reconnaissance vers le Maroc.

L'officier de réserve désigne le groupe Janssen pour remplir la mission. Le pacha glisse quelques mots au maître Leresteux, et ce dernier se mêle au mouvement.

— Gardez bien vos distances, rappelle Janssen à ses hommes en lançant le groupe au travers du col.

Fleury marche en tête. La beauté vierge du paysage l'éblouit. Le Rass Beni Smir domine des écroulements ocre et gris dont les vagues immenses se heurtent du côté de l'Algérie aux citadelles naturelles de hautes montagnes aussi imposantes que le Bou Amoud.

Le Normand se retourne de temps en temps pour se rendre compte si tout le monde suit bien son rythme soutenu. Ses voltigeurs cheminent souplement, séparés de plus de dix mètres les uns des autres. Leresteux quitte la queue de colonne pour dépasser Janssen et Bonnot. Le Malouin rejoint le dernier voltigeur du Granvillais, presse encore le pas et parvient à la hauteur du jeune chef de voltige en sueur.

— Accélère, lui souffle-t-il.

Le Normand allonge considérablement le pas. Le tireur au fusil-mitrailleur et ses servants râlent sec au bout de cinq cents mètres de marche trop rapide. Fleury hésite à reprendre son rythme initial. Leresteux marche juste derrière lui et saisit son intention.

— Continue comme ça, ordonne-t-il, t'occupe plus des autres...

Janssen bloque net son avance et dispose sa pièce en batterie sur un tertre. Leresteux sort sa carte d'état-major de la poche à soufflet de son pantalon de treillis. Il la consulte tout en marchant pour situer sa progression à vingt-cinq mètres près, grâce aux traits nets du carroyage chasse qui ornent le papier recouvert d'une mince couche de plastique.

— On va par là-bas, indique-t-il ensuite au Normand tout en montrant d'un mouvement de main une ravine située à cinq cents mètres devant la marche.

Le caporal-voltigeur a le souffle court. Il infléchit sa progression vers l'objectif désigné.

— Je me demande bien ce qu'on va foutre là-bas, s'interroge-t-il en se retournant une dernière fois vers le reste de son groupe qui disparaît soudain de sa vue.

Le béret-vert obéissant se rend compte qu'il doit se trouver au Maroc.

— Il ne manquerait plus qu'on tombe sur des fells en manœuvre, envisage-t-il avec un brin d'espérance en se souvenant d'un exposé du pacha en second qui avait précisé que des camps d'instruction de l'A.L.N. fonctionnaient tout près du Rass Beni Smir.

Rebelles à l'entraînement au Maroc. Photographie récupérée au cours d'un accrochage par le quartier-maître Lemarchand, du commando Trepel.

La ravine indiquée par l'adjoint d'Alefsen est vite atteinte.

— Faut fouiller tout le coin en vitesse, ordonne Leresteux en jetant un dernier coup d'œil sur sa carte, il doit y avoir des caches...

Les six bérets-verts en nage s'infiltrent dans un fouillis serré de rochers. Ils éventrent la moindre touffe de buisson sèche pendant près d'une demi-heure. Leresteux insiste.

— Faut voir un peu plus bas, décide-t-il.

Fleury fait signe à deux de ses hommes de pousser plus loin leur quête de chiens de chasse.

Lemeur, que ses compagnons appellent « Ben Ben », hurle soudain.

— C'est là ! Venez voir...

L'officier marinier se lance à la course vers le matelot breton qu'a déjà rejoint son caporal-voltigeur. Il exulte franchement en découvrant le contenu de la cache agencée au fond d'une faille étroite.

« Ben Ben » lance un sac de farine au fond de la ravine. Les rochers blanchissent là où il s'éventre en un choc mou.

— Faut tout foutre en l'air, ordonne Leresteux, et en vitesse...

Les bérets-verts sortent au grand jour d'autres sacs de farine qui subissent le même sort que le premier. Ils trouvent aussi de la semoule de couscous dans la cache, de grosses boîtes de petits pois, des cônes de sucre, des sacs de poivre en grains, du lait en poudre et des bidons d'huile d'olive.

— Il y a de quoi nourrir une katiba pendant plus de quinze jours, évalue Fleury en se préparant à crever de sa dague une énorme boîte de poudre de lait.

Le chef de voltige affairé à la destruction rapide des vivres de l'ennemi s'attarde sur une inscription en anglais qui orne la boîte de lait déshydraté.

— Offert par le peuple des Etats-Unis, traduit-il difficilement pour lui-même, manquait plus que ça ! Si les ricains se mettent à aider les fells, on est certainement pas sortis de l'auberge...

Toute la ravine est blanche de farine étalée. Des rochers sont humides d'huile. La destruction des vivres qui étaient certainement destinés au passage prochain d'une katiba est totale.

— On retourne au col, décide Leresteux.

Les voltigeurs se chargent comme des mulets de boîtes de petits pois, de quelques bidons d'huile et de gros sacs de poivre en grains.

— Les fells ont dû être avertis par un de leurs chouffs invisibles, prévoit le Granvillais en forçant l'allure.

Les pillards encombrés de butin ne respectent plus les distances. Ils ne pensent qu'à mettre le plus de champ possible entre leur repli et les centaines de fellagha qui campent pas très loin. Janssen est toujours sur son mamelon.

— Les distances ! hurle-t-il de loin à l'adresse de Fleury, je vais t'apprendre ton métier de caporal-voltigeur…

Le Normand vexé échange un regard avec Leresteux.

— Fais pas attention, lui souffle ce dernier, ça va lui passer…

Les voltigeurs, fourbus et blancs de farine, partagent leurs fardeaux avec les servants de la pièce de Bonnot. Le pacha accueille bientôt le groupe harassé avec un franc sourire de contentement.

— Bravo, félicite-t-il Leresteux, c'est du bon travail…

Le commando commence à se faufiler vers l'est dans une coulée de buissons épais.

— On bouffera les petits pois, envisage Bonnot, toujours pratique, lorsque le mouvement a atteint sans encombre les camions qui l'attendaient au bas de la montagne sous la protection de blindés de la Légion, et on tâchera de vendre le poivre à un épicier…

Le capitaine de corvette Servent sur le Rass Beni Smir.

26

HÉLIPORTÉS AU MILIEU DES REBELLES

Les commandos de Jaubert et de Trepel s'installent à Aflou après le raid réussi sur le Rass Beni Smir.

Ils forment avec le commando De Penfentenyo un groupement opérationnel autonome sous l'autorité de Costagliola. Ce dernier vient d'être promu au grade de capitaine de corvette, qui équivaut à celui d'un chef de bataillon de l'armée de terre. L'ancien du R.B.F.M. a passé le commandement des trois sections de Jaubert au lieutenant de vaisseau Scheidauer, un jeune officier qui a servi en Indochine avant de commander un poste de la D.B.F.M. dans la région de Nemours.

Le nouveau pacha est très maigre. Ses yeux sont animés d'un sourire perpétuel et une courte barbe en collier vieillit difficilement ses traits juvéniles. Ses hommes épient la moindre de ses réactions au cours de durs crapahutages à travers les pierres plates du massif de l'El Gaada, tout au sud d'Aflou, et l'adoptent sans retenue.

Des éléments d'un groupement de commandos parachutistes basé à Geryville, à cent vingt kilomètres au sud-est de la nouvelle base opérationnelle des bérets-verts, accrochent le 20 juin 1959 une grosse bande sur le massif du Kef Mimouna, à quarante kilomètres au sud d'Aflou. Les rebelles perdent une quarantaine de djounouds dans la chaude affaire. Le reste de la bande dépendant de la wilaya 5 remonte vers le nord-est au long des jours et des nuits qui suivent la grosse manipulation héliportée. Ses mouvements sont constamment épiés par des appareils de reconnaissance. Le colonel Roumiantzoff décide d'attaquer à nouveau les rebelles au sud-est de son P.C. d'Aflou. La bande en fuite a été signalée le 4 juillet sur les hauts du djebel Medboua, à un peu moins de vingt kilomètres au sud-ouest d'Aflou. L'officier supérieur roux choisit tout naturellement le groupement de bérets-verts pour l'opération. Costagliola désigne le commando Trepel pour les premières vagues d'assaut héliporté.

Les commandos d'Eliès commencent à embarquer à l'aube du 5 juillet dans de longs hélicoptères à deux rotors, des « bananes » H.21 de la flottille 31 F de l'Aéronavale, et des Sikorsky de la 33 F. Les premiers appareils larguent leurs sticks à quelques centaines de mètres de l'endroit où devraient se trouver les rebelles. Les groupes de bérets-verts s'étalent rapidement sur des rochers cernés de buissons desséchés. Ils admirent en silence le travail précis d'une patrouille de T.6 qui traite une longue corniche sur laquelle doit se poser à son tour la première section de Trepel, commandée par l'enseigne de vaisseau de Barbarin Barbarini. Les avions s'écartent du djebel fumant.

Les cinq hélicoptères de la deuxième vague approchent de la zone de largage. Les roues des deux premières bananes frôlent le relief torturé de la montagne. Des balles de fusil mêlent soudain leurs claquements au bruit des pales. Un H. 21 s'arrache du sol. Son large cockpit de plexiglas éclate sous l'impact d'un projectile rebelle. L'appareil tangue dangereusement, frôle l'écrasement, puis reprend de l'altitude. Le deuxième stick de l'officier de réserve saute au sol et court vers les bérets-verts largués par les premières bananes et qui font le coup de feu contre un ennemi invisible et tout proche. Omphalius, un grand et large second maître blond, hurle des ordres avec un formidable accent alsacien.

— On va rester tout seuls ici, gronde-t-il après avoir placé ses hommes autour d'un mamelon facile à défendre, les hélicos refoutent le camp…

Les trois autres appareils bleu marine reprennent de l'altitude pour échapper aux tirs qui jaillissent de tous les recoins de la montagne. Ils posent le reste de la section à un peu moins d'un kilomètre au sud-est de la D.Z. occupée par les douze commandos d'Omphalius, que les plus anciens de Trepel appellent familièrement « le Grec ». Ce dernier ne parvient pas à situer exactement les rebelles. Le tireur au fusil-mitrailleur de son groupe, un Corse bon teint, pas très grand et nommé Ferrandini, est mieux placé que lui. Il vide trois chargeurs sur des entrées de grottes étroites d'où giclent des coups de feu en salves de plus en plus épaisses.

Barbarin, qui a sauté avec les premiers bérets-verts, tient ses jumelles fixées sur un oued encaissé dans lequel il a vu courir quelques fellagha. Puis il se déplace de quelques mètres pour s'emparer du poste radio que tient serré contre lui un de ses matelots.

— On est au beau milieu des fells, annonce-t-il à Eliès qui achève l'héliportage du commando.

La liaison est très mauvaise. L'officier de réserve se reconcentre sur la détection des rebelles après que le pacha lui avait ordonné de tenir le coup en attendant le renfort du reste de sa section. Ce dernier groupe de dix-huit hommes entame une progression vers le mamelon inconfortable sous les ordres du second maître Delaître.

Le Grec a devancé l'ordre d'Eliès.

— Faut tenir sec, lance-t-il au quartier-maître Mehat, un ancien d'Indochine comme lui, les copains vont nous tirer de là en deux coups de cuiller à pot…

Le Corse trapu lance des insultes rageuses en patois, et ne tire plus qu'à l'économie les rafales de son 24/29. Ses pourvoyeurs tirent au fusil tout près de lui.

— Ils n'ont pas l'air de s'affoler, constate Omphalius qui épiait leurs réactions, c'est toujours ça...

Le large officier marinier se sert de sa mitraillette à courtes rafales. Les fellagha s'enhardissent en ne voyant pas revenir les hélicoptères au-dessus d'eux. Ils hurlent derrière leurs rochers et au fond de leurs trous. Mehat laisse soudain pendre sa mitraillette au bout de sa bretelle de cuir souple. Une balle l'a frappé. Il porte les mains à son visage qui le brûle, et les retire poissées de sang. Il serre les mâchoires.

— C'est rien du tout, gronde-t-il en réempoignant sa Mat 49 et tirant une longue rafale sur les positions ennemies, ils ne m'auront pas pour si peu...

Les rebelles sont de vieux briscards. Ils manœuvrent adroitement pour encercler complètement les douze commandos.

Omphalius a l'impression d'éclater tout entier. Il est projeté sur le côté par un formidable coup de boutoir. Son chef de section tente de s'approcher de lui. Un tir épais l'oblige à renoncer à porter secours à l'Alsacien. Il demeure en rageant derrière le rocher qui le protège. Le second maître blessé évalue calmement les déchirements de son abdomen. La balle qui l'a frappé a fait éclater une des grenades offensives qui sont accrochées à son ceinturon de toile. Il ressent la nette impression de se vider tout entier. Sa mitraillette est posée à plat tout près de son point de chute. Un rapide coup d'œil vers les plus proches de ses compagnons de combat lui apprend que ces derniers ne faiblissent toujours pas.

— Je vais tâcher de bloquer le sang, gronde-t-il en défaisant difficilement son pantalon souillé.

Puis il ouvre sa boîte de pansement de première urgence en grimaçant sous l'effort.

— Qu'est-ce que tu veux que je foute avec ça, a-t-il la force de se dire, c'est bien trop petit...

Les doigts sanglants du blessé déchirent l'emballage de papier du pansement dérisoire. Puis le Grec enfourne brutalement la gaze et le coton dans l'horrible plaie toute chaude.

— Ça suffira jamais, se rend compte l'Alsacien dont la douleur déforme peu à peu le masque volontaire.

Très lucide, le blessé décide de dénouer de son cou le long chèche qu'il a pris pour habitude de porter au combat. Il le froisse en boule. Et le plaque sur son ventre éclaté.

— La morphine maintenant, s'encourage-t-il en luttant contre l'engourdissement qui le gagne inexorablement.

D'un geste sûr, le second maître plante dans sa cuisse l'épaisse et courte aiguille d'un petit tube d'analgésique puissant.

— Y a plus qu'à attendre que ça se passe, se dit-il en retirant l'aiguille de sa chair et laissant tomber au sol le tube écrasé.

Le feu ennemi s'épaissit de plus en plus. Le renfort espéré n'approche pas.

— Qu'est-ce qu'ils foutent, fulmine Ferrandini en libérant une rafale de F.M. sur deux formes fugaces qui ont bondi d'un rocher vers un autre à moins de vingt mètres de lui.

Delaître a bien repéré la position menacée. Mais il a été droppé lui aussi tout près d'un groupe de djounouds. La bande rebelle semble tenir tous les hauts du djebel Medboua sur près de deux kilomètres.

— On n'est pas près de rejoindre le Grec à ce train-là, coûte que coûte son chef de section.

Les dix-huit hommes du sous-officier jaillissent tous ensemble de leurs positions d'abri en faisant boule de feu. Ils passent au travers d'un rideau de rebelles. Mais sont aussitôt obligés de se jeter à l'abri d'une arête rocheuse.

— On n'est pas prêts de rejoindre le Grec à ce train là, regrette le chef de groupe lorsqu'un autre groupe rebelle reprend ses hommes sous une pluie de balles, il y en a partout.

Le jeune chef n'hésite pas à lancer une deuxième ruée rugissante qui permet à ses bérets-verts d'éviter l'encerclement et de progresser encore de cent cinquante mètres.

Les voltigeurs prennent les servants de fusils-mitrailleurs de vitesse. Ils raccourcissent vite leurs foulées en s'apercevant à temps de leur erreur tactique. Delaître utilise au mieux les cassures irrégulières du djebel. Son visage dégouline de sueur. Ses jambes se font lourdes. Le volcan dans lequel se trouvent piégés le Grec et ses compagnons l'attire irrésistiblement.

— On doit y arriver, s'encourage-t-il en extirpant une fois encore son groupe d'un troisième accrochage.

Les rebelles, pourtant bien supérieurs en nombre, se contentent de tenir les positions frôlées par les commandos sans rien faire pour les poursuivre. Le quartier-maître Dervieux s'écroule en pleine course.

— Il est mort, a le temps de s'apercevoir un de ses compagnons en le traînant vite à l'abri d'une roche.

Delaître a vu la chute mortelle de son quartier-maître.

— Ils vont le payer cher, se promet-il en faisant prendre

l'arme du mort par un de ses voltigeurs et charger le cadavre sur les épaules d'un autre.

Des T.6 plongent au ras des commandos. Un hélicoptère armé d'un canon de 20 mm balaye de son feu la ligne de crête tenue par les rescapés des combats du 29 juin. Il est huit heures passées. Le tumulte dure depuis près d'une heure déjà. Omphalius décide de lutter encore. Il empoigne son arme de sa main droite et relève les yeux. Son regard enfiévré bute sur la forme kaki d'un fellagha.

Le djounoud s'est silencieusement hissé sur le rocher qui protège le blessé. Omphalius puise en moins d'une seconde dans le tréfonds de son énergie entamée par le feu qui le ronge. Le canon de son arme pointe sur le ventre du rebelle qui ne se trouve qu'à un mètre au-dessus de lui. Une rafale s'échappe de la mitraillette d'acier gris-noir. Le fellagha n'a pas eu le temps de tirer. Il pousse un long cri de douleur et son corps disparaît derrière le roc.

Le Grec engage rapidement un chargeur plein sous la culasse de sa Mat 49 et se cale en position de tir contre la pierre tout en comprimant sa plaie de sa main gauche pour retenir ses viscères en place. Un de ses matelots rampe vers une faille occupée par au moins trois rebelles. Le béret-vert parvient à moins de cinq mètres de l'antre qui crache le feu.

— Pas par là, Philippe, s'efforce de crier l'Alsacien, il faut les contourner...

Une volée de balles oblige le blessé grimaçant à changer douloureusement de position. Ferrandini jure en corse en fixant, comme incrédule, sa main gauche qui saigne.

— Je pourrai plus engager mes chargeurs, regrette-t-il seulement en se glissant un peu plus à l'abri.

Son chef de groupe a perçu le cri de douleur et les jurons.

— Passe-moi le F.M., ordonne-t-il au blessé.

Le Corse se coule vers le second maître exsangue, et lui confie son 24/29 au canon brûlant. Puis il sort son pistolet Mac 50 de l'étui de toile qui lui bat le flanc droit et l'arme difficilement en grimaçant de douleur.

L'Alsacien balaye le terrain de quelques rafales. Il abat un rebelle qui avait réussi à s'approcher à moins de trois mètres de lui. Le fellagha est tombé sur le dos. Une bande d'approvisionnement de mitrailleuse barre d'une croix brillante sa poitrine sanglante.

— Merde, gronde l'officier marinier qui l'a abattu, il y a une M.G. tout près d'ici… Dire que je pourrais certainement l'avoir sans cette foutue balle dans le ventre…

Un hurlement perce le vacarme.

— Philippe est mort ! entend le chef de groupe obnubilé par la présence de la mitrailleuse inaccessible.

— Je lui avais pourtant dit de contourner la faille, grommelle-t-il, le pauvre gars…

Des T.6 passent au ras du djebel. Leurs fuselages jaunes sont poursuivis par de longues rafales ennemies. Barbarin Barbarini entre une nouvelle fois en contact radio avec Eliès.

— Jaubert arrive en renfort ! crie-t-il à son chef de groupe.

Des hélicoptères approchent de l'extrémité est du Medboua. L'un d'eux dépasse l'endroit où sautent les bérets-verts de Scheidauer. Il se dirige tout droit vers la position intenable de Barbarin.

— C'est une Alouette, se rend compte l'officier de réserve en suivant des yeux l'approche rapide du petit engin.

L'hélicoptère léger plonge résolument au-dessus du feu rebelle. Ses roues étroites effleurent les rochers. Un homme pas très grand en saute, suivi d'un commando.

— C'est le pacha du groupement, reconnaît Mehat lorsque Costagliola se coule derrière les rochers battus par le feu ennemi.

La présence de l'ancien pacha de Jaubert au cœur de l'accrochage qui dure maintenant depuis plus de deux heures galvanise les bérets-verts. Leurs armes tirent à rythme plus rapide. Les rebelles sont obligés de reculer dans les rochers écaillés d'impacts. Omphalius s'est surpassé. Il lâche le fusil-mitrailleur de Ferrandini et sombre dans l'inconscience. Deux de ses hommes l'agrippent et le calent bien à l'abri au ras d'un rocher.

Les hommes de Delaître ne réussissent pas à rejoindre le reste de leur section. Leur chef décide de s'installer en défense en attendant le renfort de Jaubert qui manœuvre au contact des rebelles.

— Les copains vont nous aider sous peu, lance l'officier marinier à deux de ses voltigeurs blessés qui continuent à se battre.

Quelques rebelles sortent soudain des trous de rochers dans lesquels la résistance acharnée des bérets-verts les avait obligés de rentrer.

— Ils traînent leurs blessés, jubile Delaître, ils vont foutre le camp !

Les sticks de Jaubert approchent. Ils jalonnent leur progression de six corps de fellagha. Les chefs de groupe de l'A.L.N. paraissent se rendre compte qu'ils risquent l'écrasement en demeurant sur les hauts du djebel couronné de nuages de fumée. Les T.6 piquent sur leurs amorces de fuite, à quelques dizaines de mètres seulement des hommes d'Eliès et de Scheidauer. Leur ruée dévaste un peu plus la montagne.

Une section de Jaubert parvient enfin à rejoindre le mamelon où s'est posé son ancien pacha.

— C'est pas trop tôt, souffle Mehat qui ne souffre pas trop de sa blessure à la face, on va pouvoir évacuer le chef...

Les rebelles fuient le solide renfort en abandonnant quelques cadavres autour du groupe un moment menacé d'anéantissement.

Le combat se déplace plus au large. Costagliola réclame par radio une évacuation sanitaire. Le Sikorsky de la 33 F armé d'un canon vient arroser les alentours immédiats de la position de l'enlèvement délicat. Une banane de 31 F, munie elle aussi d'une arme lourde, vient parfaire le travail méthodique du H.S.S. qui a reçu depuis longtemps l'indicatif radio de « Barlut canon ».

L'appareil qui vient tenter de récupérer Omphalius survole à son tour le djebel. Quelques rebelles placés en élément retardateur par leurs chefs en repli le prennent pour cible. Il le touche lorsqu'il s'arrache au sol après s'être alourdi du corps inerte de l'Alsacien et de la dépouille du matelot Philippe.

Le colonel Roumiantzoff rameute des unités de l'armée de terre au large du Medboua. Les commandos ratissent méthodiquement le long djebel. Ils récupèrent la M.G. 42 allemande qui faisait tellement envie à l'Alsacien évacué, et une douzaine d'armes individuelles. Vingt-deux cadavres de rebelles vont se dessécher sur les pierres chaudes de la montagne peu à peu désertée.

Les commandos rentrent à Aflou.

— Ça avait rudement de la gueule, confie Bonnot à Fleury qui, les entrailles bouffées par des amibes, n'a pu suivre ses compagnons sur le Medboua, tu aurais dû voir ça...

Le Normand ne répond rien à son frère de guerre qui démonte sa mitraillette à gestes comptés. Il envie ses condisciples du cours Darasse qui servent à Trepel sous les ordres d'Eliès. Chaubin, un jovial rouquin qui a mérité son surnom de Daisy en imitant souvent Louis Amstrong, Le Guen, dit Goulepif, et Georges Leann, un Breton longiligne, volubile et soupe au lait.

— Ils se sont certainement régalés, songe le Granvillais privé de baroud, c'est à chacun son tour...

27

DE MONTFORT SOUS LE FEU FRANÇAIS

Le nouveau groupement des commandos se structure un peu plus de jour en jour. Le commando De Montfort, commandé depuis 1957 par le lieutenant de vaisseau Sulpis, rentre d'une période de repos en France pour relever les bérets-verts de Penfentenyo. Il défile le 14 juillet 1959 à Oran et rejoint ensuite directement Aflou.

Les bérets-verts changent d'allure. Ils abandonnent leur traditionnelle vareuse anglaise pour la tenue camouflée des parachutistes. Leurs vieux fusils-mitrailleurs 24/29 sont rem-

placés par des A/A 52 toutes neuves. Cette arme collective légère offre le gros avantage d'être approvisionnée par bandes et tire à une cadence de loin supérieure au fusil-mitrailleur à chargeurs de vingt-cinq cartouches. Le pacha de Montfort est un homme trapu et velu. Il a une gueule de centurion romain marqué par les campagnes. Tous les gradés de ses trois sections le surnomment amicalement Ferdinand et le considère comme une sorte de grand frère à l'autorité incontestable.

Fleury a repris les opérations malgré le mal qui le taraude. Il retrouve au retour de Montfort quelques-uns de ses meilleurs compagnons du cours Darasse, Sylvestre, un Martiniquais costaud à la peau bistre, Gérard Planson, Alessi, un des rares pieds-noirs à combattre sous le béret vert, et Liégeois. Costagliola a laissé la tête du groupement au capitaine de corvette Servent, un ancien commandant de Montfort en Indochine. Le nouveau patron des bérets-verts porte une fine moustache et ne se sépare que très rarement d'une canne à la poignée d'ivoire sculptée en forme de fine tête de lévrier.

***

Servent tâte les qualités manœuvrières de ses hommes pendant plusieurs jours sur le massif de la Gaada d'Aflou. Il les trouvent excellentes. Les commandos rentrent à leur campement d'Aflou le samedi 15 août 1959 et, fourbus, se préparent à passer un dimanche au repos complet.

Le P.C. de Servent est mis en alerte bien avant l'aube. L'officier à la canne fait venir Scheidauer et Sulpis à son P.C.

— Une katiba a réussi à franchir le barrage algéro-marocain, leur apprend-il. Et la Légion l'a semble-t-il bouclée...

La main droite de l'officier de Marine racé se pose sur la carte qui est étalée sur sa table de travail.

— Là, sur le djebel Bou Lherfad, précise-t-il, on en saura un peu plus là-bas... Des avions viennent nous chercher...

Les deux pachas de commandos filent vers leurs hommes déjà mis sur le pied de guerre par leurs adjudants de compagnie. Sept Nord 2501 se posent au terrain d'Aflou. Les bérets-verts s'y entassent. Les avions décollent aussitôt, et se posent moins d'une heure plus tard sur la piste rouge du terrain d'Aïn Sefra.

Les bérets-verts prennent place dans des G.M.C. Leur convoi roule sur une piste imprécise qui court vers le djebel Bou Lherfad à travers une plaine de plus en plus chaude. Les camions poussiéreux stoppent près d'un vaste P.C. opérationnel solidement protégé.

La maladie et la fatigue ont diminué considérablement les groupes de Jaubert. Les hommes de Janssen et Montjaux renforcent la deuxième section de l'enseigne de vaisseau Fossat.

— Il n'y a que du beau linge par ici, lance le Catalan après avoir rôdé au centre du camp de guerre, le général Crépin commande le toutim de loin et ici c'est le colonel Fonclar qui dirige la manœuvre... Et Bigeard est là, ajoute l'officier marinier.

Servent ne quitte jamais sa canne à tête de chien. Le P.C. de l'opération Bou Lherfad. De gauche à droite : un officier parachutiste, les colonels Fonclar et Bigeard.

Les bérets-verts s'énervent en entendant citer le nom célèbre. Le maigre colonel parachutiste incarne pour eux toutes les vertus guerrières.

— Il va sûrement y avoir du vilain dans le secteur, fait miroiter Fleury à ses voltigeurs, si Bigeard est là ce n'est certainement pas pour des prunes...

Des départs de coups de canons déchirent le silence de la plaine qui meurt au sud au bas de la ligne floue du djebel à investir. Servent va prendre ses ordres au P.C. de Fonclar pendant que les artilleurs pilonnent la montagne nimbée d'une brume de chaleur.

Des commandos parachutistes du chef de bataillon Tourret, un ancien de Dien Bien Phu comme Bigeard, attendent aussi l'ordre de marcher au feu. Ils viennent de Geryville. Leurs tenues camouflées sont bien moins nettes que celles des bérets-verts. Ces derniers se sont tranquillement assis dans la poussière chaude en gardant les yeux fixés sur la montagne matraquée. Leur commandant rejoint bientôt ses deux pachas de commandos et leur détaille la mission du groupement.

— Sulpis, explique-t-il l'air grave, vous serez héliporté le premier sur le Bou Lherfad où doivent se trouver les rebelles du franchissement de la nuit dernière... Je vous suivrai avec le P.C., et vous, Scheidauer, vous serez droppé ensuite pas très loin de nous...

L'artillerie met un terme à son pilonnage assourdissant. Des avions plongent en relève sur le djebel qui culmine à près de mille quatre cents mètres d'altitude.

— Il y a des B. 26, commente le Catalan en suivant dans ses jumelles les piqués bien réglés des appareils, les fells sont sûrement là...

Des hélicoptères de l'armée de l'air et de la 32 F attendent l'ordre de prendre leur essor, bien alignés tout près des tentes du P.C. animé. Leurs pilotes animent bientôt leurs rotors. Des nuages de fine poussière dévorent les Sikorsky. Les premiers sticks de Montfort se hâtent vers le vacarme de l'aire de décollage. Les appareils vibrants s'arrachent du sol un à un et piquent vers le sud en essaim rapide.

— C'est à nous, ordonne Fossat en ajustant parfaitement son sac de combat, aux hélicos !

Le Catalan fait un signe à ses hommes dont les visages sont graves.

— On va à la guerre, les mignons, leur lance-t-il tout joyeux, magnez-vous le train...

Fleury échange un regard avec ses voltigeurs et part à la course derrière Fossat. Les pales des Sikorsky affectés à sa section claquent sec, puis hurlent lorsque les engins décollent à toute puissance des centaines de chevaux de leurs moteurs poussés à fond. Les carlingues bleues tremblent sous l'effort.

Les engins prennent difficilement de l'altitude. Il est un peu moins de quinze heures lorsque les porteurs des groupes de Fossat frôlent les premiers reliefs du Bou Lherfad qui semble émerger de la mer ocre et figée de la plaine. Le radio du Sikorsky de Janssen frappe sur l'épaule de Fleury en hurlant quelques paroles inaudibles. Le Normand saisit tout de même qu'il doit se pencher à la porte béante de l'hélicoptère. Il distingue, étendu sans vie dans une ravine désolée, le corps d'un rebelle en treillis clair.

— Il y en a d'autres, lui hurle l'aviateur, beaucoup d'autres...

Le Granvillais indique du bras à ses compagnons le cadavre straffé par l'aviation. La forme morte se perd déjà derrière le ventre du Sikorsky.

Le sol monte vite vers le caporal-voltigeur qui n'attend pas que les roues du porteur ventru touchent le roc pour sauter. Il se reçoit sans mal et court se placer en position d'attente au-dessus d'une cuvette déserte. Ses voltigeurs le suivent et s'étalent à bonne distance sur sa droite et sa gauche. Toute la section est déposée sans encombre. Les hélicoptères filent vers le P.C. de Fonclar. Fossat se met à l'écoute de son poste A.N.P.R.C. 10 qui a avantageusement remplacé le massif S.C.R. 300 depuis moins d'un mois.

— On est parés, vient lui rendre compte Montjaux, on attend les ordres...

L'enseigne de vaisseau à la face toute ronde braque ses jumelles vers la longue arête du djebel sur laquelle se sont posés les hommes de Sulpis.

— Ils ont bien de la chance, vous trouvez pas, lieut', regrette le Catalan qui suit lui aussi le début de leur progression dans ses jumelles, ils vont certainement tomber sur les fells bien avant nous...

L'élément de tête de Montfort se déploie en ligne souple à huit cents mètres à vol d'oiseau sur la gauche de la section Fossat.

— Si on devait recevoir l'ordre de les rejoindre, évalue Fleury en traçant du regard un itinéraire au travers du paysage lunaire, on crapahuterait plus d'une heure pour traverser la cuvette...

La troisième section de Jaubert reçoit l'ordre d'avancer elle aussi.

— Nous, annonce Fossat à ses deux chefs de groupe pendant que s'éloignent les hommes de Guillerm, on ne bougera qu'en cas de coup dur...

Une heure s'écoule. L'air du djebel est brûlant. La section Guillerm est tout entière sortie du champ de vision des bérets-verts de Fossat. Fleury suit toujours des yeux l'avance de Montfort. De minuscules points de fumée naissent soudain sur des blocs de rochers, à deux cents mètres devant les commandos de Sulpis.

— Ça y est, en déduit sans peine le Normand, ils accrochent...

Sulpis marche derrière ses deux premières sections qui progressent légèrement en biais sur la longue pente qui mène aux lignes de crête sud du Bou Lherfad. Sa troisième section, menée par l'enseigne de vaisseau de réserve Verhaene, un officier de Marine marchande blond et nordiste, attaque la partie la plus rude de l'approche du premier objectif assigné au commando par le colonel Fonclar.

Pablo Blanc, un de ses quartiers-maîtres voltigeurs, est fauché par les premières balles d'une rafale de mitrailleuse M.G. Il a le cou déchiré. Il perd son sang en jets puissants sans pouvoir hurler sa douleur. Alessi, un de ses voltigeurs les plus avancés, est touché lui aussi. Toute la section Verhaene disparaît dans les rochers. Deux matelots se coulent sous le feu rebelle pour s'emparer du corps de Blanc.

— Il est mort ! crie l'un d'eux au reste de son groupe.

Santia, le grand commando blond qui avait été blessé en 1957 au cours de l'opération qui avait couté la vie au matelot Vincent, serre les dents à la nouvelle. Il tire rageusement en direction de la pièce rebelle qui tient sa section sous son feu implacable.

Verhaene n'a pas d'ordres à donner. Tous ses gradés ont vécu l'Indochine. Il décide de se porter en liaison vers Christian Bonbon, le pacha en second du commando, un enseigne de vaisseau au visage lisse et régulier, tout aussi juvénile que le plus jeune de ses commandos.

— Il est bientôt cinq heures, lui précise ce dernier, les fellagha vont certainement essayer de nous tenir au large pour filer à la nuit... Il faut foncer...

Sulpis est de l'avis de son second.

— Il n'y a pas plus d'une section devant nous, évalue-t-il, on va la foutre en l'air...

Un assaut se dessine. Les bérets-verts de la deuxième section se portent sans dommages à la hauteur de leurs compagnons de la trois. Un ordre libère les voltigeurs aux mains crispées sur leurs armes. Ils bondissent sur l'ennemi en tirant tous ensemble.

Une deuxième mitrailleuse rebelle se dévoile. Des grenades explosent en plein milieu du rush vociférant. Les commandos enrayent leur course folle. Ils se plaquent derrière des rochers sur lesquels ricochent en miaulant les balles rebelles. Le pacha se rend vite compte que le parti de l'A.L.N. est bien plus étoffé qu'il l'avait cru au premier feu...

Montjaux ne lâche pas une seconde ses jumelles. Il les braque sur l'accrochage confus. Fleury se tient tout près de lui, quémandant nerveusement des précisions. Le poste radio de Fossat crachote. La voix déformée du pacha de Montfort réclame un tir d'artillerie au P.C. du colonel Fonclar en donnant les coordonnées de la position à pilonner.

— Ils décapellent leurs sacs, commente Montjaux lorsque les hommes pris sous le feu rebelle ont reculé de quelque quarante mètres dans les rochers, ils attendent le tir de préparation des canons pour remonter à l'assaut... Les veinards !

Un obus s'abat sur la montagne. Il tombe au-delà de la crête tenue par les fellagha. Un second écorne les rochers juste devant eux.

— Qu'est-ce qu'ils vont prendre, jubile le Catalan en refusant de prêter ses jumelles à Fleury.

D'autres obus approchent du djebel en sifflant. Montjaux grimace lorsqu'ils explosent.

— C'est Montfort qui trinque, jure-t-il, soudain blême, quelle connerie !

Le matelot radio de Fossat tourne à fond le bouton de puissance de son poste. La voix de Sulpis se fait à nouveau entendre. Montjaux abaisse ses jumelles et fixe le C. 10.

— Cessez le tir, demande le pacha de Montfort, vous nous cassez... salauds !

Puis, après un cri inhumain, plus rien ne s'évade du récepteur, qu'un chuintement énervant. Le Catalan rebraque ses jumelles sur Montfort. Des formes titubent dans des nuages de fumée. L'officier marinier consent à passer les binoculaires au Normand bouillant d'impatience.

— Merde, gronde ce dernier en découvrant le désastre, les fells tirent sur les blessés...

Les artilleurs ont arrêté le massacre. Les survivants de leur tir malheureux dépassent les commandos affalés au sol. Ils obligent les rebelles à reculer vers les sommets du Bou Lherfad. Bonbon assume le commandement des trois sections choquées. Il commence à regrouper après l'assaut rapide les blessés et les morts autour du corps sans vie de Sulpis.

Servent réclame avec insistance une évacuation sanitaire. Durand, son officier radio a beaucoup de mal à se faire entendre. Les fréquences de l'opération sont encombrées. Il réussit tout de même à obtenir ce qu'il demande après bien des palabres. Servent donne ensuite l'ordre à Scheidauer de lancer ses hommes aux basques des fellagha qui s'éloignent rapidement par les hauts de la montagne.

— On va descendre bientôt par là, indique Fossat à Montjaux en montrant du doigt un oued tari qui serpente au milieu de touffes de lauriers-roses à feuillage gris pâle au bas d'un piton.

Le Catalan inspecte du regard l'à-plomb à dévaler pour rejoindre l'axe de pénétration dans la cuvette à fouiller.

— Chef, lui souffle soudain Fleury, il y a du monde qui arrive derrière nous...

Le second maître braque vivement ses jumelles sur une ligne d'hommes qui gravit la pente nord du Bou Lherfad en piquant tout droit sur le mamelon occupé par Fossat et ses hommes.

— Pute borgne, gronde-t-il, on dirait des fellouzes...

Fossat est alerté à son tour. Il ne réussit pas à savoir par radio si un élément ami doit venir jusqu'à lui.

— Planquez-vous, ordonne-t-il dans le doute.

Ses bérets-verts disparaissent derrière les rochers. Fleury s'est posté avec sa voltige juste au-dessus des premiers éléments douteux. Les uniformes que portent les intrus ne lui apportent aucune précision quant à leur origine. Ils ne portent pas de bérets, mais des casquettes de toile délavée.

— Ils n'ont pas tous des Mat, se rend compte Montjaux lorsque les inconnus approchent encore un peu plus, et ce sont des Arabes...

Les commandos s'aplatissent un peu plus derrière leurs abris. Ils entendent nettement le bruit des cailloux qui roulent sur la pente sous les pas des hommes en casquettes.

— Personne ne bronche avant mon signal, ordonne le Catalan, ce sont peut-être des harkis...

Le Granvillais retient son souffle. Trois musulmans parviennent à dix mètres de lui. Ils sont armés de mitraillettes Thompson. Il jette un rapide coup d'œil vers Montjaux. Ce dernier lui adresse un léger signe de la main gauche pour lui donner l'ordre d'attendre encore. Le Normand obéit. Le Catalan découvre soudain quelques soldats européens derrière les trois musulmans.

— Ce ne sont pas des fells, lance-t-il comme à regret et en surgissant devant la lente progression.

Les bérets-verts se remettent debout. Le lieutenant qui commande la compagnie inconnue s'explique rapidement avec Fossat.

— On vient s'installer à votre place, lui apprend-il.

L'ambiance se détend.

— Ils ont eu du pot qu'on ne les allume pas, souffle Fleury en détaillant mieux les soldats en uniforme défraîchi, on aurait fait un sacré carnage...

Le radio de Fossat fait un signe vers son chef. Celui-ci s'empare du combiné qu'il lui tend.

— On démarre, annonce l'officier après la réception du court message et en s'adressant à Montjaux et Janssen.

Puis, changeant de ton, il apprend aux deux sous-officiers le bilan qui endeuille Montfort.

— En plus de leur pacha, annonce-t-il mécaniquement, ils ont six tués et neuf blessés.

Montjaux serre les mâchoires, expulse violemment sa rage en entamant la descente dans les éboulis qui croulent vers l'oued à fouiller.

— En avant, lance-t-il à ses hommes, si on tombe sur les fells on les fera payer pour tous les autres...

28

ÉVACUATION SANITAIRE

Les hélicoptères réclamés avec acharnement par le pacha du groupement approchent du djebel mortel. Ils passent sur la gauche de la section Fossat et rôdent en altitude autour de l'accrochage. Les rebelles se sont solidement installés sur une position escarpée d'où ils dominent la zone du carnage. Leurs armes automatiques se déchaînent à nouveau.

Muller, le quartier-maître infirmier de Montfort, surpasse sa fatigue près des blessés regroupés à l'abri par ses compagnons épargnés par le feu français et celui des fellagha. Il est couvert de sang. Il place des garrots et fait des piqûres sans prendre le temps de changer d'aiguille. Neaud, un grand quartier-maître qui a suivi le stage commando des élèves du cours Darasse, l'aide en silence. Il administre sur son ordre quelques injections de tonicardiaque. Les deux hommes en sueur ont les yeux fous. Ils lèvent de temps en temps la tête vers les engins de secours qui ne réussissent pas à se poser.

Le second maître Burnichon, l'ancien matelot du commando François qui était demeuré toute la nuit du 29 mai 1951 seul dans le clocher de l'église de Ninh Binh investie par un bataillon viêt-minh[1], est agenouillé à quelques mètres des deux hommes affairés. Il ne peut s'arracher à la contemplation incrédule du corps inerte de son ami Quentel, un ancien d'Indochine comme lui. Les yeux creux de La Burniche fixent les traits apaisés du sous-officier mort. Des balles écorchent les rochers au-dessus des blessés et des morts. L'ancien du commando François

1. Voir Georges Fleury, *le Commando*, Grasset.

revient à la réalité. Il abandonne le corps de son ami pour riposter aux rebelles.

Bonbon se coule souplement entre les rochers. Il parvient tout près de Rives, un quartier-maître pied-noir de Tunisie. L'officier de Marine couvert de poussière s'aperçoit que le voltigeur est très pâle.

— Va te mettre à l'abri, Bourguiba, ordonne-t-il à l'homme aux narines anormalement pincées, tu as l'air crevé, va te reposer un peu...

Le pied-noir se retourne lentement vers l'enseigne de vaisseau, et le dévisage pendant quelques secondes comme s'il ne se rendait pas bien compte de sa présence. Les balles d'une rafale rebelle ricochent sur les blocs de pierre. Les deux hommes se baissent par réflexe.

— Lieutenant, susurre lentement le quartier-maître bien plus volubile à l'accoutumée, vous pourrez dire à ma mère que je suis mort sans me plaindre...

Le pacha en second de Sulpis inspecte le voltigeur de plus près. Il ne détecte aucune trace de sang dans les plis chamarrés de sa tenue camouflée.

— File à l'abri, lui intime-t-il à nouveau avant de s'éloigner vers d'autres bérets-verts à réconforter.

Un hélicoptère de la 32 F pose une roue sur l'arête du djebel. Et demeure en équilibre très instable. Bonbon propose au lieutenant de vaisseau Quinio qui dirige la délicate évacuation sanitaire d'aller se reposer un peu en contrebas pour échapper plus sûrement au feu rebelle.

— On va descendre les blessés jusqu'à vous, précise l'enseigne de vaisseau à la mine défaite.

Le « pingouin » refuse. Bonbon hèle Muller.

— Qui doit-on faire évacuer en premier ? lui demande-t-il.

L'infirmier ensanglanté désigne du bras quelques formes inertes. Des commandos valides les empoignent en silence et les hissent dans la carlingue de l'hélicoptère. L'engin s'arrache au djebel et plonge vers la plaine.

Un deuxième appareil approche de la D.Z. battue par le feu pour charger à son tour une cargaison d'horreur. Des claquements de balles saluent son arrivée. Muller est touché en soulevant un de ses compagnons les plus durement atteints. Il tâte le haut de sa cuisse, là où il a ressenti comme un coup de fouet, s'assied contre un rocher en défaisant rapidement son pantalon.

— C'est rien, se persuade-t-il en ajustant un pansement compressif sur la plaie étroite et se chargeant aussitôt d'un gisant aux yeux clos, après avoir réajusté son treillis.

Un médecin participe à la dangereuse évacuation. Il se rend compte de l'état de choc dans lequel se trouve l'infirmier.

— Ça ne va pas ? lui demande-t-il en l'aidant à installer un dernier blessé près de ses camarades déjà couchés dans la carlingue vibrante de l'hélicoptère.

Muller répond à l'interrogation anxieuse par un vague signe de main. Le docteur insiste.

— Montez un moment dans le Siko, ordonne-t-il à l'homme couvert de sang et qui se penche déjà sur un autre blessé à évacuer.

Muller refuse l'invite d'un mouvement de tête. Le médecin le happe solidement par un bras, l'oblige à grimper dans le Sikorsky, défait son pantalon mal reboutonné, retire la compresse gorgée de sang qui l'encombre et jure.

— Votre artère fémorale est touchée, commente-t-il nerveusement, vous restez avec nous...

Muller n'a plus la force de lutter. Il demeure allongé tout contre le corps mou d'un de ses compagnons de malheur. Le médecin fait un signe au mécanicien de l'hélicoptère. Le pilote pousse son moteur à fond. L'engin décolle en penchant sur le vide. Muller ferme les yeux et, ayant atteint l'extrême limite de ses forces, sombre dans l'inconscient.

Bonbon fait ensuite évacuer les cadavres. Il reconnaît le corps de Rives parmi les six dépouilles désarmées. La mort du tout jeune quartier-maître met une touche finale à son extrême lassitude. Il s'appuie contre un rocher taché de sang et hoquette nerveusement, la tête entre les mains.

— C'est trop con ! se répète-t-il la gorge durement nouée, c'est vraiment trop con...

Puis il assume à fond le commandement hérité dans le sang.

Servent organise la poursuite des rebelles qui s'égaillent par petits groupes dans le djebel.

Montjaux disparaît au regard de Fleury qui descend dans l'oued juste derrière lui. Des détonations sèches éclatent. Le Normand rejoint son chef d'un bond de chèvre.

— Il y a trois gus là-dedans, lui hurle le second-maître en

pointant le canon de son arme sur l'entrée d'une faille étroite, ils ne tirent pas...

Capiomont, le commando qui avait récupéré un fusil de chasse sur les brisées de Yatagan dans l'oued Saftar, se hisse au bord du trou sombre. Il est suivi et protégé par Catillon. Ce dernier est un quartier-maître blond, frisé, et à la tête ronde plantée sur un long cou qui l'a fait surnommer La Guêtre par ses compagnons de combat. Les rebelles se rendent après quelques hésitations. Ils sortent de leur abri en croisant peureusement les mains sur leurs têtes.

— Descendez vers moi, leur hurle Montjaux en les tenant sous la menace de son arme, et plus vite que ça...

Les fellagha sont visiblement à bout de nerfs. Ils obéissent et trébuchent dans leur hâte. L'un d'eux a du mal à tenir le bras droit levé.

— Il y en a sûrement d'autres de planqués par ici, confie le Catalan à Fossat, va falloir faire attention où on met les pataugas...

Des coups de feu éclatent sur le piton que contourne l'oued à sec et encombré de place en place de buissons de lauriers-roses. Fleury détourne la tête des prisonniers et découvre des parachutistes allongés contre des rochers. Le feu peu nourri meurt en quelques secondes. Les paras ne se relèvent pas. Les fellagha piégés sont rapidement fouillés, sans brutalités inutiles.

— Et dire que tout à l'heure, se souvient le Normand, le chef se promettait de tuer tout ce qui bougerait devant nous...

Le plus grand des trois captifs prend soudain la parole, en excellent français.

— Je suis un ancien béret-bleu, lâche-t-il nerveusement, les gens du F.L.N m'ont pris chez moi, à Casablanca... Ils m'ont forcé à servir dans l'Armée de libération nationale...

Fossat hausse les épaules.

— Ils disent tous ça, souffle-t-il à Montjaux.

Ce dernier s'aperçoit soudain que tous ses hommes se désintéressent complètement de tout ce qui n'est pas les trois captifs penauds.

— Nom de Dieu ! hurle-t-il, tout le monde en position de combat... Il y a du fell dans le coin...

L'ancien parachutiste enrôlé de force dans la rébellion se fait de plus en plus bavard.

— Nous avons caché une mitrailleuse, avance-t-il.

Le Catalan sursaute.

— Où ça ? questionne-t-il en empoignant le bras de l'ex-soldat français, dis vite...

L'Arabe ne se fait pas prier pour répondre.

— Dans l'oued, par là-bas, précise-t-il en montrant de la main droite la ligne irrégulière des touffes de lauriers-roses.

Fossat se décide à rendre compte par radio de la capture des djounouds et du renseignement dont il vient d'hériter.

Le matelot radio de la section s'escrime en vain sur les boutons de son poste.

— Les piles doivent être mortes, lieutenant, se résout-il à admettre, ça ne marche plus du tout...

L'enseigne de vaisseau à la tête ronde jure entre ses dents. Il interroge Montjaux de son regard brun.

— On devrait y aller quand même, propose ce dernier, mais faut faire fissa car la nuit ne va pas tarder à tomber...

Les deux hommes hésitent encore pendant quelques instants. Le prisonnier bavard épie leurs réactions à la dérobée. Fleury ne le lâche pas des yeux.

— Il ne faudrait pas que ce type-là nous guide vers un piège, envisage-t-il, on aurait l'air fin avec notre radio en rade...

Capiomont, fidèle à ses habitudes fureteuses, extrait un sac de combat d'une anfractuosité de rocher.

— Ouvre-le, lui conseille Fleury.

Le fouineur invétéré s'exécute. Le havresac de grosse toile kaki clair révèle un paquet enveloppé d'un journal imprimé en arabe. Les doigts de Capiomont déchirent un coin du papier. Le béret-vert suspend son geste.

— C'est du fric ! lance-t-il au Normand, il y en a un sacré paquet !

Un appel de Montjaux arrache les deux hommes à leur étonnement.

— On fonce chercher la M.G., ordonne le second maître à son caporal-voltigeur, gare aux distances...

***

Le Granvillais descend dans l'oued, tout de suite suivi du prisonnier coopératif que surveille de près un de ses voltigeurs. Les deux autres captifs, les bras entravés, marchent en queue de section.

La petite colonne piétine le sable fin qui recouvre le fond de l'oued entre les lauriers-roses. Elle parvient à un coude du cours d'eau asséché. Fleury marque un temps d'arrêt.

— Il y a des traces de plus en plus nombreuses, indique-t-il à Montjaux, les fells ont filé par là, c'est sûr...

Quelques balles passent en sifflant au-dessus des bérets-verts prudents. Un officier parachutiste apparaît sur la pente qui domine la rive droite de l'oued.

Il se tient bien en dessous de ses hommes toujours abrités derrière leurs rochers.

— Vous ne devez pas continuer par là, intime-t-il à Fossat, il y a des tireurs isolés un peu partout...

L'officier de Marine fait un geste fataliste de la main gauche.

— On continue, ordonne-t-il à Montjaux sans prendre le temps de discuter avec le para furieux qui demeure sur son piton.

Le Normand parcourt encore deux cents mètres sans se soucier des sifflements de balles ennemies. L'ancien béret-bleu ralentit soudain le pas.

— C'est là, indique-t-il au Catalan en désignant de la main droite le buisson où il a abandonné la mitrailleuse allemande.

Fleury n'attend pas l'ordre de son chef. Il se lance à la course vers une touffe de lauriers-roses plantée en plein milieu de l'oued. Il écarte nerveusement les feuillages poussiéreux et fouille leur base. Ses doigts rencontrent l'acier de l'arme. Il l'agrippe et la brandit au-dessus de la tête.

— Elle est belle, crie-t-il à Montjaux qui le rejoint avec le reste de la voltige.

Le prisonnier plaque un sourire sur son visage étique. Il sait qu'il n'a plus rien à craindre de ses vainqueurs.

— On l'avait cachée là pour échapper plus facilement aux avions, précise-t-il à Fossat qui soupèse à son tour l'arme redoutable, je peux maintenant vous guider jusqu'à un point d'eau où mes amis doivent venir se ravitailler cette nuit...

Un commando tire soudain le chef de section par le bras.

— Lieutenant, les paras reviennent, lui souffle-t-il, ils sont juste derrière nous...

L'officier qui voulait interdire la progression des bérets-verts se dresse à dix mètres au-dessus de l'enseigne de vaisseau qui se défait de l'arme allemande.

— J'espère que vous considérez que cette mitrailleuse nous appartient, lui lance-t-il d'un ton rogue, nous la tenons depuis plusieurs heures et nous allions la récupérer...

Fossat se tourne tranquillement vers Montjaux.

— Qu'est-ce qu'on fait ? lui demande-t-il sans s'occuper du béret-rouge. On essaye de pousser jusqu'au point d'eau ?

Le Catalan lève les yeux au ciel.

— Je suis pour, estime-t-il en évaluant la course du soleil vers l'ouest, le prisonnier dit certainement la vérité...

Le para réclame à nouveau la pièce rebelle. L'officier de Marine décide de continuer la traque. Il ne répond rien à la nouvelle injonction et ordonne à Fleury de reprendre la route. Le Normand est aux anges. Il marche vite sur le sable crissant. L'officier parachutiste hurle un dernier ordre dans son dos. Fossat se retourne, hilare, et lui adresse un bras d'honneur explicite. Montjaux éclate d'un rire en cascade.

— Bien joué, lieut', apprécie-t-il, faut jamais se laisser faire, par personne...

Des avions B.26 mitraillent toujours les hauts du Bou Lherfad. Ils passent à quelques dizaines de mètres seulement des rochers de crête.

— Il y a encore du monde là-haut, en conclut le Normand en goûtant le spectacle fulgurant tout en traçant la route de sa section.

La colonne s'engage dans une gorge étroite. Le jour se meurt petit à petit.

— C'est bien plus loin qu'on pensait, regrette Fossat après avoir demandé au prisonnier quelques précisions sur la position exacte du point d'eau.

Fleury reçoit l'ordre de stopper l'avance. Son chef de section consulte rapidement sa carte d'état-major.

— Ce foutu point d'eau n'est même pas mentionné, fait-il remarquer à Montjaux, qu'est-ce qu'on fait ?

Le Catalan décrypte les lignes de la carte froissée.

— On est bien trop loin pour retourner d'où on vient, est-il obligé de reconnaître, on doit au moins continuer jusqu'au piton qui est là-bas...

Le doigt du sous-officier appuie légèrement sur le papier beige.

— Alors, décide Fossat, on y va... Il faut y arriver avant la nuit complète...

Fleury relance la marche. Il atteint la hauteur choisie juste avant que le paysage désolé ne se fonde dans l'obscurité. Les bérets-verts s'installent en carré sur le plateau étroit. Les deux compagnons du prisonnier bavard sont solidement attachés l'un à l'autre, pieds et poings liés. L'ancien béret-bleu leur parle en arabe pour les rassurer sur leur sort, puis s'adresse à Fossat en posant sa main droite à plat sur le crâne rasé d'un des servants de la M.G.

— Il a très mal au bras, apprend-il au marin soucieux, il a reçu une balle tout à l'heure...

L'enseigne de vaisseau grimace.

— Dis-leur qu'on va leur donner à manger, lui répond-il en regrettant de ne pas avoir d'infirmier dans sa section, mais dis-leur aussi qu'ils ne fassent pas les andouilles.

Les commandos se privent d'un peu de leur nécessaire pour apaiser la faim des vaincus. Des avions viennent larguer des lucioles au-dessus du djebel. Les bérets-verts ne pensent pas à dormir.

— Il faudrait pas que le commandement décide de plomber le djebel au canon, souffle Montjaux qui veille allongé tout près de Fleury, ça serait certainement notre fête... On est en plein milieu du Bou Lherfad...

29

SUR LA TRACE DES REBELLES

Des gémissements montent au milieu du dispositif serré des commandos sur le qui-vive.

— C'est le fell blessé, chuchote Fleury au Catalan, il a l'air de souffrir rudement...

Fossat glisse au ras des rochers vers le chef de groupe.

— Il faut absolument faire quelque chose pour ce gars-là, ordonne-t-il, c'est pas tenable...

Le Granvillais se souvient des hurlements de douleur des blessés du djebel Fillaoussène.

— Les fells qui sont dans le coin vont sans doute croire qu'on maltraite un des leurs, imagine-t-il, et c'est pourtant loin d'être le cas...

Le blessé se plaint de plus en plus. Montjaux s'approche de lui à le toucher.

— Fais voir un peu ton bras, ordonne-t-il en dénouant les liens de l'homme qui souffre, je vais au moins te faire une piqûre de morphine...

Le Catalan découvre dans la lumière vive d'une énorme luciole la plaie du musulman.

— On dirait pourtant que ce n'est pas bien grave, confie-t-il à Fossat qui s'est aussi penché sur le fellagha gémissant, la balle doit être coincée tout contre l'os de son coude...

Le second maître administre rapidement une dose de morphine au musulman qui se contrôle de moins en moins. Le fellagha se laisse faire sans réagir. Montjaux inspecte d'un peu plus près sa blessure étroite.

— J'ai l'impression que je pourrais lui retirer le bout de fer, chuchote-t-il à Fossat, j'ai bien envie d'essayer...

Le Catalan fait glisser la lame aiguë de sa dague hors de son étui noir. Il débouche une des petites fioles d'alcool ambré d'une boîte de ration, en verse tout le contenu sur la lame et y met le feu à l'aide de son briquet. De courtes flammèches bleutées courent au bout de trois secondes sur l'acier gris.

— C'est vraiment de l'alcool à brûler qu'ils nous font boire, plaisante l'infirmier d'occasion, ils se foutent vraiment de nous dans l'Intendance...

Le rebelle, soulagé par les effets de la morphine, ne râle plus.

— Bouge pas, coco, lui conseille le béret-vert, je vais te soulager complètement...

La pointe brûlante de la dague acérée pique droit vers l'os de son patient. Ce dernier se remet à hurler.

— Bouge pas, je t'ai dit, insiste l'opérateur, il n'y en a pas pour longtemps...

L'extrémité de la lame à peine stérilisée est arrêtée par un corps dur.

— La balle est là, commente le Catalan, je vais l'avoir...

Et il fouaille sans ménagement les chairs meurtries du rebelle fou de douleur.

— Voilà, c'est fini, vieux frère, lui annonce l'ancien d'Indochine en extirpant le projectile de sa gangue de muscles maigres.

Le fellagha retombe à plat contre le rocher. Montjaux lance la balle au loin.

— Rattache-le, ordonne-t-il à un de ses voltigeurs, il ne gueulera plus maintenant...

Les heures passent. La montagne est presque constamment illuminée par les pots éclairants qui tombent du ciel. Des rafales s'abattent soudain sur les bérets-verts. Elles passent au-dessus de leurs rochers sans leur causer de pertes.

— Ne tirez pas, ordonne Montjaux, ce sont certainement des gus de chez nous, faut pas augmenter le bordel...

Les tirs meurent.

— Le chef a sûrement raison, se dit le Normand, ils ont repéré nos tenues camouflées...

Le blessé ne râle plus. La morphine et surtout l'extraction de la balle ont rabaissé sa douleur au niveau du supportable. Un bruit de pierres roulées énerve à nouveau les guetteurs.

— Ça vient par ici, gronde Montjaux, attention...

La rumeur ténue grossit. Des lucioles qui dépotent la couvrent de leurs chuintements. Rien ne bouge dans le thalweg qui sépare la position des commandos isolés des pentes qui mènent au piton d'où on les a pris pour cibles.

— Ils attendent que ça s'éteigne pour avancer encore, imagine le Granvillais en se mettant dans la peau d'un rebelle, et ils ont bien raison...

Les lucioles achèvent de se consumer. L'une d'elles tombe en étoile mourante à deux cents mètres des hommes de Fossat. Quelques minutes passent encore. Puis des bruits de progression se font à nouveau entendre. Montjaux glisse souplement vers son tireur au fusil-mitrailleur et son lance-grenades.

— Tire un éclairant dès que j'ouvre le feu, ordonne-t-il, et n'hésite pas à viser haut...

Le Catalan vient se replacer près de Fleury.

— Ils arrivent, souffle-t-il à ce dernier, prépare-toi à les accueillir...

Un bruit de pas pressés frôle l'arête rocheuse jusqu'à la moitié des guetteurs.

— On y va, décide l'adjoint de Fossat, feu !

Le Normand libère une rafale de sa Mat 49. Ses voltigeurs tirent aussi. Le V.B. éclairant lancé par l'homme au fusil Mas 36 éclate bien au-dessus du thalweg. Le rebelle apparaît nettement. Les balles traceuses de 9 mm le frôlent.

— Il va se barrer, gronde Fleury lorsque la silhouette rapide s'est éloignée de vingt mètres, c'est trop bête...

Montjaux se redresse à demi.

— Cessez le feu, ordonne-t-il à ses voltigeurs, c'est foutu...

Le silence retombe sur la montagne encore éclairée par le V.B. qui chute mollement vers les reliefs qu'il anime. Le rebelle a disparu, happé par l'amorce d'une ravine.

L'aube déchire le paysage trois heures plus tard. La fraîcheur de la nuit ne résiste pas longtemps aux rayons du soleil levant.

— On va vite nous repérer, espère Fossat, et on nous amènera des piles et du ravitaillement. Il n'y a plus qu'à attendre en tâchant de se faire voir...

Les commandos découvrent les environs de leur nuit agitée. Tout est gris-blanc autour d'eux.

— Où est ton point d'eau ? interroge Fossat en s'adressant à l'ancien béret-bleu qui, comme les bérets-verts, n'a pas fermé l'œil de la nuit.

Le prisonnier est toujours aussi bavard. Il lance le bras vers le sud-ouest.

— Par là, à moins d'un kilomètre, affirme-t-il.

Montjaux discute une minute avec son chef de section. Puis hèle Fleury.

— File reconnaître le bout du thalweg avec deux gars, lui ordonne-t-il, et reviens vite...

Le Normand n'a pas besoin de désigner deux de ses voltigeurs. Deux bérets-verts sont déjà prêts à foncer vers l'inconnu.

Le trio s'éloigne de Fossat. Il atteint vite la ravine encaissée dans laquelle s'est jeté le rebelle manqué au cours de la nuit. Elle est encombrée de buissons serrés.

— Faut faire gaffe, se rend compte le caporal-voltigeur en s'engageant dans le fouillis, on peut avoir des surprises...

Une odeur écœurante rôde autour de la fouille.

— Là, regarde, crie un voltigeur à son jeune chef, il y a des fells morts...

Le Normand se rue vers un coude de la ravine. Il piétine du matériel de combat épars et tombe en arrêt devant cinq corps criblés d'éclats.

— Les artilleurs ont fait du meilleur travail par ici que du côté de Montfort, commente-t-il pour lui-même, qu'est-ce qu'ils ont pris...

Les trois hommes ramassent des armes et des casquettes de toile. Fleury décide d'avancer encore d'une centaine de mètres. Il découvre de nouvelles traces de fuite dans des fondrières sombres.

— Si seulement le gars de cette nuit pouvait être dans le coin, se dit-il en enrageant sa fouille.

La voix puissante de Montjaux le ramène à la réalité. Il obéit à l'ordre de retour.

Un élément de Montfort descend des crêtes sud du Bou Lherfad. Les commandos de Fossat les regardent avancer comme des automates. Ils retiennent les questions qui leur brûlent les lèvres. Le radio au poste muet récupère des piles. Fossat demande un hélicoptère pour évacuer les prisonniers et son butin.

— Faites baliser une D.Z., ordonne-t-il à Montjaux après avoir obtenu l'appareil demandé, l'hélico décolle tout de suite du P.C.

Le premier fumigène est défectueux. Le Catalan râle. Le

second ne fonctionne pas plus que le premier. Le chef de groupe explose carrément.

— Mais bordel de merde, fulmine-t-il en dévissant le bouchon allumeur d'une grenade défensive et l'agençant à la place de la mise à feu défectueuse du fumigène, qu'est-ce que c'est que cette saloperie ?

Le second maître, furieux, dégoupille le système d'amorçage Berstein 37 d'un coup sec et pose le fumigène au sol. Sept secondes passent. L'engin haut de vingt centimètres explose comme une grenade offensive. Montjaux se débarrasse de la poussière qui le souille en éclatant de rire.

—Tu parles d'une connerie, lance-t-il à la cantonade, j'aurais pu me faire sauter la tronche...

Fleury sent une brûlure sur son avant-bras droit. Du sang coule tout doucement sur sa peau tannée par des mois de grand soleil.

— J'ai pris un éclat, rage-t-il, c'est trop bête...

Montjaux cesse de rire en voyant couler le sang du Granvillais. Il vient vers lui.

— Montre ça, lui ordonne-t-il, je vais te soigner...

L'ancien d'Indochine nettoie rapidement la petite plaie. Et la recouvre d'un pansement bien serré.

— C'est rien du tout, commente-t-il en souriant, comme pour se rassurer lui-même, tu m'en veux pas ?

Le Normand sourit en haussant les épaules.

L'hélicoptère approche du petit plateau gris. Son pilote tourne trois fois au-dessus de la D.Z. sans balisage, puis pose son engin en soulevant en nuage toute la poussière des rochers. Les prisonniers sont poussés dans le Sikorsky. L'ancien béret-bleu serre vite les mains des commandos, et part vers son destin grimaçant.

— C'est certainement un type bien, se dit Fleury en tenant son bras droit bandé relevé contre la poitrine, dommage qu'il se soit laissé entraîner chez les fells...

Le Sikorsky décolle. Les hommes de Montfort ont disparu au lointain. Fossat reçoit l'ordre de rejoindre le gros de Jaubert en empruntant la ravine reconnue par la patrouille du Normand. Ses bérets-verts enjambent les cadavres qui sentent de plus en plus fort. Des centaines de grosses mouches vrombissent au-dessus d'eux. Un voltigeur découvre une énorme cisaille à mâchoires, démultipliée et à poignées isolées à plus de vingt mille volts.

— Ça vaut de l'argent un engin pareil, apprécie Montjaux, on va les ramener à Aflou, on les bazardera pour la caisse noire…

Le soleil tape de plus en plus dur. Les commandos sont assoiffés.

— On devrait bientôt tomber sur le point d'eau de notre copain, avance Fossat en scrutant l'extrémité de la ravine.

Un ballet continu d'hélicoptères parcourt le ciel du Bou Lherfad. Les Sikorsky chargent çà et là des sticks qu'ils redéposent un peu plus loin sur la trace des rebelles introuvables.

— Voilà la flotte, hurle soudain un voltigeur de Fossat, c'est pas trop tôt…

Les bérets-verts s'étalent prudemment aux bords d'un oued miraculeusement en eau.

— Il doit y avoir une source par là-bas, indique un commando en retirant sa gourde de son étui de toile, le fell avait raison…

L'eau est fraîche et claire. Les assoiffés boivent à satiété.

— N'oubliez pas vos cachets pour la purifier, leur rappelle Montjaux, gare aux amibes…

L'ambiance rafraîchie devient vite joyeuse. Deux bérets-verts poussent une reconnaissance en amont du maigre cours d'eau. Ils reviennent vite près de leurs compagnons.

— Il y a deux fells morts dans la flotte, annonce le premier des deux patrouilleurs en sueur, c'est dégueulasse... Arrêtez de boire !

Les hommes qui se mouillent d'eau fraîche haussent les épaules.

— Qu'est-ce que tu veux que ça nous foute, lance l'un d'eux pour braver le sort, moi ils ne me dérangent pas du tout tes baigneurs...

L'ambiance baisse tout de même d'un ton. Montjaux vide le contenu de son bidon à ses pieds. Fleury est prêt à l'imiter.

— On risque d'avoir encore salement soif, se dit-il en décidant de garder le contenu de sa gourde, je vais seulement y foutre une poignée de pastilles...

Un ordre radio enjoint à la section de grimper sur l'extrême arête sud-ouest du djebel parcouru en tous sens.

Les bérets-verts de Fossat débouchent au bout d'une escalade harassante au-dessus d'une plaine immense et luisante qui meurt à l'infini du Sahara. Des blindés, minuscules jouets d'enfant, bouclent les approches de la montagne.

— Chef, hurle Fleury, qui a descendu quelques mètres d'éboulis avec ses voltigeurs, venez voir, il y a encore des traces de pas...

Une longue coulée de terre rouge et sèche s'échappe d'une grotte. Le Catalan rejoint l'homme au bras bandé.

— T'as raison, reconnaît-il, il faut grimper jusqu'au trou...

Les voltigeurs patinent sur la terre. Ils parviennent difficilement à l'entrée très évasée de la faille qui s'ouvre à trente mètres en dessous du sommet en à-pic du Bou Lherfad. Des empreintes de chaussures de brousse s'embrouillent sur les derniers mètres de la montée. Le Normand, rendu maladroit par le bandage de son bras, réussit à se hisser sur la plate-forme nette qui occupe l'entrée de la grotte.

— Bon Dieu que c'est grand, souffle-t-il en se retrouvant dans une nef aux parois lisses.

Deux voltigeurs prennent pied à leur tour aux bords de l'antre. Ils se placent en couverture du Granvillais qui les attendait pour s'engager dans la pénombre.

— Y a personne ! hurle ce dernier au bout d'une minute

d'investigation, le trou ne va pas plus loin, et il n'y a pas de départs de boyaux...

Le chef de voltige revient vers la lumière. Montjaux achève l'escalade malaisée de la langue de terre rouge.

— Il devait y avoir du monde dans ce trou à rats, hier ou même cette nuit, imagine-t-il en lisant le sol comme un pisteur indien, ceux qui étaient là doivent être loin maintenant...

Le regard sombre du Catalan suit la pente abrupte de la falaise vers les blindés de la Légion.

— S'ils se sont laissés bouler par là, fait-il remarquer à Fossat qui vient de le rejoindre, ce sont de sacrés acrobates...

Le chef de section rend compte par radio de la bredouille de sa patrouille. Il reçoit de Scheidauer l'ordre de remonter sur les hauts de la falaise, et de fouiller encore.

La section s'étale de plus en plus. Elle est laminée par l'intolérable chaleur qui nimbe le sommet de la montagne. Un vent brûlant monte de la plaine. Les langues des commandos se dessèchent. Leurs lèvres se fendillent superficiellement. Leurs sourcils ne peuvent plus retenir la sueur aigre qui coule dans leurs orbites creusées par la fatigue. Les voltigeurs en eau progressent comme des funambules sur d'étroites arêtes rocheuses. Ils franchissent parfois d'un saut des profondeurs insondables.

Ils fouillent plus d'une dizaine de grottes dans lesquelles ils découvrent çà et là quelques traces de passage tout frais des rebelles. Des avions d'observation frôlent les vagues irrégulières du djebel. Des hélicoptères transportent des équipes de fouille de piton en piton. L'aviation de chasse trace d'immenses cercles au-dessus de l'ensemble de l'opération en attendant l'ordre de fondre à la rescousse.

— On peut casser la croûte, annonce Fossat à la réception d'un message radio.

Les commandos ouvrent les petites boîtes de pâté de leurs rations amenées par l'hélicoptère qui a enlevé leurs prisonniers et la mitrailleuse allemande. La charcuterie surchauffée gicle en geysers nauséabonds aux premières entailles des ouvre-boîtes.

— C'est dégueulasse, râle Fleury en jetant au fond d'un trou sombre une boîte immangeable, il ne me reste plus qu'à bouffer du chocolat fondu par le soleil...

La morosité s'installe dans la section mal nourrie.

— Tu vois, fait remarquer Montjaux au Normand, il suffit d'un rien pour dérégler la machine...

Le Granvillais grimace soudain en portant vivement la main gauche sur son pansement serré.

— Tu as mal ? s'inquiète le Catalan.

— Un élancement, c'est rien, le rassure le quartier-maître en achevant de se sustenter sans plaisir.

Fossat est à nouveau appelé à la radio. Il reçoit l'ordre de pousser sa section tout au-dessus de la cuvette et de s'y installer pour la nuit. Le carrousel presque ininterrompu des avions largueurs de lucioles reprend à la nuit tombée.

— L'artillerie va donner sur les sommets, annonce l'enseigne de vaisseau placé au milieu de sa section bien étalée.

Montjaux accueille mal la nouvelle.

— J'aime pas ça du tout, gromelle-t-il, mais alors pas du tout...

Les premiers obus déchirent le Bou Lherfad à quatre cents mètres sur la droite des commandos. De gros éclats ululent lugubrement au-dessus d'eux. Personne ne parle dans les voltiges et les pièces. Les bérets-verts se font petits derrière leurs rochers. Le sol vibre sous eux au rythme des salves nourries. Le silence revient au bout d'un quart d'heure d'enfer.

— Pas trop tôt, souffle un quartier-maître, ça rime pas à grand-chose leur truc, les fells s'en foutent complètement de leur matraquage, et nous, on risque d'en prendre plein la gueule...

Fleury a de plus en plus mal au bras mais répugne à s'en plaindre, pour ne pas inquiéter Montjaux.

— On verra bien demain matin, se promet-il en serrant les dents, ça va sûrement passer tout seul...

30

FIN D'OPÉRATION

Le jour se lève sur le djebel.

— On doit encore fouiller le coin, annonce Fossat à Montjaux après la première vacation radio avec le pacha.

Le Catalan grimace en faisant jouer ses muscles.

— Les fells ne sont sûrement plus là, objecte-t-il lucidement, enfin, s'il faut fouiller, on fouillera...

Le commandant de Jaubert approche des voltigeurs marqués par une deuxième nuit sans sommeil.

— Qu'est-ce que vous avez ? demande-t-il à Fleury en découvrant le bras bandé du quartier-maître.

Le Normand hésite à répondre. Il quémande du regard l'aide de Montjaux.

— Un truc dans le bras, balbutie-t-il timidement, en évitant de parler du pot fumigène défectueux, c'est vraiment pas grand-chose...

Le pacha fait un signe à Martin, l'infirmier qui a remplacé Dubois depuis le retour du commando en Algérie. Le quartier-maître assez rondouillard défait le pansement poussiéreux de l'ancien élève du cours Darasse. Ce dernier contrôle mal une mimique douloureuse lorsque la gaze purulente s'arrache de sa chair.

— Et là, tu as mal ? s'inquiète Martin en pressant les doigts anormalement boudinés de son patient aux yeux dévorés de fièvre.

Le Normand est obligé d'avouer qu'il souffre de plus en plus.

— Oui, convient-il, mais ce n'est pas ça qui va m'empêcher de crapahuter...

L'infirmier se détourne vers Fossat.

— Il y a de l'infection et il a une fièvre de cheval, diagnostique-t-il, et ça ne risque certainement pas de s'arranger avec la chaleur qu'il fait...

Le pacha décide de profiter des rotations de ravitaillement pour faire évacuer le commando fiévreux jusqu'au P.C. du colonel Fonclar pour y attendre tranquillement la fin de l'opération.

— J'abandonne un tout petit enfant, annonce-t-il par radio en précisant la position de l'isolé, je répète : un tout petit enfant en...

Le Normand, inquiet de son sort, ne peut écouter plus longtemps le message qui le concerne. Quelques-uns de ses compagnons se défont de leur butin, cisailles, casquettes de jockey, effets d'uniformes et quelques poignards baïonnettes usinés en Allemagne de l'Est et frappés au manche de l'insigne vert et rouge de l'A.L.N. et l'en chargent comme une mule.

Les fouilles annoncées s'ordonnent. Les bérets-verts commencent à quitter leur position de la nuit.

— L'hélico sera là dans moins de cinq minutes, affirme Fossat au quartier-maître lourdement chargé, surtout ne vous éloignez pas...

L'enseigne de vaisseau tourne le dos au Normand. Fleury se retrouve seul sur le piton.

Le Granvillais suit longtemps des yeux la progression de ses amis, puis s'en désintéresse pour guetter l'approche de l'hélicoptère qui doit l'enlever aux rochers chauds. Les minutes s'égrènent. Le bleu très pâle du ciel demeure vide. Les commandos ne sont bientôt plus que des fourmis éparpillées aux flancs de la montagne. Une désagréable sensation d'intense abandon envahit le guetteur au bras douloureux.

— Si des fells sortent d'un trou, se laisse-t-il à envisager au bout d'un quart d'heure d'attente agaçante, je suis bon comme la romaine...

Les hommes de Servent s'éloignent de plus en plus. L'hélicoptère espéré par l'isolé ne vient toujours pas. Le sentiment d'abandon qui habite le Granvillais fait place à une angoisse sourde.

— Bon Dieu, se dit-il à haute voix, comme pour se rassurer, mais qu'est-ce qu'ils foutent, les aviateurs ?

Le soleil monte dans le ciel désert. La chaleur dont il inonde le Bou Lherfad atteint vite le seuil du tolérable.

— Il fait au moins cinquante degrés, se rend compte le béret-vert solitaire en enlevant de la sueur de ses yeux du plat de la main droite, et je n'ai rien à boire, j'ai tout donné aux copains...

L'assoiffé fouille dans une de ses poches et en extrait des cachets de sel rouges qu'il commence à sucer machinalement. Les bérets-verts ont déserté la ligne de crête depuis plus d'une demi-heure. Le Granvillais commence à envisager le pire.

— Ils m'ont oublié, gronde-t-il en faisant jouer difficilement les doigts de sa main droite de plus en plus gonflés, je n'ai vraiment pas de pot... Si ça se trouve, Montjaux et les autres vont enfin tomber sur les fells, et se goinfrer sans moi...

Un vrombissement incertain met un terme aux jérémiades soliloquées du Normand.

— Enfin, jubile-t-il lorsque grossit le bruit, c'est lui... c'est l'hélico...

Un Sikorsky jaillit au ras d'un piton crénelé. Le vrombissement confus qui a alerté le béret-vert anxieux se disperse en bruit net de pales. L'engin suit le relief du djebel vers les positions tenues toute la nuit par les commandos de Servent.

— Ils m'ont vu, se réjouit le blessé en lançant de grands cris.

L'hélicoptère passe à deux cents mètres sur sa droite.

— C'est pas vrai, craint soudain le Granvillais, ils m'ont manqué, c'est trop con...

L'engin grondant penche fortement sur son flanc gauche pour amorcer un large virage, et revient vers le commando solitaire qui retrouve le sourire et oublie son mal.

Les deux roues du Sikorsky écrasent les pierres brûlantes du djebel. Fleury court vers le lourd insecte en baissant la tête pour éviter le bout de ses pales qui tournent lentement. Un homme en uniforme kaki saute au sol. Il tient une carte contre sa poitrine. Cinq galons de métal ornent les pattes d'épaulettes de son treillis bien net.

— Mince, s'étonne le béret-vert impatient de grimper dans l'hélicoptère et en rectifiant machinalement la position, un colonel !

L'officier supérieur se retourne sous les pales souples de l'engin et pose sa carte sur le plancher de sa carlingue encombrée de monceaux de piles radio et de boîtes de ration. Il fait un signe de main au commando qui attend l'ordre d'embarquer.

— Vous allez m'aider, lui lance-t-il en arrêtant une demi-seconde son regard sur le pansement du béret-vert encombré de butin.

Et le colonel explique en quelques mots qu'il doit faire la tournée des unités engagées sur le Bou Lherfad pour leur dispatcher des piles et des rations.

— Connaissez-vous les codes des paras et des commandos ? s'enquiert l'officier à cinq galons en décryptant sa carte toute neuve.

Fleury ne se démonte pas.

— A peu près, répond-il, pressé de décoller et en se souvenant d'avoir souvent entendu les appellations radio de Laure autorité pour le P.C. du groupement, de Lara pour Montfort, et de Totem pour les paras venus de Geryville.

L'officier supérieur plaque un franc sourire sur son visage rasé de frais.

— Alors on y va, décide-t-il, on va faire la distribution et je vous ramène au P.C.

Le colonel se hisse le premier dans le Sikorsky. Puis aide le Normand à grimper lui aussi, en le tenant par le bras gauche. L'engin lourdement chargé décolle et se met au point fixe au bout de deux kilomètres de vol, au-dessus d'une section de parachutistes.

— C'est cette couleur ? hurle l'officier bien rasé dans le vacarme du rotor en posant une main pâle et soignée sur un paquet de piles emballées dans du papier kaki.

Le Normand opine. L'appareil descend un peu plus. Ses roues heurtent mollement le sol. Des paras courent dans le claquement de ses pales. Et s'emparent du ravitaillement.

— De toute façon, se dit le commando pressé de gagner la plaine, toutes les dotations me paraissent à peu près identiques, tout le monde y trouvera bien son compte...

L'engin redécolle. Le manège de distribution reprend quelques centaines de mètres plus loin.

— Plus qu'une halte, se rend compte le Granvillais au bout de six livraisons, c'est pas trop tôt...

Le dernier contingent de piles de T.R.P.P. 8, de S.C.R. 300 et d'A.N.P.R.C. 10 est confié à ses incertains destinataires. L'hélicoptère pique vers le large P.C. planté au milieu de la plaine.

— Merci, lance le colonel au commando avant de s'éloigner du Sikorsky, sans vous on aurait mis beaucoup plus de temps, allez vous faire soigner par là-bas...

Le béret-vert esquisse un garde-à-vous pour pallier le salut qu'il ne peut effectuer de son bras bandé. Puis se dirige vers des tentes neuves montées à deux cents mètres d'un poste en dur et tout blanc.

— Pourvu que Bigeard soit encore là, espère-t-il en allongeant le pas, ça me fera quelque chose de le voir de près...

Des fantassins de la Coloniale, des dragons, des artilleurs et quelques légionnaires approchent du béret-vert encombré.

— T'as morflé ? lance un sergent coiffé d'un calot de drap tout déformé.

— Non, répond franchement le caporal-voltigeur, mais où est le P.C. ?

Le sous-officier devine que le Normand n'a pas envie de parler. Il fait un geste de bras.

— Là-bas, explique-t-il, derrière les blindés.

Le commando aperçoit les taches familières de quelques bérets verts. Il accélère le pas vers elles. Des hommes du P.C. de Servent, qui n'ont pas été héliportés sur le Bou Lherfad, accueillent le blessé avec prévenances.

— C'est rien, répète ce dernier pour la dixième fois au moins, ça vaut pas la peine d'en parler...

Le regard fiévreux de l'évacué se pose soudain sur un groupe de prisonniers. L'homme à la M.G. est assis à croupetons en son milieu. Le Normand se dirige vers lui. L'ancien béret-bleu est tout heureux de retrouver un de ses vainqueurs. Des hommes en armes emmènent un par un les captifs vers un gourbi du bordj blanc. Le sergent qui les commande s'étonne de la conversation amicale qui s'engage entre le béret-vert poussiéreux et le fellagha vaincu.

— Tu le connais ? demande-t-il au marin.

— Bien sûr, répond vite ce dernier, c'est ma voltige qui l'a eu...

Le sous-officier très brun réfléchit quelques instants.

— Puisque c'est comme ça, décide-t-il, tu vas le garder...

Et, entraînant le commando à quelques mètres du groupe lamentable et prostré, il ajoute :

— Tu pourrais peut-être obtenir ses confidences... Ça nous serait bien utile...

Le Granvillais réalise que l'homme qui lui parle fait partie du Deuxième Bureau. Il accepte de se charger de l'ancien béret-bleu. Le fellagha suit le commando de bon cœur.

— Passe devant, lui ordonne ce dernier au bout de quelques mètres et ajoutant pour lui-même : il faut tout de même que je le surveille...

Les deux hommes passent au milieu de quelques groupes de soldats en treillis informes.

— Visez le fellouze, lance un caporal qui rôdait auprès d'une cuisine roulante, il a l'air con...

L'homme a plaqué un sourire niais sur sa face rougie par le soleil. Ses compagnons approchent à toucher le captif qui marche tranquillement. L'un d'eux crache soudain en direction de l'Arabe nu-tête. Un autre bouscule le captif d'une bourrade.

— Botte-lui le cul, crie un autre fantassin sans arme, c'est sûrement un salopard...

Le musulman menacé se protège le visage de ses avant-bras levés. Le Normand crispe douloureusement les doigts enflés de sa main droite sur la poignée de sa mitraillette, et fait mine d'armer la Mat en la dirigeant vers les tourmenteurs imbéciles. Ces derniers ne rient plus. Ils reculent tout doucement. Puis s'égaillent à la course entre des alignements de G.M.C. et de Simca. Le commando n'a pas prononcé une seule parole.

— On devrait leur faire visiter le djebel à ces planqués, se dit-il en remettant son bras douloureux en position de repos, ils apprendraient le respect de l'ennemi...

Le Granvillais et l'ancien béret-bleu rejoignent les hommes de Servent. L'après-midi passe tranquillement. Bigeard n'est plus là. Il a regagné Saïda, où il commande en chef.

Des hommes du P.C. animé viennent rôder autour des bérets-verts. Le barda hétéroclite du Normand les fascine.

— T'as rien à vendre ? demande un gros sergent venu des cuisines du commandement. J'achète...

Le Granvillais a réussi à apprendre que ses compagnons doivent descendre du Bou Lherfad le lendemain. Il décide de leur procurer de la nourriture fraîche.

— A vendre, non, répond-il à l'homme qui reluque intensément les effets rebelles qui sont serrés sur son sac de combat, mais peut-être à échanger... Ça dépend de ce que tu as à m'offrir.

Le sous-officier a les yeux qui brillent d'excitation lorsque le béret-vert, depuis longtemps accoutumé à ce genre de tractations, joue de sa main gauche avec une casquette rebelle tachée de sang.

— Des rations collectives, ça t'irait ? propose-t-il.

Le Normand hausse les épaules.

— Des boîtes de confiture, ajoute le sergent.

Le quartier-maître fait la moue.

— De la viande ? lâche le cuisinier avide en ne détachant pas le regard du trophée dégoûtant.

Le Granvillais laisse encore monter l'enchère.

— Et des petits pois, ajoute le sergent, on fait affaire ?

L'homme au bras bandé cesse soudain de s'amuser au marchandage. Il est écœuré.

— Apporte-moi une douzaine de gros steaks et assez de petits pois pour aller avec, décide-t-il, et je te donnerai cette casquette avec trois insignes...

Le gradé s'éloigne à pas pressés. Fleury suit sa marche d'un œil méprisant. Son client revient vite des cuisines roulantes avec un sac qui paraît lourd.

— Voilà, claironne-t-il, tout y est...

Le béret-vert ne vérifie pas le contenu du sac de jute. Il tend ce qu'il a promis au sergent qui disparaît vers l'autre bout du camp de guerre.

— Et dans dix ans, s'amuse à penser le Granvillais, il montrera les insignes et la casquette à ses amis ou à ses gosses en racontant comment il les a récupérés sur le Bou Lherfad... Et, se dit-il encore, c'est aussi bien, car les gars de chez nous préfèrent de loin un bon morceau de viande à un bout de toile pourrie...

Le Normand enfouit la viande échangée à l'ombre d'un G.M.C. La nuit tombe. Le campement se fige. Des légionnaires d'une compagnie portée du 2e R.E.I. veillent tout autour de ses camions hérissés d'antennes radio et des canons qui se taisent pour la première fois depuis le début de l'opération. Le prisonnier confié au caporal-voltigeur de Jaubert partage une boîte de ration avec son garde.

— Tu vas dormir dans mon sac de couchage, décide le Granvillais après le frugal repas, mais je suis obligé de t'attacher... D'accord ? De toute façon, si tu veux jouer au con, tu ne pourras pas aller bien loin dans tout ce fourbi...

Le musulman hésite un instant. Puis accepte.

— C'est pas parce que je veux te choyer, lui confie le béret-vert, mais moi, avec mon bras, je vais suer comme un âne dans le couchage... Je serai beaucoup mieux à l'air libre...

Le prisonnier se coule dans le sac de nylon, chevilles et poings liés par un homme de Servent. Il demeure silencieux.

— Tu dors ? demande-t-il à son gardien au bout d'un quart d'heure.

Le Granvillais allongé contre le sol nu est en train de penser aux morts de Montfort, Sulpis, Santia, Quentel, Rives, Blanc, Petit-Jean et Muller, dont il a appris les noms au cours de l'après-midi. Il se récite aussi les patronymes de ses amis du cours Darasse qui ont été blessés par l'artillerie ou par les fellagha du Bou Lherfad. Sylvestre, Gérard Planson, Alessi et Liégeois. La question chuchotée par le rebelle entravé le ramène à la réalité.

— Il a envie de parler, espère-t-il avant de répondre à l'enrôlé de force dans l'A.L.N.

Ce dernier se met à raconter d'une traite ses derniers mois d'existence. Le béret-vert prend bien garde de ne pas endiguer le flot de paroles par une question maladroite. L'homme explique le mécanisme des passages de katibas. Il précise les lieux où se déroulent les premiers contacts avec l'A.L.N. d'Algérie.

— C'est un nomade qui vient à dos de chameau, souligne-t-il, il parle aux chefs et il repart...

Le commando couché sur le flanc gauche pour ne pas faire souffrir son bras droit apprécie le récit coloré.

— Les gens du renseignement doivent déjà savoir tout ce qu'il me raconte, reconnaît-il, mais on ne sait jamais... Il sait peut-être autre chose...

Des avions grondent dans le ciel. Le confesseur improvisé se redresse sur son coude valide. Des brillances picotent la nuit au-dessus du Bou Lherfad.

— Ils balancent encore des lucioles, constate le marin, le cirque continue... Pourvu que les copains redescendent tout de même demain matin car la viande ne va pas tenir longtemps le coup sans frigo...

Le rebelle poursuit ses confidences.

— C'est presque toujours là-bas, sur le djebel où mes amis sont morts que les katibas se reposent après le passage, chuchote-t-il, à cause du point d'eau...

Un groupe partant en relève de garde anime le camp près de la demi-douzaine de bérets-verts étendus près des camions. Le musulman se tait. Et s'endort.

Le Granvillais est assailli de fièvre. Il frissonne et boit une gorgée d'eau de sa gourde. Puis il sombre lui aussi dans un sommeil lourd.

Le jour n'est pas encore levé lorsque le Normand s'éveille. Il lance aussitôt son bras intact vers son sac de couchage. Le rebelle est là. Il dort toujours.

— Je me demande bien ce qu'il va devenir maintenant, se dit le béret-vert à la langue rendue pâteuse par la fièvre. Le gars du Deuxième Bureau va certainement venir le récupérer...

L'aube délaye l'obscurité de la plaine. Le campement s'anime et sent bientôt le café chaud. Des chauffeurs de camions lancent leur moteur. Le chant des bielles achève d'éveiller les fantassins. Le Bou Lherfad émerge peu à peu des étages de brume qui masquent l'horizon.

— Les copains vont encore crever de soif, en déduit le Normand qui ne peut plus bouger son bras bandé. Pourvu qu'ils descendent vite de là-haut...

Une colonne de G.M.C. part vers le djebel fatal à Sulpis au milieu de la matinée. Ils reviennent une heure et demie plus tard. Montjaux, couvert de sable roux, offre un sourire las à Fleury.

— Alors, s'enquiert-il, ton bras ?

Le Granvillais montre son poignet et sa main boursouflée au second maître. Ce dernier siffle entre ses dents.

— T'as vu un toubib ? interroge-t-il encore.

Le quartier-maître hausse les épaules.

— Viens tout de suite voir celui du groupement, décide l'ancien d'Indochine aux traits anormalement sculptés par la fatigue.

Fossat approche des deux hommes. Il découvre le rebelle qui

s'est assis contre le premier train arrière d'un G.M.C. Il s'étonne.

— Qu'est-ce qu'il fait là celui-là ? demande-t-il au Normand fébrile.

Le Granvillais s'explique en quelques mots. Le sergent du Deuxième Bureau vient rechercher le captif bavard.

— Alors ? demande-t-il à son gardien, est-ce qu'il t'a dit des choses intéressantes ?

Le Normand au bras brûlant prend Fossat à témoin.

— Tu dois tout répéter à l'officier qui va t'interroger, intime ce dernier à l'ancien béret-bleu qui lui a permis de récupérer la M.G. Il ne faut rien oublier, ni le gars au chameau, ni l'itinéraire qui mène au Bou Lherfad, ni les noms de ceux qui attendaient ta bande à la prochaine étape...

Le sergent du service de renseignement désentrave les chevilles du prisonnier, salue Fossat, sourit à Fleury et pousse l'homme au visage creux devant lui, vers le bordj.

— J'irai tout à l'heure m'assurer qu'il n'est pas maltraité, promet Fossat, je crois qu'il le mérite...

Le Normand balaye de son esprit tout ce qui n'est pas la joie de retrouver ses compagnons de combat, même le mal qui le ronge.

— En tout cas, leur lance-t-il en indiquant de son bras valide la cache qu'il a aisément creusée dans le sable, il y a là-dedans de quoi faire un sacré casse-croûte...

Les affamés descendus du djebel laissent échapper des cris de joie en découvrant la viande et les boîtes de petits pois échangées contre les dépouilles de l'ennemi. Le médecin du groupement vient examiner la plaie du Normand dont le bras a doublé de volume.

— C'est pas beau, souffle-t-il en défaisant le pansement sale, je vais t'administrer des antibiotiques et un peu de morphine pour t'aider à supporter le voyage vers Aflou...

Le médecin apprend aux commandos que Jaubert doit regagner ses bases en camion, en passant par Geryville.

— C'est tout de même curieux, fait remarquer le Catalan, il n'y a jamais d'avions quand il s'agit de rentrer chez nous...

Scheidauer passe de groupe en groupe. Il a un mot gentil pour chacun.

— Vous roulerez dans ma jeep, ordonne-t-il au Normand, vous y serez peut-être un peu moins secoué...

Le Granvillais regrette sincèrement l'intérêt qu'il soulève.

— Qu'est-ce que ça serait si j'avais reçu une vraie blessure, se dit-il, gêné. J'ai honte quand je pense aux morts et aux blessés de Montfort…

Des commandos ont réussi à faire cuire le produit du troc de leur compagnon. Ils mangent avec délectation.

Le commandement de l'opération qui s'achève libère le groupement de Servent. Ce dernier donne l'ordre de quitter la plaine rouge. De Montfort demeure à Aïn Sefra pour honorer ses morts dans le faste légionnaire. Jaubert regagne Aflou où le remplaçant de Costagliola impose aux autorités une période de repos pour ses hommes à bout de fatigue.

— Ça va certainement pas durer bien longtemps, promet le Catalan à ses voltigeurs maigres comme des loups, on a bien trop besoin de nous…

31

TREPEL ACCROCHE DE NUIT

Le colonel Roumiantzoff n'accorde aux bérets-verts que le strict minimum de repos. Montfort, commandé depuis le 22 août par le lieutenant de vaisseau Le Deuff, et Jaubert arrosent de sueur des kilomètres de rochers nus dans le massif de l'El Gaada. Puis Jaubert quitte Aflou le 8 septembre pour aller refaire ses forces bien entamées à la base arrière du groupement qui est installée à Arzew, au bord de mer, entre Oran et Mostaganem. Trepel opère dans le secteur d'Aïn Sefra, avec les képis-blancs du 2e R.E.I.

— On nous envoie grenouiller dans le massif du M'Zi pendant cinq jours, annonce le lieutenant de vaisseau Eliès à ses chefs de section au matin du 18 septembre 1959, nous partons en fin d'après-midi, à dix-huit heures...

Les bérets-verts du grand officier tout en angles embarquent dans leurs camions à l'heure prévue. Leur convoi passe sous le djebel Mekter qui s'assombrit à l'est pour filer vers Daïet el Kerch, un poste bâti à quelques kilomètres au nord du campement disciplinaire de Djenien Bou Rezg, et à l'ouest du djebel Bou Amoud.

Il pleut lorsque les commandos sautent à bas des véhicules. La masse du djebel M'Zi, familière aux bérets-verts, est noyée au nord-ouest du site dans une masse de brume. Le commando ne moisit pas à Daïet. Eliès l'entraîne vers le col de Founassa qui taille dans le djebel au-dessus d'une pinède et de quelques palmeraies.

Les bérets-verts dégoulinants de pluie cherchent en vain pendant soixante-douze heures les rebelles annoncés au briefing d'Aïn Sefra. Leurs sections patrouillent isolées les unes des autres tout en se tenant à distance d'intervention rapide. Les groupes bredouilles convergent tous au matin du 21 septembre vers le poste d'El Rhelid, tenu par des légionnaires comme l'est Daïet el Kerch. La pluie persiste, lancinante. Eliès fait le point de la nomadisation stérile avec ses chefs de section et de groupe.

— Les fells vont certainement profiter du temps pourri pour tenter un passage, leur explique-t-il en faisant courir sur la carte d'état-major son index droit qui trace une ligne imaginaire qui part d'Ich, au Maroc, vers les lignes de crêtes du djebel M'Zi; nous allons leur tendre quelques embuscades autour des sources de l'oued Fouinissa...

Les gradés du commando ne posent pas de questions lorsque le pacha met un terme à son exposé clair et net. Ils rejoignent leurs hommes. Trepel s'éloigne du poste de la Légion à la nuit tombée.

Les maigres colonnes de ses sections se faufilent dans la grisaille bruissante. Elles marchent pendant près de quatre heures vers le M'Zi. Les embuscades s'installent dans le ruissellement continu des chutes de pluie. Les bérets-verts transpercés d'humidité ne quittent pas leurs positions à l'aube du 22 septembre. Au soir Eliès décide de regrouper ses sections autour des sources du Fouinissa. Les commandos s'engagent dans l'obscurité au travers d'un long plateau dont le sol caillouteux ne réussit pas à boire toute l'eau tombée du ciel. Ils marchent d'est en ouest. La troisième section du commando ouvre la progression aveugle. Ses voltigeurs se cognent presque à une colonne rebelle.

Éliès en route pour le col de Fourrassa.

Des traces de balles strient la nuit. Des ordres hurlés en français et en arabe se mêlent aux détonations dans la confusion la plus totale. Eliès fait rapidement manœuvrer ses deux autres sections en tenaille pour couper la route de l'ouest aux rebelles. Le second maître Machin s'écroule sur le sol détrempé. Le Guen, le Goulepif du cours Darasse, est touché lui aussi. Morand, un tout jeune tireur au fusil lance-grenades, utilise rapidement tous ses V.B. pour empêcher les fellagha surpris de rompre l'engagement.

— Chef, crie-t-il à l'attention du second maître blessé, où êtes-vous ?

L'officier marinier invisible, abasourdi de douleur, trouve la force de répondre au matelot délesté de ses grenades à fusil.

— Là, sur ta gauche, articule-t-il difficilement.

Le matelot scrute un instant la nuit peuplée de rafales, se jette vers le feu, agrippe le blessé et le tire sans ménagements à l'abri de rochers pas très hauts.

— Je vais chercher Le Guen, lui souffle-t-il ensuite, l'infirmier va venir vous soigner...

La silhouette agile du jeune commando refile vers l'ennemi. Les rafales régulières de la pièce d'A.A. 52 de son groupe, qui accompagnaient sa course nerveuse, cessent soudain.

— Le F.M. est enrayé, a le temps de se rendre compte le sauveteur qui ne retrouve pas facilement Le Guen dans le tumulte.

Les fellagha se rendent vite compte de la défaillance de l'arme française. Un hurlement strident les lance à l'assaut. Morand ramène Le Guen près de la forme tassée de son chef de groupe à demi conscient pendant que le servant de l'arme enrayée démonte calmement la culasse de son A.A. 52. Les rafales ennemies frôlent de plus en plus près la position précaire des bérets-verts.

— Ils approchent, se dit le tireur de l'arme muette en remettant en place sans hâte excessive les pièces de l'A.A. 52 déréglée, pourvu qu'elle marche...

La bande de 7,5 s'égrène à nouveau.

— On va les renvoyer au large, souffle le tireur en ajustant les premières formes de la vague d'assaut.

Un ordre crié de l'arrière de la section prise sous le feu des rebelles fait reculer les commandos de quelques mètres. Morand se poste entre deux rochers et tire au fusil pour couvrir ses camarades qui se sont chargés des deux blessés. Une balle le touche. Il meurt sans pousser un cri tandis que ses compagnons forment une nouvelle ligne de feu.

La bande rebelle, bien supérieure en nombre, lance un deuxième assaut. Les hommes d'Eliès étalent le nouveau choc. Les fellagha sont obligés de décrocher encore en traînant quelques blessés qui hurlent.

— Le Paih est mort ! crie soudain un béret-vert qui a découvert près de lui le corps avachi de son quartier-maître.

Deux commandos bondissent dans les rochers, s'emparent du cadavre mou et reculent de vingt mètres pour le déposer tout contre la dépouille de Morand qu'ils ont déjà récupérée sous le feu.

Les rebelles se reprennent. L'accrochage s'enrage à nouveau. Les sections rameutées par Eliès arrivent au contact. Leurs armes ajoutent quelques tons au vacarme. Les tireurs de la katiba surprise mettent un bémol au déchaînement de leurs pièces de M.G. allemande qui tirent de plus en plus loin.

— Ils foutent le camp, espère un des hommes qui veille les deux morts de l'accrochage.

Eliès lance ses hommes en poursuite. Le combat cesse tout à fait au bout d'un quart d'heure de petits engagements. Le bruissement régulier de la pluie reprend ses droits sur la montagne.

Les blessés sont vite soignés. Ils ne se plaignent pas. Ils espèrent l'aube, car ils savent qu'on viendra les enlever en hélicoptère dès qu'elle paraîtra. La nuit s'écoule sans nouvelles manifestations de l'ennemi qui retourne au Maroc.

Le plateau s'éclaire peu à peu. Le Sikorsky annoncé aux blessés approche. Il se pose tout près du groupe de commandement d'Eliès. Et repart tout aussitôt, alourdi des deux corps morts et des blessés exsangues.

Peu après l'évacuation le ciel gris s'emplit de bruits épais que distillent d'autres hélicoptères. Les engins bruyants déposent une compagnie de Légion au sommet du M'Zi pendant qu'une seconde unité de képis-blancs monte en bouclage du poste d'El Rhelid. Les deux solides renforts sont placés aux ordres du pacha de Trepel. L'officier de Marine organise vite les recherches. Les rebelles ne sont pas retrouvés. De nombreuses traces jalonnent leur course vers l'ouest, vers les sanctuaires inviolables de l'A.L.N.

Barbu, le quartier-maître Le Guen.

Le quartier-maître Clémenceau, l'un des infatigables tireurs à l'A.A.52 d'Éliès.

— Et moi, pendant ce temps-là, gronde Fleury à l'hôpital de Tiaret où il a été évacué, je ne sers plus à rien...

Le commando qui est venu rendre visite à l'ancien caporal-voltigeur de Jaubert reconnaît à peine le Normand amaigri qui flotte dans son treillis. Les yeux bleus du jeune soldat mis bêtement hors de combat par un simple éclat de grenade fumigène luisent au fond de leurs orbites creusées par le mal insidieux.

— Qu'est-ce que tu as exactement ? questionne le visiteur qui a raconté au Granvillais les derniers accrochages de Trepel.

Le malade plaque un faux sourire sur son visage vieilli.

— Quand on est rentrés à Aflou, se souvient-il, les toubibs n'ont pas voulu m'ouvrir le bras...

Le quartier-maître affaibli relève la manche droite de sa veste d'uniforme pour mieux s'expliquer.

— Ils m'ont dit que ce serait con de garder une longue cicatrice alors que l'éclat risquait de sortir tout seul avec le pus qui me gonflait le bras...

Et le quartier-maître, privé du combat qui est la raison d'être de son engagement dans la Marine, raconte simplement la triste succession d'incidents qui l'ont éloigné de sa section.

On avait pendant des jours enveloppé son bras d'une énorme masse d'ouate qu'un infirmier de l'hôpital d'Aflou imbibait au fil des heures de litres d'alcool à quatre-vingt-dix degrés.

— J'étais tout le temps à moitié rond, se souvient le Normand en illuminant son visage émacié d'un sourire, tu parles d'une connerie...

Et l'hospitalisé narre comment l'éclat de fumigène était sorti de son bras, comme les médecins l'avaient prévu. Comment son membre avait retrouvé peu à peu son aspect normal. Et comment, après les amibes, il avait attrapé une jaunisse.

— Hépatite ictérigène d'origine virale, sévissant à l'état endémique dans la région d'Aflou, récite-t-il d'un ton neutre, comme une leçon bien retenue, c'est pas glorieux mais ça fout le commando en l'air aussi sûrement qu'une balle de fusil...

— Et t'en as pour longtemps ? s'inquiète le visiteur venu apporter des nouvelles de la guerre au commando esseulé.

Fleury hausse les épaules.

— Je n'en sais vraiment rien, regrette-t-il, j'ai l'impression d'être oublié dans cette piaule, on n'y voit jamais un toubib...

Les deux hommes sortent du baraquement en bois où sont entassés vingt convalescents de blessures et quelques malades. Cette annexe de l'hôpital de Tiaret est bâtie en dessous des hauts murs de la citadelle militaire de la ville. Elle domine la plaine qui court vers le sud, vers la guerre.

— Bon, c'est pas tout, décide le commando monté d'Aflou, le convoi part dans une heure, faut que j'y aille...

Le Normand admet la hâte de son compagnon.

— T'as juste le temps de foncer au bordel, plaisante-t-il, à bientôt... j'espère...

Le malade frissonne. Il se résout difficilement à rentrer au chaud de la bâtisse en bois.

— Je ne sais pas ce que je donnerais pour partir avec lui, se dit-il tristement, ici, ce n'est vraiment pas une vie...

32

ZACHARIA EST MORT

Le groupement du commandant Servent quitte Aflou au soir du 6 janvier 1960. Il s'installe à sept kilomètres à l'ouest de Frenda, dans des tentes alignées autour d'une grande ferme bâtie aux bords de la route de Mascara. Il neige sur des djebels moins escarpés et plus boisés que ceux d'Aflou et d'Aïn Sefra. Les commandos ont adopté la casquette de toile mise à la mode par les parachutistes de Bigeard.

— Bientôt, envisage Bonnot avec une pointe de regret dans le timbre, on ne nous reconnaîtra même plus...

Les nouveaux embarqués au commando Jaubert, bien moins attachés aux traditions Marine que l'ancien d'Indochine, ne trouvent rien à redire à l'évolution de leur tenue de combat. Ils sont commandés par de nouveaux officiers. Mieg de Boofzheim a été remplacé par l'enseigne de vaisseau Hamel, Fabre et Barret, deux officiers de réserve, ont hérité des commandements d'Alefsen et de Fossat.

Le nouveau terrain de chasse des hommes de Servent est régulièrement hanté par les katibas 572 et 573 de l'A.L.N. Medjoud Chif Taïeb, dit Zacharia, l'insaisissable chef militaire de la wilaya 5, qui n'est âgé que de vingt-sept ans, le parcourt impunément depuis des mois. L'homme est un ancien soldat français qui a mérité un à un ses galons dans la rébellion. Il est membre du C.N.R.A. et jouit d'une notoriété inégalable dans les katibas de sa wilaya et dans les populations indécises qui voient en lui une sorte de Mandrin arabe.

Servent réunit tous les officiers de son groupement le 5 février 1960 en même temps que quelques chefs d'unités du secteur de Frenda, parachutistes du 5e G.C.P. et cavaliers du 23e spahis.

— Zacharia a enfin commis de grosses erreurs, apprend à son auditoire le capitaine de corvette à fines moustaches qui a reçu d'Alger l'ordre de monter une opération pour mettre un terme aux actions impunies du jeune chef de l'A.L.N. Un avion gonio a situé son poste A.N.G.R.C. 9 le 2 février en KW 30, avec une précision évaluée à deux kilomètres et demi...

L'officier de Marine appuie ses explications en indiquant sur une grande carte d'état-major l'endroit où Zacharia a été repéré.

Le carré KW 30 est situé à quatre-vingt-dix kilomètres au sud de Frenda.

— Et le 3, poursuit Servent, les aviateurs l'ont situé à un kilomètre près, toujours dans le même carré...

Un brusque mouvement d'intérêt anime le groupe des auditeurs passionnés qui ne parlent pas.

— Hier, précise encore le pacha du groupement, son poste radio n'avait pas bougé d'un mètre... Nous avons de grandes chances de le débusquer dès demain, le commandant Babot va vous exposer le plan que nous avons arrêté ensemble...

Le patron des hélicoptères, dont l'allure faussement pataude rappelle un peu celle de Ponchardier, capte à son tour tout l'intérêt du briefing.

— C'est tout simple, commence-t-il à expliquer en balayant la carte de Servent d'une main large, je vais héliporter un commando complet en une seule vague pour approcher les rhaïmas éparpillées dans le Chott Ech Chergui, les fells n'auront certainement pas le temps de fuir...

Le reste de l'exposé n'est que routine pour les officiers paras et commandos. Jaubert est désigné pour l'action directe. Les deux autres commandos seront menés en camion jusqu'à Tiaret où ils embarqueront dans des Nord 2501 qui les poseront sur la piste rarement fréquentée de Skhouna, à trente kilomètres au nord-ouest du campement présumé du chef rebelle à surprendre au lever du jour.

— Voilà, messieurs, à vous de jouer, conclut Servent lorsque l'officier pilote termine son exposé très professionnel, bonne chance !

⁂

Le campement de la ferme March s'anime bien avant quatre heures trente. Les bérets-verts de Large, le pacha de Penfentenyo et d'Eliès, montent dans leurs camions qui piquent vers le nord, vers l'aérodrome de Tiaret où les Nord les attendent déjà.

Les hélicoptères de Babot s'arrachent du sol trois heures plus tard, chacun chargé de huit commandos coiffés de casquettes Bigeard. Les engins ne prennent pas beaucoup d'altitude. Ils filent dans l'ombre en rase-mottes vers le col qui permet de sortir au sud-ouest de la large cuvette dominée par la ville de Frenda. Babot a embarqué à bord de son Barlut-canon. Il juge le plafond beaucoup trop bas pour risquer le passage. Il décide de remonter vers Frenda, puis de voler vers Martimprey, à huit kilomètres à l'ouest de la ferme March. Les Sikorsky réussissent à passer. Ils repiquent au sud, vers les hauts plateaux du Chott Ech Chergui.

Les bérets-verts crispés découvrent un morne paysage lorsque naissent les premiers rayons de soleil. Les appareils rasent des étendues de sable, brillantes par endroits et recouvertes d'ondes brunes et d'alfa en d'autres. La vague d'assaut se scinde en deux. Il est huit heures trente. Les six premiers appareils déposent les commandos de l'enseigne de vaisseau Fabre au point du dernier repérage goniométrique. Le deuxième hélicoptère armé d'une pièce lourde qui protège le posé rapide s'éloigne soudain vers le sud. Il ouvre bientôt le feu sur un groupe d'hommes en armes qui fuit dans la mer d'alfa après avoir mis à bas une large rhaïma de laine brune.

Servent modifie son plan initial. Il donne des ordres nerveux par radio, qui empêchent d'extrême justesse les deux derniers sticks de Jaubert d'être largués devant Fabre. Scheidauer fait partie du dernier posé, avec Barret, le patron de sa deuxième section.

Les deux hélicoptères reprennent un peu d'altitude pour rattraper le Barlut-canon. Le second maître Jean Carré, un colosse des environs de Lorient, saute le premier au sol. Sa masse de quatre-vingt-dix kilos de muscles durs s'enfonce dans le sable mou au milieu de souples tiges d'alfa.

— Déployez-vous au maximum, hurle-t-il dans le vacarme des pales.

Des volées de sable piquantes giflent les visages bronzés des bérets-verts. Barret saute à son tour. Les deux hélicoptères canon rasent de basses dunes alfatières. Un radio de l'Aéronavale s'égosille dans sa carlingue.

— Plus vite, plus vite, hurle-t-il à l'adresse des commandos, ils vont se sauver...

Scheidauer apprécie sur sa carte la position des rebelles invisibles du sol.

— Ils sont au moins à trois kilomètres, regrette-t-il, on aurait dû se poser plus loin...

La poursuite s'engage, haletante... Un tireur à l'A.A. 52, ahane en escaladant et dévalant les courtes dunes. Il tient son arme en balancier au travers de son épaule gauche. Les voltigeurs qui le précèdent prennent inexorablement du champ. L'homme serre les dents et réussit à s'accrocher.

— Ils vont foutre le camp, hurle à nouveau un marin des hélicoptères, dépêchez-vous...

Barret, le masque durci par l'effort, encourage ses hommes à aller au bout de leurs ressources. L'hélicoptère canon demeure en point fixe et tire de longues rafales pour bloquer la fuite des rebelles dont la capture a été ordonnée par Alger. Les commandos essoufflés convergent vers lui.

Des balles sifflent soudain autour d'eux. Barret décide d'alléger la poursuite. Ses hommes, Pastini et Nobilet, les anciens du cours Darasse, Claveyrolles, un Lorrain qui fait fonction de radio, Eslander, frisé et gouailleur, Bakalara, qui a un visage de boxeur, Tremblay, le tireur au F.M., Nantais râblé au faciès de bouledogue et Beaudoux, un athlète très brun, se défont rapidement de leurs sacs. Carré relance le rush après le debrêlage. Il installe la deuxième pièce de la section, qui est servie par Voisin, le seul Noir du commando, au sommet d'une dunette. Et court sur la gauche de Barret. Tremblay plonge lui aussi en batterie et encadre les fuyards d'une grêle de balles.

Des rebelles frappés à mort battent l'air de leurs bras et tombent la face sur le sable. Les hélicoptères ne tirent plus. Ils rôdent au large de l'accrochage pour boucler le terrain.

Un rebelle apparaît soudain entre deux dunes à trente mètres de Barret. Il est armé d'une mitraillette allemande et tire une rafale qui manque de peu le jeune chef de section. Le cœur de l'officier de réserve, affolé par la longue course, se met à battre encore plus fort. Un nom monte inconsciemment aux lèvres desséchées du béret-vert.

— Zacharia, se chuchote-t-il en contrôlant son souffle, c'est sans doute lui...

L'homme rapidement entrevu est ceint d'un impeccable harnachement de cuir. Carré l'a vu lui aussi. Il fait signe à Nobilet de contourner l'abri de sable planté de pieds d'alfa derrière lequel a disparu le fellagha, et Barret débouche au-dessus de ce dernier.

L'homme aux abois ne s'affole pas. Il vise l'officier qui le domine. Il tire, mais son arme ne produit qu'un claquement métallique. Le fellagha roule sur lui-même et sort une carabine U.S. de sous son vêtement bien ajusté par son baudrier de cuir tout neuf.

Le marin s'est rejeté en arrière. Les deux hommes entament un duel. Ils se rendent coup pour coup. Carré et Nobilet mettent un terme au combat singulier en clouant le rebelle au sol de deux courtes rafales.

Barret se relève, indemne. Il se plante au-dessus du corps criblé de balles. Carré et Nobilet approchent eux aussi du mourant. Les trois paires d'yeux enfiévrées des commandos fixent la main gauche du blessé.

— C'est lui, gronde sourdement Barret en constatant qu'il manque une phalange à un doigt de la main crispée, c'est Zacharia !

Carré fouille nerveusement le chef rebelle.

— Il n'y a pas de doute, lieutenant, commente-t-il, voilà ses papiers...

Barret se penche sur le héros de l'A.L.N.

— Commandant, lui demande-t-il presque respectueusement, où avez-vous caché votre poste radio ?

L'agonisant fixe son vainqueur dans les yeux. Le Français se sent gêné. Il insiste :

— Le poste, commandant...

Le chef militaire de l'Oranie plaque un étrange sourire sur sa face torturée et barrée d'une moustache bien taillée. Il se tasse un peu plus au sol meuble, semble se détendre, comme apaisé, et meurt.

— C'est pas tout, avance Carré en rompant le silence qui salue la mort du membre du C.N.R.A., il y a encore du travail...

Barret acquiesce. Un des hélicoptères canon tire à nouveau pour empêcher la fuite des derniers éléments de la garde personnelle de Zacharia. Les commandos foncent vers le feu. Les dernières balles rebelles les manquent. Tremblay, suivi de tout près par son chargeur, évite par son flanc gauche une dune de cinq mètres de haut.

Un rebelle, qui s'était complètement enfoui dans le sable très fin, émerge de son abri lorsque les commandos l'ont dépassé de quelques mètres. Il pointe un Colt 45 sur le dos du Nantais. La balle qu'il tire frôle la nuque épaisse du tireur au fusil-mitrailleur.

— Nom de Dieu, gronde ce dernier en se retournant et tirant une rafale en mouvement réflexe, il a bien failli me buter...

Le rebelle frappé à mort tombe sur le dos. Le chargeur du Nantais se penche sur lui.

— Mince, souffle-t-il, viens voir...

Tremblay approche du mort.

— Regarde, lui conseille son chargeur encombré de bandes de 7,5 en pointant l'index de sa main gauche sur la face du cadavre aux yeux grands ouverts.

Le Nantais dénombre d'un coup d'œil huit impacts de balles qui pointillent une ligne nette entre la lèvre supérieure et le front de l'homme qui a failli le tuer.

— Il a du plomb dans la tête, ironise du bout des lèvres un pourvoyeur de l'A.A. 52 meurtrière, pour une fois, ça dit bien ce que ça veut dire...

Tremblay ne répond rien à la plaisanterie déplacée. Il repart à la course pour rejoindre Barret et Carré.

Le feu cesse une nouvelle fois. Des femmes apeurées, toutes jeunes et jolies, sont extirpées brutalement d'une rhaïma qui sent le suint.

— C'est certainement le B.M.C. des fells, avance Eslander,

l'œil émoustillé par les apparitions gracieuses et inattendues, ils s'emmerdaient pas les copains de Zacharia...

Les commandos vainqueurs reviennent tous vers les rhaïmas dévastées et s'activent dans l'espoir de retrouver le poste dont les émissions ont trahi la présence du chef de wilaya.

Barret et Scheidauer consultent rapidement les papiers qu'ils ont trouvés sur les morts. Servent les rejoint avec des spécialistes du renseignement. Ces derniers examinent un à un les sept rebelles abattus.

— Il manque le capitaine Boucif, l'adjoint de Zacharia, regrette l'un d'eux, et son opérateur radio n'est pas là non plus...

Les hommes du Deuxième Bureau commencent à interroger les trois rebelles qui ont survécu à l'engagement furieux, Abdelaziz Thaïfour, un sous-officier, et deux djounouds blessés, l'un à la tête et l'autre au ventre. Un flot de questions étourdissent les trois hommes. Le sergent de l'A.L.N. craque en peu de temps.

— Le commandant Zacharia est sorti ce matin pour chercher le poste radio, apprend-il à ses questionneurs habiles, il est parti vers le sud-ouest...

L'homme terrorisé et encore sous le choc de l'accrochage reprend son souffle.

— Il est revenu à la rhaïma au bout d'un quart d'heure, précise-t-il en baissant les yeux.

Des hélicoptères déposent le commando Trepel à neuf heures trente à trois kilomètres au sud du P.C. rebelle détruit, et d'autres Sikorsky amènent une partie de Penfentenyo tout près de la position de Servent.

— Le poste ne doit pas être bien loin, d'après ce que nous a dit un prisonnier, confie ce dernier à Large, il faut me le ramener...

Les bérets-verts de l'ancien pacha du commando Tempête au Tonkin se mettent en ligne et avancent très lentement en sondant méthodiquement le sable de leurs dagues et baïonnettes.

— Sale boulot, commente Tremblay qui a placé son arme en défense face au sud-est, ils vont avoir mal au dos s'ils doivent fouiller comme ça toute la mer d'alfa...

Les commandos auscultent les dunes mètre par mètre, s'acharnant comme des chercheurs d'or. Ils suent à grosses gouttes. Leurs yeux brûlent.

L'un d'eux se relève au bout de deux heures de labeur éreintant.

— C'est dur là-dessous, crie-t-il à son chef de groupe et creusant fébrilement le sable à pleines mains.

Les compagnons du chercheur heureux font cercle autour de lui.

— Le poste ! hurle l'homme au comble de l'excitation en sortant l'A.N.G.R.C. 9 bien protégé dans sa housse de portage de sa gangue molle.

Large rend compte à Servent.

— Fouillez encore, insiste le pacha du groupement, il faut encore trouver la génératrice et les antennes du C.9...

La découverte a balayé la fatigue des bérets-verts. Ils piquent et repiquent leurs lames crissantes dans le sable. Un quartier-maître trouve un sac de piles neuves. Et un autre commando chanceux extrait du sable la génératrice manquante. Les antennes, bien rangées dans leur étui de toile, sont tirées du sol tout aussitôt après. Servent est aux anges.

— C'est très bien, jubile-t-il, tout y est... On démonte...

L'officier à la canne sculptée et aux courtes leggings de toile beige clair qui tranchent net aux chevilles de son pantalon camouflé décide d'exploiter sur le champ quelques documents trouvés dans la rhaïma qui servait de P.C. à Zacharia. Il lance, à partir de quatorze heures trente, un héliportage dans le carré HX 50, à quinze kilomètres au nord-ouest de Frenda.

— Si les papiers trouvés dans les sacs de Zacharia sont frais, avance Scheidauer à ses chefs de sections, on va tomber tout droit sur la katiba 572...

Barret et Fabre échangent un regard gourmand et s'élancent à la tête de leurs sticks vers les Sikorsky rameutés par Servent.

Les rebelles ne sont pas au rendez-vous. Le pacha du groupement pousse ses fouilles vaines jusqu'à seize heures.

— On ne les aura pas aujourd'hui, est-il obligé de reconnaître en démontant sa deuxième manipulation de la journée.

Les commandos rejoignent au soir la ferme March.

Fleury apprend le coup réussi par le groupement en lisant *l'Echo d'Oran*. Les photos publiées en grand par le quotidien le font presque pleurer de rage. Il maudit la maladie qui le tient loin de ses compagnons de combat.

— Si les copains se mettent à tuer les grands chefs de la rébellion, se force-t-il à plaisanter en repliant le journal, la guerre sera finie bien avant que je sois guéri... C'est injuste...

33

LA KATIBA 572

Le Normand se fait une raison. Son état de santé ne lui permettra pas de reprendre le combat avant longtemps. Il se résigne au sort contraire, mais décide de faire une escapade à la ferme March avant de gagner l'hôpital Baudens, à Oran, et d'être sans doute rapatrié.

C'est en stop qu'il rejoint ses compagnons du groupement Servent. Jaubert est en partance. Le Granvillais a tout juste le temps de saluer Bonnot. Les deux frères de guerre se séparent sans mots inutiles. Ils scellent leur promesse de retrouvailles d'une longue poignée de main. Jaubert monte dans ses camions. Le Normand demeure seul entre les alignements de tentes. La poche gauche de sa veste camouflée est gonflée des cent quarante billets de cinq cents francs, ses trois derniers mois de maigre solde, que lui a remis l'enseigne de vaisseau Hamel, le pacha en second.

— Tenez, lui avait dit l'officier, il y a aussi cela pour vous...

Et le grand enseigne de vaisseau avait tendu sans cérémonie au Granvillais figé au garde-à-vous la citation à l'ordre de l'Armée qu'il avait méritée sur le flanc du djebel Bou Amoud. Le commando en instance de rapatriement avait rapidement lu le papier qui tremblotait entre ses doigts nerveux, l'avait plié et fourré dans sa poche, contre les billets sales et froissés.

Les camions de Jaubert ont disparu sur la route de Mascara. Une chape de plomb s'abat sur les épaules du Normand. Il ne reconnaît plus personne dans le campement où reste Trepel.

— C'est bien fini, se dit-il en décidant de monter jusqu'à Frenda pour commencer à dépenser sans compter ses soldes en retard, je ne suis plus à Jaubert...

REPUBLIQUE FRANÇAISE

CITATION

EXTRAIT DE LA DECISION DU 24 SEPTEMBRE 1959 DU MINISTRE DES ARMEES

Le Ministre des Armees

CITE

à l'ordre de l'Armée de Mer

....

- Le Quartier Maître de 2° classe fusilier commando FLEURY Georges, Matricule 2395 T 56.

" Quartier Maître fusilier commando, caporal voltigeur, a su par ses
" qualités militaires, son courage et son sang froid, se classer par-
" mi les sujets d'élite et faire l'admiration de ses chefs.
" A participé à plusieurs opérations. Vient particuli`rement de se
" distinguer au cours de l'accrochage du 15 avril 1959 dans le Djebel
" BOU AMOUD (Secteur d'AIN SEFRA)où, bien que pris sous un tir d'arme
" automatiques adverses déclenché à moins de 10 mètres, il a permis à
" sa section d'anéantir dans un terrain très difficile un groupe de 1
" rebelles en mettant personnellement plusieurs de ceux-ci hors du
" combat, et de récupérer un fusil mitrailleur, 17 fusils et un impor-
" tant matériel de guerre."

....

Cette citation comporte l'attribution de la Croix de la Valeur Militaire avec Palme.

Fait à Paris le 24 septembre 1959

Le Ministre des Armées

P. GUILLAUMAT.

Pour extrait certifié conforme

TOULON , le

*
**

Servent intensifie les traques sur la piste des katibas 572 et 573. Ses bérets-verts opèrent le plus souvent dans le carreau KX 50, qui commence trois kilomètres au nord-est de Frenda, là où ils avaient vainement grenouillé au retour de l'opération Sauterelle. Quelques chefs locaux de l'A.L.N. sont vite écœurés par l'infernale pression des marins. L'un d'eux, le commandant des restes de la katiba 572, se rallie aux commandos le 22 février 1960.

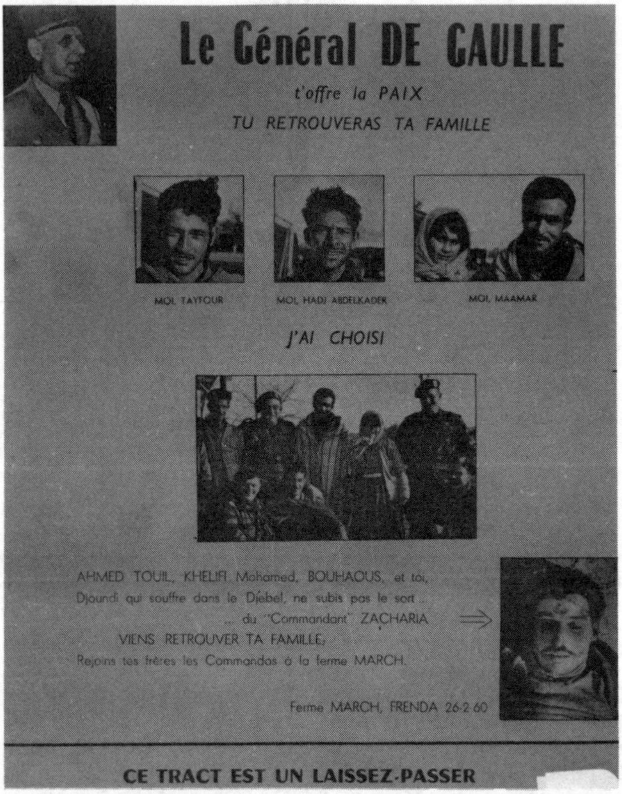

L'homme se nomme Hadj Abdelkader. Il remet sa Mat 49 prise sur un soldat français abattu au cours d'une embuscade en signe d'aman, et donne des renseignements importants pour prouver sa bonne foi. Servent lui fait confiance et monte une opération au soir venu.

Le commando Jaubert et le commando Henry, une unité de l'armée de terre, quittent la ferme March en camion. Le convoi prend une piste vers le nord, et s'enfonce de quelques kilomètres entre les djebels boisés du carreau 50. Le chef rebelle a donné au pacha du groupement l'emplacement exact du bivouac de ses anciens subordonnés. Les sections de Scheidauer sautent à bas de leurs G.M.C.

Le pacha du commando annonce bientôt par radio à Servent que ses embuscades sont en place. Les sections de Fabre et Barret sont étalées sur une ligne de crête forestière. La troisième section se tient tapie sur le piton qui leur fait face, et le commando Henry boucle la sortie de la vallée.

C'est bon, lui répond le pacha du groupement qui a mis le reste de ses sections en alerte immédiate, silence radio à partir de maintenant...

Un vent frais se faufile sous les arbres des pitons tenus par les bérets-verts. L'aube naît dans des étirements de brouillard.

— C'est foutu, regrette Barret transi comme ses hommes, ils ne sont pas là...

Scheidauer anime les groupes de sa troisième section.

— On rejoint les autres, décide-t-il lorsque le jour est tout à fait levé.

Ses voltigeurs capellent leur sac de combat en reconnaissant du regard le chemin à parcourir. Puis ils avancent de quelques mètres. Le voltigeur de pointe se rejette en arrière.

— Il y a des fells, chuchote-t-il à l'homme qui s'est arrêté derrière lui et qui n'a rien vu.

Les deux commandos arment leurs mitraillettes tout doucement. Le premier rebelle ne se trouve plus qu'à huit mètres de leurs tenues camouflées.

— On va les avoir sans tirer, jubile le chef de groupe des deux voltigeurs en s'apercevant que les intrus ne sont que deux.

Les bérets-verts bandent leurs muscles pour cravater les fellagha.

Le premier des deux rebelles enraye soudain sa marche tranquille. Il demeure trois secondes sur le qui-vive, pousse un cri d'alerte, et bondit en arrière. Un commando l'abat d'une rafale de Mat 49. Son compagnon disparaît, inutilement poursuivi par un feu d'enfer.

— C'est raté, rage Scheidauer, leurs copains sont maintenant prévenus...

Des rafales partent de partout au fond de la vallée. Le pacha de Jaubert alerte le P.C. de Servent. Celui-ci lance Trepel et Penfentenyo à la rescousse, puis embarque dans une Alouette pour survoler le violent accrochage. Les fellagha piégés se faufilent vers le bouclage trop lâche du commando Henry. Ils commencent à escalader les rochers qui mènent à un passage dégarni de fantassins. Servent s'aperçoit à temps de leur manœuvre. Il rameute sur eux une patrouille de T. 6 jaunes qui piquent dès leur arrivée sur le flanc de la montagne bien balisé par des fumigènes lancés de l'hélicoptère canon de la 32 F.

Le patron des commandos réclame aussi des compagnies de renfort pour installer un second bouclage plus au large du djebel en éruption. Les rebelles de la katiba 572 s'éparpillent en petits groupes. Des accrochages s'engagent tout le long de leurs courses affolées. Des hélicoptères posent Penfentenyo au plus près du feu. Les sections de Large sont au contact de l'ennemi quelques minutes après leur héliportage. Un groupe engage un combat violent avec une arme automatique bien embusquée. Sadoux, un voltigeur est arrêté en pleine course par une balle qui lui fracasse le fémur.

— Ils ont aussi des fusils de chasse, grommelle un des plus anciens bérets-verts du commando en tirant l'homme à la cuisse brisée à l'abri, ça va être dur... Il n'y a rien de pire dans ces foutues broussailles...

Des détonations plus sourdes que les autres prouvent que l'ancien d'Indochine ne se trompe pas. Le quartier-maître Crolas, boute-en-train de toutes les sorties à Chicago, le bas quartier de Toulon, hurle à son tour. Les projectiles irréguliers d'une cartouche de fusil à canon lisse lui ont cisaillé les deux jambes.

Ses compagnons épargnés par le feu se lancent à l'assaut. Les rebelles décrochent en gravissant la contre-pente de l'oued. Ils progressent habilement, chaque fellagha protégeant tour à tour le repli des autres djounouds. Le feu des armes de Large impose sa loi petit à petit. Les hommes trahis par Hadj Abdelkader tombent un à un.

Un quartier-maître tout blond, un Nordiste que ses camarades de combat appellent le Polak, blesse un rebelle à la cuisse avec les dernières balles d'un chargeur de Mat. L'homme tombe en arrière, prêt à faire feu à son tour.

— Pas le temps de changer de chargeur, se rend compte le Polak, je vais l'avoir à la dague...

Le quartier-maître laisse pendre sa mitraillette inutile en bout de bretelle sur son ventre et sort d'un geste machinal sa dague à manche noir de son étui. Il brandit l'arme acérée comme au cours de close-combat. Et, hurlant de rage, la plante dans le cœur du fellagha.

— Ouf, souffle-t-il en se relevant au-dessus du gisant, je l'ai eu...

L'homme à la dague sanglante demeure comme pétrifié.

— Il bouge encore, s'étonne-t-il lorsque le fellagha fait mine de réempoigner son fusil tombé tout près de lui, je lui ai pourtant percé le cœur...

Une rafale claque, le djounoud arrête de bouger. Le quartier-maître blond se retourne vers l'homme qui a tiré.

— Eh, Polak, lui lance ce dernier en le dépassant, c'est à gauche, le cœur... Même chez les fells...

Le poignardeur réalise tout à coup qu'il est gaucher et qu'il a tout naturellement enfoncé sa lame au côté droit du mort. Il remet sa dague dans son étui, change de chargeur, ramasse l'arme du fellagha, la passe en bandoulière dans son dos et se relance à la curée.

Servent manie ses pions de mort avec une précision diabolique. Les hélicoptères de Babot font des navettes incessantes pour déposer les sticks de bérets-verts au plus près des équipes rebelles qui jouent maintenant le chacun pour soi.

Le feu baisse peu à peu d'intensité. Les bérets-verts peuvent s'attarder à la fouille des sous-bois. Ils dénombrent rapidement plus de vingt cadavres de rebelles. Et treize prisonniers saoulés de bruit et de peur sont dirigés vers les équipes de renseignement qui les interrogent rapidement.

— Pause casse-croûte, ordonne le lieutenant de vaisseau Large à ses chefs de section.

Les commandos en sueur s'installent dans les broussailles pour se restaurer. Le second maître Hischer, l'équivalent de Montjaux pour le commando De Penfentenyo, domine avec son groupe le cours broussailleux d'un oued. Il aperçoit les hommes du premier maître Perrault qui blaguent fort en achevant leurs boîtes de ration. Les échos de rafales lointaines couvrent de temps en temps les cris des commandos qui se hèlent de groupe en groupe. Un coup de feu plus net attire l'attention de Hischer.

— Quelqu'un a tiré tout près de Perrault, se dit-il en braquant ses jumelles sur ses compagnons de la première section.

Le regard professionnel de l'ancien d'Indochine se porte machinalement sur les buissons qui ont été fouillés juste avant l'ordre de pause. Il sursaute soudain.

— Bon sang, il y a des fells dans le dos de Perrault, gronde-t-il, faut le prévenir...

Le second maître fait venir son radio près de lui.

— Perrault, annonce-t-il tranquillement dans le poste T.R.P.P. 8 tout en gardant son regard brun sur les trois rebelles qui braquent un fusil-mitrailleur sur ses amis, ne bouge pas... Ne te retourne surtout pas... Il y a des gus qui te visent à moins de dix mètres dans ton dos... Fais gaffe !

Le premier maître alerté rend calmement son poste à son matelot radio et résiste à la tentation de se retourner vers l'ennemi tout proche.

— On fout le camp, lance-t-il à voix très haute pour que le fellagha saisissent bien le sens de ses paroles.

Berluraut, Martinez et le quartier-maître Le Canu, qui sont les plus proches du solide officier marinier, rangent rapidement les restes de leurs rations, capellent leur sac de combat et avancent à droite et à gauche de leur chef.

— Marchez bien en ligne, ordonne à nouveau ce dernier.

Le Canu s'étonne du comportement inhabituel de l'officier-marinier. Il l'observe en coin en commençant à marcher à la hauteur exacte de ses compagnons.

— Attention, souffle à voix basse le sous-officier, je vais compter jusqu'à trois et on se retourne ensemble en visant le gros buisson qui est juste derrière nous... Compris ?

Martinez et Berluraut ont bien entendu l'ordre de feu. Les bérets-verts arment leurs mitraillettes sans bruit.

— J'y vais, avertit le chef au masque crispé par l'intolérable tension qui l'habite, un...

Les bérets-verts plus éloignés dans la progression ne se rendent pas compte du drame qui se noue. Ils sentent la fin de l'opération victorieuse et marchent en lançant des plaisanteries triviales.

— Deux, lâche leur chef.

Le Canu répète mentalement le mouvement qu'il va effectuer.

— Trois, hurle Perrault.

Les quatre commandos se retournent. Leurs longues rafales ébranchent le buisson derrière lequel se sont tapis les rebelles trop heureux d'avoir échappé à la fouille. Le reste du groupe se retourne lui aussi. Les rebelles n'ont pas eu le temps de riposter.

— Ils ont tous morflé à la tête, constate un voltigeur qui a bondi après la dernière rafale, chapeau patron !

Perrault reprend le T.R.P.P. 8. Il rend compte à Large du

résultat de ses tirs. Le pacha annonce à son tour à Servent la récupération de l'arme collective ennemie, un Bar canadien. Perrault entre aussi en contact avec Hischer.

— Merci, lui transmet-il simplement.

Les commandos se remettent en marche après avoir refouillé les buissons tout autour des trois corps qui se vident de leur sang. Hischer les regarde relancer leur progression.

— Le fell qui m'a heureusement alerté a dû tirer sans le vouloir en manœuvrant son arme, avance-t-il en commentant pour lui-même l'événement brutal.

Les rescapés des groupes rebelles se heurtent aux bouclages de l'armée de terre. Servent ramène les commandos à Frenda. Ils ont abattu en tout vingt-quatre rebelles et fait treize prisonniers.

— On aura les autres dans quelques jours, prévient Nouguier, un tireur au fusil à lunette de Large qui porte toujours des gants blancs en opération et que tout le monde surnomme le Yéti.

Le quartier-maître voit juste. Servent héliporte à nouveau De Penfentenyo dans le carreau 50 à l'aube du 26 février. Les hommes de Large refouillent en trois éléments la zone des combats du 23. Ils capturent quatre rebelles et rentrent au soir à la ferme March.

Des H.L.L. moins gradés que Hadj Abdelkader se rendent à Servent. Les katibas 572 et 573, décimées, ne se manifestent bientôt presque plus. Les bérets-verts s'échinent à la traque de derniers groupes constitués.

La section Fabre, de Jaubert, est héliportée au matin du 2 mars sur la Gaada d'El Biar qui prolonge le djebel El Mesref dans la partie nord du carreau 50. Les groupes de l'officier de

réserve sont épaulés pour la manœuvre montée sur renseignement par un groupe détaché du P.C. de Servent. Les bérets-verts accrochent tout de suite une petite équipe de fellagha surprise au gîte. Deux rebelles meurent sous une grêle de balles tandis qu'un troisième échappe miraculeusement à l'assaut brutal.

L'élément de renseignement amené avec le groupe du P.C. identifie aisément les deux morts.

— Nous avons eu les lieutenants Hamza si Mabrouk et Tahar, annonce Fabre par radio.

Servent donne l'ordre de démonter le coup de main. Les bérets-verts de Jaubert regagnent leurs tentes de la ferme March. Maintenant habitués au succès, ils ne pavoisent pas. Ils espèrent simplement que le décryptage de la masse de documents saisis sur les officiers de l'A.L.N. permettra au pacha du groupement de les lancer sur des coups aussi sûrs que celui qu'ils viennent de réussir sans pertes.

34

A L'ASSAUT DU M'ZI

Les bérets-verts de Servent quittent le campement de la ferme March le 9 avril 1960. Ils vont en repos à la base arrière d'Arzew. Penfentenyo part en France. Le commando De Montfort, toujours commandé par Le Deuff, vient le remplacer en Algérie. Le répit offert aux vainqueurs de Zacharia ne dure que dix jours. Servent reçoit le 20 avril un ordre du général Gambiez qui lui enjoint d'aller s'installer à Geryville avec les hélicoptères de Babot, à cent cinquante kilomètres au sud de Frenda.

Les commandos campent à l'ombre toute relative d'une longue pinède qui frôle l'ouest de la ville aux maisons basses. Servent lance sa première opération à la recherche de la katiba 533 qui grenouille dans le massif du Touillet Makna, une montagne haute de mille neuf cent soixante-dix-sept mètres située à moins de dix kilomètres au sud de Boualem. Les bérets-verts ne trouvent sur leur nouveau terrain de chasse que quelques maigres traces de passage de la katiba.

— Pourtant, commente un chef de section de Jaubert, il y a du monde dans la région, vous pouvez en être certains...

Les commandos de l'officier de réserve attendent au bord de la route de Boualem les camions qui doivent les ramener à Geryville. Leur chef, ruisselant de sueur comme chacun d'eux, leur apprend que les fellagha ont détruit une quinzaine de G.M.C. au cours d'une énorme embuscade.

L'arrivée du convoi de recueil met fin aux commentaires, les bérets-verts regagnent la pinède de Geryville.

Les commandos parcourent dans les jours suivants l'immense plaine alfatière qui court au nord de Geryville, vers les hauts plateaux dominant le Chott Ech Chergui. La première semaine du mois de mai ne leur permet pas de rencontrer un seul rebelle au cours de leurs longues marches.

La moitié du commando de Scheidauer quitte Geryville le 6 mai pour tenter de découvrir des caches utilisées par la katiba 533. Un message tombe à seize heures au P.C. de Servent. Il annonce qu'une grosse bande rebelle a franchi la frontière au sud-ouest d'Aïn Sefra. L'officier de Marine à fines moustaches alerte ses commandos disponibles et rameute Jaubert par radio.

Une section de Montfort embarque dans les hélicoptères de Babot qui prennent leur essor vers Aïn Sefra. Le campement de la pinède est en effervescence. Des camions chargent les deux dernières sections de Le Deuff, le commando Trepel en entier, la moitié de Jaubert et le P.C. de Servent. Le convoi prend à toute vitesse la direction du terrain d'aviation de Geryville où se pose une noria de Nord 2501. Les groupes de Jaubert rappelés de la montagne rentrent au campement lorsque les avions décollent.

— On part à Aïn Sefra en camion, leur apprend leur chef de section un peu dépité d'avoir manqué le départ aérien, près de deux cents bornes... Ça va être joyeux...

Les Nord se perdent vers l'ouest. Le ciel de Geryville retrouve son silence brûlant. Le calme s'est emparé de la pinède déserte. Les derniers commandos de Scheidauer prennent la route à la nuit. Servent est à Aïn Sefra. Le colonel de Sèze, patron du 2e R.E.I., lui explique ce qu'il attend de son groupement.

— Nous avons des pertes sérieuses, apprend-il au marin qu'il connaît bien, j'ai perdu un lieutenant dans l'affaire... Les fellagha sont sur le M'Zi... Ils sont certainement plus de deux cents...

Le pacha des commandos n'interrompt pas l'officier de Légion. Il prend des notes.

— Bon, conclut le colonel, vous filez sur Daïet el Kerch, et nous aviserons ensemble là-bas...

La moitié du commando de Montfort amenée à pied d'œuvre par les Sikorsky de Babot est héliportée en bouclage sur l'oued El Mizab, un des nombreux et maigres cours d'eau qui ont leurs sources dans le massif occupé par le bataillon de l'A.L.N.

La nuit tombe. Des colonnes de camions grondent sur la route de Djenien Bou Rezg. Elles amènent autour du poste de Daïet le reste de Montfort, les commandos d'Eliès, le P.C. de Servent et la moitié de Jaubert. Le reste des sections de Scheidauer rallie la base de départ de l'opération à trois heures du matin. Les bérets-verts dorment à même le sol pendant que leurs officiers apprennent plus de choses sur les rebelles piégés sur les hauts du M'Zi, entre mille et deux mille deux cents mètres d'altitude.

D'autres unités, des légionnaires et des tirailleurs algériens, convergent vers le massif bien cerné. Tout est en place pour l'attaque finale en début de matinée du 7 mai.

Le colonel de Sèze fait héliporter en premier le P.C. mobile de son régiment. L'unité comprenant une vingtaine de légionnaires encombrés de postes radio, de jumelles puissantes et de cartes, commandée par le chef de bataillon Met, un gaillard épais à la nuque rase, décolle un peu avant dix heures. Elle doit se poser à deux mille mètres d'altitude pour dominer la majeure partie du djebel à attaquer. Les hélicoptères larguent leurs sticks sans dommage sur un piton escarpé. Des rafales prennent les légionnaires pour cible dès qu'ils s'éloignent. Met alerte son colonel.

— Je suis en plein contre les fells, lui annonce-t-il calmement, je vais essayer de les tenir au large...

De Sèze alerte à son tour Servent.

— A vous de jouer, commandant, lui ordonne-t-il à son P.C. fixe de Daïet el Kerch, le commandant Met est en mauvaise posture là-haut...

L'héliportage d'assaut s'organise dans un vacarme rare. Le reliquat du commando du lieutenant de vaisseau Le Deuff est déposé près de la section qui a veillé toute la nuit dans les rochers de l'oued El Mizab. Un second héliportage pousse le commando au complet au nord du M'Zi, à plus de trois kilomètres du feu qui cerne les légionnaires de Met, de l'autre côté du djebel tenu par le bataillon rebelle.

Jaubert est enlevé à son tour. Les Sikorsky de l'Aéronavale droppent rapidement les sticks de Scheidauer à plus de deux kilomètres et demi du P.C. légionnaire qui appelle à l'aide de façon de plus en plus pressante.

Les bérets-verts se lancent à la course dans des éboulis parsemés de quelques maigres buissons. La pente qui mène aux deux mille mètres du piton tenu par le groupe de légionnaires isolé est raide. Des troncs d'arbres morts, lissés par des vents de sable, dressent leurs squelettes blancs vers le ciel. Des T.6 plongent sur le M'Zi pour empêcher les rebelles de fuir vers les pentes ouest de la montagne qui dominent le Maroc.

— Plus vite, s'énerve Scheidauer en couvrant de son regard vif la plus grosse partie de ses groupes, les légionnaires sont à bout...

Barret donne l'exemple. Les deux pièces de sa deuxième section peinent pour suivre ses foulées volontaires. Tremblay râle comme lui seul sait le faire, en longues litanies d'horreurs marmonnées. Il envie les voltigeurs qui escaladent facilement les rochers gris et roux.

Les commandos sont pris à leur tour sous le feu rebelle. Le Nantais oublie sa colère et sa fatigue. Il est en enfer, chez lui. Ses jurons exorcistes font place à des encouragements qu'il prodigue à son chargeur et à ses pourvoyeurs en nage.

Les marins rejoignent enfin les képis-blancs du commandant Met. Ils obligent rapidement les rebelles à refluer vers les crêtes du M'Zi et à abdiquer toute idée d'assaut.

— Il était temps, souffle un tireur au fusil-mitrailleur du 2e étranger d'infanterie, il me reste tout juste un demi-chargeur...

Des pourvoyeurs de Scheidauer passent quelques boîtes de cartouches de 7,5 aux hommes très calmes qui ont allongé leurs morts et leurs blessés à l'abri des roches.

Les fellagha ont rejoint le gros de leur katiba qui se terre pour échapper aux bombes et aux bidons de napalm de l'Aéronavale et de l'Aviation. Scheidauer étale ses groupes devant le P.C. tiré d'affaire. Servent vient s'installer à la place de Met, et prend la direction de la manœuvre. Il avertit le P.C. de l'appui aérien de l'imminence de l'assaut qu'il achève de préparer.

— Votre travail est parfait, précise-t-il aux pilotes des chasseurs et des bombardiers légers, exécutez encore deux passages et dégagez au large... Merci !

Scheidauer attend l'ordre de libérer ses hommes tendus à l'extrême. Il a étalé sa première section tout à gauche de son dispositif impatient. La deuxième section de Barret se prépare à soutenir le rush de la troisième section. Servent a décidé de lancer Jaubert à gauche des sections de Trepel. Eliès espère lui aussi l'ordre du pacha du groupement.

Les avions achèvent leur travail infernal. Les commandos sont graves. Ils fixent tous la ligne irrégulière des rochers à nettoyer.

— Dommage que Fleury ne soit plus là, regrette Bonnot en pensant soudain au rapatrié sanitaire, c'est un truc pour lui...

Les T.6 piquent une dernière fois après l'ultime largage de bombes des B.26. Servent guette la dernière rafale du dernier monomoteur de fabrication américaine. Il prend son souffle, jette un regard dur vers les lignes bien formées de Jaubert et Trepel, lève sa canne en direction de la forteresse naturelle à investir, et hurle de toute la puissance de son large coffre l'ordre d'assaut tant attendu.

Une clameur libérée par cent quarante poitrines en feu répond à son cri en couvrant le vacarme des armes rebelles. Les tenues chamarrées des commandos filent droit sur l'ennemi.

Les A.A. 52 de Jaubert obligent les fellagha les plus proches à baisser la tête. Eliès court à la tête de ses hommes. Il vit intensément et lucidement le splendide assaut qui se développe et représente l'aboutissement de sa vie de soldat. Il guide de sa voix aiguë ses voltigeurs sur les premiers points de feu à réduire. Des grenades éclatent entre les rochers. Elles déchiquettent des corps. Toute la montagne sent la poudre. Le vacarme est terrible.

Barret nettoie des trous d'où jaillissait le feu rebelle. Le sommet du M'Zi n'est bientôt plus séparé de l'avance implacable des commandos que par les à-pics d'une falaise percée de failles.

Le rush marque un temps d'arrêt. Spérandio, un tireur au fusil-mitrailleur, se place en batterie entre deux rochers. Il s'écroule sans un cri contre la crosse métallique de son arme au canon brûlant. Il meurt vite, le dos percé d'une balle tirée du haut de la falaise.

L'annonce de sa mort court de groupe en groupe dans le vacarme des armes. Ses compagnons deviennent enragés. Leurs yeux durs promettent la mort aux rebelles qui résistent encore et lancent des grenades du haut du M'Zi. Servent manœuvre avec son P.C. sur la gauche de l'assaut. Il relance le mouvement stoppé par la falaise. Le long plateau est atteint. Les rebelles refluent vers son extrémité nord qui croule en à-pics vertigineux.

— On les a eus, gronde Bonnot les oreilles bourdonnantes.

Il est un peu plus de quatorze heures. Les chefs de section laissent souffler leurs hommes à bout de nerfs. Ces derniers ne prêtent même plus attention aux coups de feu qui jaillissent encore de quelques trous de rochers.

— Il faut maintenant fouiller tout ça, décide Servent après avoir fait le point de la situation favorable aux armes françaises.

Le nettoyage serré des rochers commence. Il est ponctué d'éclatements de grenades, de courtes rafales, d'exhortations à la reddition et de cris de douleur.

Les tonnes de bombes larguées sur le site empuanti n'ont pas causé de gros dommages aux compagnies du bataillon rebelle qui étaient bien enfoncées dans des grottes. Des combats d'une violence extrême se déroulent çà et là. Eliès court de groupe en groupe en faisant le coup de feu. Boussange, un de ses quartiers-maîtres, vient d'arracher une mitraillette allemande à un rebelle mourant. Il en retire le chargeur d'un geste brusque avant de déposer sa prise sur un rocher. Une rafale gicle à quelques mètres devant lui. Il s'écroule, touché à mort. Le second maître Seguin boule lui aussi entre les rochers. Une balle a pénétré sous son menton volontaire. Il est mort sur le coup.

Jaubert se porte à la hauteur de Trepel. De Montfort parvient à son tour sur le M'Zi qui fume comme un volcan. Des hélicoptères approchent du feu pour enlever les trois morts et les blessés des commandos. Une vingtaine de prisonniers est regroupée au P.C. de Servent. Des bérets-verts en sueur amènent des brassées d'armes aux pieds d'Eliès. Servent transmet par radio un premier bilan au colonel de Sèze.

— Soixante-seize tués, claironne-t-il d'une voix fière dans le combiné de son poste, vingt-quatre prisonniers, dont le chef de bataillon Hamidi…

Et le marin à la canne énonce l'impressionnante liste du

matériel récupéré par ses hommes. Une mitrailleuse M.G. 42, soixante-huit fusils, quatorze pistolets-mitrailleurs, quelques pistolets, plus d'une centaine de grenades, des munitions en quantité et des dizaines de kilos d'explosifs destinés à faire sauter le barrage électrifié.

Les deux morts de Trepel sont étendus tout près du tas d'armes. Robin, Pastini et Nobilet, les compagnons d'engagement de Fleury, se chargent d'une civière avec un quatrième voltigeur aux traits ciselés par la fatigue et la peine. Le corps de Spérandio qu'ils transportent leur paraît léger. Les bras du mort accompagnent leurs efforts pour garder l'équilibre au travers des rochers d'un lent balancement.

Les Sikorsky se posent. Les bérets-verts y embarquent rapidement leur cargaison sanglante. Le commandant du bataillon étrillé demeure assis contre un rocher, tout près de Servent. Il reste longtemps prostré, la tête entre les mains.

— Il y a tellement longtemps que j'attendais le grand honneur de combattre en terre algérienne, lâche-t-il lorsque son vainqueur le questionne, je n'aurais jamais dû tenter le passage avec autant d'hommes...

Le capitaine de corvette hausse les épaules d'un air fataliste pour appuyer l'évidence du propos du chef vaincu. Les survivants des katibas détruites se faufilent vers le Maroc sur le flanc ouest du M'Zi.

— Ils ne sont certainement pas prêts à se porter volontaires pour revenir par chez nous, avance un des guetteurs qui ont signalé leur progression furtive.

*
**

La nuit tombe sur le djebel conquis. Les commandos se protègent de la fraîcheur en se coulant dans des trous de roches. Des avions viennent lancer quelques lucioles au-dessus du plateau étroit. Très las, les commandos goûtent leur victoire en silence. Ils redescendent le lendemain dans la plaine, chargés de butin. Le drapeau du bataillon Hamidi est soigneusement plié dans un sac de combat.

Le groupement vainqueur est héliporté le lendemain sur le Rass Beni Smir, puis rentre sur ses bases de Geryville.

Servent organise une grande parade dans la ville. Les porte-fanion de Jaubert, Trepel et De Montfort ouvrent le défilé. Le quartier-maître Eslander marche quelques mètres derrière les gardes fières. Il traîne dans la poussière l'étendard du commandant Hamidi.

Un groupe de Trepel : Marrette, Gautron, Servent, Arnaud, Brient, Lemarchand, Tayeb, Daubignard, Vallés, Bivic, Barret, Affanassief, Guillic, Nénert, Poulzanec et Perris posent avec un des trophées arrachés au bataillon Hamidi.

Un bilan après l'assaut du M'Zi.

35

LA KATIBA 533

Les bérets-verts de Servent accentuent dès le lendemain de leur triomphe à la romaine la pression sur la katiba. De Montfort accroche durement les fellagha le 24 mai, et perd le matelot Calvarin, tué d'une balle en plein cœur.

Les autorités du Sud oranais montent une manœuvre baptisée Prométhée, une énorme opération qui s'enclenche le 5 juin. Servent installe son P.C. mobile dans un poste carré, bâti en dessous du ksar séculaire de Ghassoul, à quatre-vingts kilomètres au sud de Geryville. Les bérets-verts sont héliportés plusieurs fois chaque jour. De petits accrochages émaillent le déroulement de l'opération qui ne réussit pas à fixer la katiba, dont les éléments très fluides se coulent diaboliquement entre les mailles des bouclages les mieux montés. Il faut attendre le 11 juin pour qu'un élément rebelle conséquent se laisse enfin piéger. Le lieutenant de vaisseau Le Deuff a placé De Montfort au repos en dessous du ksar de Ghassoul. Ses hommes reprennent des forces après de longues journées de marches et des nuits d'embuscades. Ils sont mis en alerte à sept heures.

— Les commandos de l'Air ont accroché, apprend l'enseigne de vaisseau Bonbon, toujours second du commando, aux gradés des sections mal reposées, ils ont de la casse…

Les bérets-verts sont héliportés sur le djebel aride où souffrent les bérets-noirs de l'armée de l'air. Un groupe de fellagha tente de s'échapper par le fond d'un oued à sec. Le Deuff l'aperçoit et lance sa troisième section à ses trousses pendant qu'un élément de fantassins de l'Aviation se déplace en bouclage pour fermer l'oued.

Le combat est brutal et ne dure pas longtemps. Les aviateurs

Les corps de Seguin et Boussange.

perdent cinq hommes dans l'affaire. Neuf corps de rebelles vont se dessécher sur les rochers brûlants. Des prisonniers, abrutis par la violence de l'assaut auquel ils ont survécu, sont dirigés vers des équipes de renseignement. Le Deuff reçoit l'ordre de ramener ses sections au P.C. mobile de l'opération. Il attend en vain qu'on lui propose un moyen de transport, hélicoptères ou camions. Puis se résigne à lancer son commando à travers le djebel. Les bérets-verts parcourent près de vingt kilomètres pour rejoindre leurs pénates.

Prométhée se poursuit après le coup de main réussi. Trepel, le P.C. de Servent et De Montfort sont héliportés une nouvelle fois au petit matin du 18 juin sur le massif du Touillet-Makna, au sud désertique de Boualem, où le gros de l'insaisissable katiba 533 se serait replié après avoir franchi les barrages de Prométhée. Les bérets-verts grenouillent vainement toute la matinée. Ils sont en eau. Leurs tenues camouflées délavées leur collent désagréablement à la peau. Des T.6 plongent au loin sur un oued. Eliès reçoit l'ordre de préparer ses hommes à un nouveau mouvement héliporté. Il apprend en même temps que les rebelles paraissent coincés sur le djebel Debissa.

Les hélicoptères arrachent les sticks de Trepel au plateau surchauffé sur lequel le grand officier aux joues creuses a regroupé ses trois sections après l'ordre d'héliportage. Les bérets-verts, dès qu'ils sont posés, marchent vers l'oued rudement matraqué par l'aviation de chasse. Ils accrochent très vite. Bosc, l'enseigne de vaisseau qui commande la première section du commando, lance un assaut dès les premières rafales ennemies. Ses A.A.52 ébranchent les buissons secs qui enchâssent les rochers protégeant les rebelles. Le feu de ces derniers est si fort que le rush des commandos se brise net. Les groupes de Bosc sont obligés de se tapir dans les rochers. D'autres armes ennemies se dévoilent, de plus loin. Le chef de section réclame l'appui de l'aviation. Deux T.6 plongent à quelques dizaines de mètres de ses premiers voltigeurs avec une rare précision. Le djebel Debissa n'est plus qu'une immense caisse de résonance. Des renforts approchent de la montagne en éruption. Le commando Jaubert accroche lui aussi un autre élément de la katiba enfin piégée.

Les T.6 appelés à la rescousse par Eliès s'éloignent. Bosc se lève derrière un rocher et inspecte à la jumelle l'endroit qu'ils ont mitraillé et traité à la roquette. Il hèle un de ses chefs de groupe.

— Ils sont sonnés, lui annonce-t-il, on y va...

Les bérets-verts repartent à l'assaut. Les buissons s'épaississent, les rochers se resserrent. Les voltigeurs ne peuvent rien voir à plus de six mètres devant eux. L'un d'eux, le quartier-maître Valehaut, grogne de douleur en portant la main gauche à sa bouche. Il se rejette en arrière. Son chef de section se lance vers lui. Le blessé, qui s'était un peu plus avancé que ses compagnons au-dessus des rebelles, oublie sa douleur pour rendre compte de ce qu'il a vu avant d'être touché.

— Il y a des fells tués juste devant nous, réussit-il à balbutier en crachotant des caillots de sang, les autres sont plus sur la gauche... à un peu plus de cent mètres...

Immédiatement renseigné par Bosc, Eliès fait bouger sa première section pour couper le repli de quelques rebelles qui tentent d'échapper à sa manœuvre. Le grand officier scrute de temps en temps le ciel pour voir si sa deuxième section arrive à la rescousse. Sa radio grésille. Il s'empare nerveusement du combiné. La voix cassée d'un pilote de Piper se fait entendre.

— Fellagha dans le thalweg sur votre gauche, annonce l'observateur, ils filent vers le sommet...

Le pilote de l'avionnet frôle dangereusement le djebel. Eliès suit sa course d'un regard enfiévré par l'ardeur du combat tout en écoutant le message. Sa deuxième section se pose. Il la lance tout de suite aux basques des fuyards. Le renfort cavale dans un terrain impraticable. Il accroche au bout d'un quart d'heure de course haletante. Un rebelle s'écroule dans les rochers, touché à mort.

— J'ai aussi un prisonnier, annonce par radio le chef de la deux, le bonhomme porte des chargeurs de Bar, la pièce ne doit pas être très loin de nous...

Les yeux du pacha s'illuminent un peu plus à la nouvelle.

— Trouvez-la, ordonne-t-il sèchement.

La section de renfort progresse encore dangereusement de quatre-vingts mètres entre les enrochements du thalweg. Des grenades offensives explosent dans les trous les plus sombres.

— Regardez, hurle soudain un des trois harkis du commando en s'adressant au second maître Montarnier, le F.M... Il est là...

Le chef de groupe aperçoit le canon de l'arme canadienne qui se met à tirer sur ses hommes. Il largue une longue rafale de mitraillette. L'arme disparaît sous le buisson qui l'abrite.

— Je l'ai eu, se dit l'officier marinier en profitant du répit pour avancer encore de quelques mètres sur l'ennemi.

Le Bar se manifeste à nouveau. Il ne tire plus qu'au coup par coup, comme un vulgaire fusil.

— J'ai dû toucher son tube de récupération de gaz, envisage le chef de groupe en faisant signe au harki tout proche de lui de se tenir prêt à foncer encore, il est foutu...

Et le second maître jaillit du rocher derrière lequel il s'était abrité à la réapparition du F.M. Sa mitraillette vomit une vingtaine de balles de 9 mm. Le servant de la pièce rebelle hurle. Puis il meurt, couché sur son arme endommagée. Eliès apprend aussitôt la récupération du Bar. Il jubile un court instant, puis décide de brusquer encore les choses pour anéantir les rebelles avant la nuit.

Ses trois sections réduisent un à un les points de feu de la katiba. Jaubert et les commandos de l'Air font eux aussi du bon travail. Les hommes de Scheidauer prennent à leur tour un F.M. Les mouvements d'assaut se rejoignent en tenaille. Les T.6 effectuent un nouveau straffing précis. Puis s'éloignent du djebel. Les commandos se lancent à la curée en hurlant. Les fellagha sacrifiés au repli de leurs chefs meurent un à un. L'obscurité noie le djebel enfumé. Les bérets-verts passent la nuit tout près des cadavres ennemis.

L'opération Prométhée dure jusqu'au 23 juin, sans amener de succès comparables au combat du 18.

Servent ramène ses hommes à la pinède de Geryville.

***

L'A.L.N. tient à venger ses morts. Les djounouds de la katiba 533 enlèvent, le 1er juillet 1960, quatorze musulmans de Ghassoul. La fine fleur du ksar fait partie des otages. Une opération de récupération est aussitôt lancée. Un élément de poursuite du 23e spahis arrête un suspect. L'homme, un berger, avoue vite qu'il vient de livrer des moutons à la bande de ravisseurs.

— Les fellagha sont au repos dans l'oued Mellal, précise-t-il aux spécialistes du renseignement.

Le groupement des commandos est mis en alerte. Servent ne dispose que du commando De Penfentenyo, qui rentre de son tour de repos en métropole. Ses autres unités sont en stage de saut à Blida.

***

La moitié du commando bien reposé est héliportée vers

Ghassoul. Le lieutenant de vaisseau Large embarque dans une Alouette avec le prisonnier des spahis. Le reste du commando demeure en réserve sous les ordres de l'enseigne de vaisseau Balzé.

Les hélicoptères rasent bientôt un chaos de larges dalles imbriquées, sculpté par des millénaires de vents de sable et qui domine le tracé encaissé de l'oued Mellal. Les gorges du cours d'eau s'évasent vers le nord, des buissons maigres de lauriers-roses et de larges plaques de touffes d'alfa le tapissent. Le prisonnier n'a pas menti. Le pilote de l'hélicoptère canon aperçoit à quinze heures trente des rebelles qui courent vers des grottes. Son canon de 20 mm les poursuit. Large lance la section de l'enseigne de vaisseau du Vignaux sur la droite des rebelles pendant que sa seconde, menée par Lesteven, un autre officier de réserve volontaire pour servir dans les commandos, les travaille de face et sur le sommet du plateau de dalles géantes.

Puis le lieutenant de vaisseau décide d'héliporter en renfort le reste de son commando. Le reliquat de ses sections se pose à un peu moins de deux kilomètres à l'ouest du feu. Large manœuvre souplement vers le sud avec son groupe de commandement pour parfaire encore sa prise en tenaille. Les ravisseurs des notables de Ghassoul sont inexorablement cernés. Ils acceptent le combat sans issue. Leurs tireurs accagnardés à cent mètres des premiers voltigeurs du commando réussissent à toucher l'hélicoptère canon. Le pilote de l'engin est obligé de s'éloigner du feu pour ne pas risquer l'écrasement.

Tout le commando parvient à distance d'assaut après avoir tué quelques rebelles. Bothorel, un second maître de la section du Vignaux, rescapé comme Pihan et Caroff de la tuerie de Ninh Binh, est touché d'une balle à la main droite, et son chef de section est plus légèrement blessé. La mitrailleuse allemande qui a obligé le barlut-canon à voler au large tire sans discontinuer d'un petit fortin naturel. Des rebelles rejettent avant qu'elles n'explosent les grenades que leur lancent les hommes de Large qui ont réussi à se placer sous elle.

— S'ils tiennent comme cela jusqu'à la nuit, enrage le pacha du commando, ils ont une chance de nous filer entre les doigts...

La chasse ne peut plus rien pour les bérets-verts trop avancés dans le feu. Mourlan, un quartier-maître de Lesteven, très brun, décide de brusquer les choses. Il se défait de son sac T.A.P.

— Couvrez-moi, demande-t-il ensuite aux voltigeurs qui sont les plus proches de lui, je vais les avoir...

Et il commence à escalader les rochers qui mènent au-dessus de la faille qui abrite l'arme redoutable. Ses compagnons plus éloignés l'aperçoivent. Ils retiennent leur souffle en suivant sa progression du regard.

L'escaladeur n'a conservé que sa dague pour tout armement. Il réussit à contourner les rebelles et rampe silencieusement sur trois mètres au-dessus d'eux. Le tissu de sa tenue camouflée crisse sur la dalle penchée vers la niche de la mitrailleuse qui tire toujours.

— Ils ne sont que quatre là-dedans, se rend compte le commando en sueur, j'ai une chance...

Et il écoute le chant de mort de la M.G., guettant le moment où les fellagha vont être obligés de changer de bande. L'arme se tait.

— C'est le moment, s'encourage le béret-vert, j'y vais...

Le commando se laisse tomber au milieu des servants de la pièce. Les rebelles ne réalisent pas tout de suite ce qui leur arrive. Mourlan plante sa dague dans le dos du tireur de la M.G., agrippe solidement un autre rebelle en le tenant devant lui comme un bouclier pour empêcher l'action des deux autres servants de la pièce muette. Puis il se dirige vers l'ouverture de l'abri enfumé, en poussant son prisonnier. Le fellagha éructe sans pouvoir se défaire de la prise professionnelle du béret-vert. Il hurle de terreur lorsque celui-ci le projette sur les rochers, sous les balles de ses amis.

Le second maître Grospiron, un homme épais, a commencé à grimper vers son quartier-maître dès que la M.G. s'est tue. Il abat le troisième servant de la pièce tandis que le quatrième se lance dans une galopade affolée. Le fuyard se casse en deux, cueilli par une volée de balles de 9 mm, et meurt. Des commandos bondissent vers lui pour le fouiller.

— Chef, hurle l'un d'eux à l'attention de Grospiron, c'est une huile...

Les papiers du mort sont apportés à Large. Il les examine rapidement et rend compte par radio de la mise hors de combat du commandant de la katiba 533, puis relance sa progression vers le reste de la bande qui tire encore.

*
**

Une seconde mitrailleuse prend durement les commandos à partie. La section Lesteven est bloquée devant elle. Large dépêche un groupe de renfort vers les commandos piégés qui subissent, en plus de l'infernale pression de l'arme automatique, quelques tirs de snipper placés loin dans son dos. Le renfort parvient sans dommages au-dessus de la pièce dont le tireur bénéficie d'un angle de tir de cent quatre-vingts degrés depuis le bas de la dalle qui le protège.

Deux voltigeurs profitent d'un angle mort pour se couler tout près de la casemate imprenable de face. Un troisième commando se hisse carrément au-dessus des rebelles. Il commence à descendre tout doucement vers eux. La pente du rocher devient telle qu'il ne peut bientôt plus contrôler sa manœuvre. Il glisse inexorablement vers la bouche de feu.

— Fais pas le con, Roland, hurle à l'homme en difficulté le quartier-maître Delecroix, un des deux bérets-verts plaqués tout près de la pièce, tu vas...

Delecroix ravale ses conseils hurlés. Roland tombe à moins de cinq mètres devant la pièce ennemie. Une balle fracasse la crosse de son fusil. L'arme rebondit sur le rocher. Un autre projectile traverse la poitrine du commando qui trouve la ressource de bondir vers ses compagnons, et s'affale tout contre eux en gémissant. Ces derniers l'empoignent et le hissent au sommet du plateau en contournant la pièce rebelle. Large demande aussitôt une évacuation par hélicoptère. Une Alouette emmène le blessé vers l'hôpital de Méchéria.

Il est dix-neuf heures trente. La M.G. ne mollit pas ses tirs. Le second maître Alizard a réussi à faire avancer quelques commandos de son groupe juste en dessous d'elle. Caron, un de ses quartiers-maîtres, idéalement posté, laisse fuser pendant cinq secondes une grenade dans sa main droite. Puis la lance dans la faille.

L'engin explose. Caron bondit vers le trou qui crache de la fumée, empoigne le canon de la mitrailleuse et le tire violemment vers lui. Il laisse échapper un grognement de douleur en se brûlant les doigts, mais ne lâche pas la pièce. La M.G. apparaît bientôt tout entière au grand jour. Detroyat, un de ses compagnons, bondit dans l'abri en tirant une longue rafale. Alizard tire lui aussi dans le repaire enfumé. L'assaut final est lancé. Caron et ses compagnons jettent sur les rochers les trois servants de la M.G., et cinq prisonniers tremblants craignent la mort au milieu des bérets-verts. Des tirailleurs algériens arrivent à la rescousse. Ils mettent hors de combat les fellagha qui tiraient dans le dos des commandos. Large fait rapidement fouiller les sacs de combat récupérés dans les trous investis. Il grimace soudain en décryptant les papiers du commissaire politique de la katiba décimée.

— Les salauds, gronde-t-il en tendant le papier qu'il vient de parcourir à un de ses chefs de section.

Les commandos vainqueurs apprennent que les villageois enlevés à Ghassoul ont été égorgés la veille. Les rebelles n'ont même pas épargné la femme et l'enfant qui étaient parmi eux. Quelques bérets-verts fixent durement les prisonniers qui attendent leur évacuation.

La nuit tombe. Les deux mitrailleuses allemandes trônent au milieu de quatorze armes individuelles, d'un monceau de grenades, et de tas de munitions en vrac. Les bérets-verts apprécient leur bilan sans joie excessive.

— Ça fait tout de même vingt-trois à un, conclut l'un d'eux en apprenant la mort du matelot Roland en rentrant à Geryville, c'est encore trop cher payé...

36

LA MORT DU PACHA DE JAUBERT

Le combat de l'oued Mellal est abondamment commenté dans la presse d'Algérie. Les quartiers-maîtres Caron et Mourlan sont promus seconds maîtres au feu et leur commando défile le 14 juillet à Oran.

Servent quitte le groupement des commandos le 3 août 1960. C'est le capitaine de corvette Richard, l'ancien pacha de Jaubert qui remplissait jusque-là les fonctions de second de l'officier à la canne à tête de chien qui lui succède. Les commandos sont réclamés dans le secteur d'Aïn Sefra où Trepel poursuit le 4 août une bande rebelle qu'elle repousse au Maroc après quelques escarmouches. Le commando De Montfort vient relever dès le lendemain les hommes d'Eliès. Les deux commandos se croisent au poste d'Hadjerat-M'Guil, à près de cent kilomètres au sud d'Aïn Sefra. Le Deuff franchit la chicane aménagée dans le barrage électrifié tout près du grand poste de la Légion et mène ses hommes en pleine zone interdite. Les commandos chargés de trois journées de vivres marchent pendant des heures, puis s'installent en chouff sous un soleil infernal au-dessus de l'oued Goursifane. Le pacha a étalé ses sections en trois points d'observation.

— Les fells, souffle soudain un commando de la deuxième section qui veille au-dessus d'un point d'eau, les voilà...

Deux rebelles approchent tranquillement. Ils portent des chapelets de bidons vides qui, tintinnabulant, ont alerté de très loin les guetteurs. Les fellagha déposent leurs gourdes dans la source maigre. Ils s'aspergent d'eau en riant aux éclats, remplissent les bidons de leurs camarades invisibles, puis repartent sur leurs pas.

Le capitaine de corvette Richard.

Les bérets-verts ont eu du mal à ne pas tirer. Le Deuff voit bientôt revenir vers le point d'eau deux autres soldats de l'A.L.N., tout aussi sereins que les premiers. Il devine la présence toute proche d'une forte bande et décide d'alerter la chasse aérienne par radio.

— Ils doivent être devant la deux, apprécie le lieutenant de vaisseau breton en donnant l'ordre aux aviateurs de straffer à priori les fonds de l'oued Goursifane d'est en ouest.

— Je vais tenir les fells au nord, prévient-il en fin de liaison radio.

Et il lance sa manœuvre en tenaille.

Les T.6 rameutés plongent sur l'axe donné. Les commandos accrochent les rebelles de la corvée d'eau un peu après quatorze heures. Ils tuent huit fellagha et font cinq prisonniers. Le Deuff se fait aussitôt amener ces derniers. Et commence à les interroger pendant que ses hommes fouillent encore les rochers. Les captifs baissent obstinément la tête en ne répondant que des borborygmes incompréhensibles. L'un d'eux se décide pourtant à parler au bout de quelques minutes. Il répond en français très correct aux questions pressantes de l'officier de Marine.

— Nous faisons partie d'une katiba qui devait attaquer un poste par là-bas, commence-t-il à dire en lançant une main vers l'est, nos chefs nous ont dit de ne pas nous laisser accrocher et que la mission comptait avant tout...

Le pacha de Montfort étudie l'équipement léger des rebelles vaincus tout en écoutant le bavard.

— Et où sont tes copains maintenant ? demande-t-il encore sans trop espérer une réponse précise.

Le rebelle moins apeuré que les autres prisonniers sourit franchement à son interlocuteur. Ses yeux brillent de malice.

— Là-bas, indique-t-il en jetant la main droite vers le plateau que viennent de dévaler les commandos de la troisième section de Montfort, derrière vous, mon commandant...

Le pacha sursaute.

— Nom de Dieu ! gronde-t-il pour lui-même en fixant la ligne de rochers qui le domine à moins de trois cents mètres au nord, on est frais...

Un avion d'observation est envoyé au-dessus du site suspect. Son pilote confirme les dires du captif dont les yeux trahissent toujours une intense jubilation. Le Deuff réagit vite. Il retourne son dispositif, s'empare d'une mitraillette allemande récupérée au cours du premier accrochage et lance ses hommes en direction de la falaise.

Un T.6 et un bombardier léger B.26 matraquent les rebelles pendant l'approche bien étalée des bérets-verts. Les avions s'éloignent en grondant lorsque ces derniers parviennent à distance d'assaut. Des hélicoptères, chargés d'un renfort réclamé par Le Deuff, approchent du Goursifane. Les commandos bondissent sous des grêles de balles et dans des explosions de grenades.

L'aile droite de l'assaut se fige soudain. L'enseigne de vaisseau François qui commande la troisième section du commando empoigne le combiné de son poste radio.

— Nous sommes bloqués par une mitrailleuse, hurle-t-il dans le vacarme pour expliquer son piétinement anormal au pacha, elle n'est qu'à trente mètres de nous...

Des buissons très secs s'enflamment de place en place sur la pente. Benachour, un second-maître au visage de boxeur, s'écroule, cassé en deux par une rafale de la M.G. Un de ses quartiers-maîtres a le menton fracassé par une balle. Il hurle.

— Sallefest, crie le matelot Melot, son meilleur ami, bouge pas, j'arrive...

Et le matelot réussit à agripper l'homme à la mâchoire sanglante et à le tirer en arrière malgré la blessure qu'il a reçue au bras. Les deux hommes s'affalent derrière un rocher sur lequel s'écrasent des balles de mitrailleuses.

Les légionnaires amenés en renfort par les hélicoptères marchent au feu en ratissant au large du Goursifane. Le Deuff décide de donner une conclusion à l'accrochage. Il presse ses chefs de section par radio. L'enseigne de vaisseau François relance son mouvement. Il perd encore le quartier-maître Le Bon, un grand gaillard qui meurt d'une balle dans le cœur. Les servants de la M.G. s'affolent. L'arme ne tire bientôt plus. Quelques rebelles tentent de briser l'étau de feu qui se resserre. Ils sont abattus un à un par les bérets-verts déchaînés.

La première section de Le Deuff se glisse entre les enrochements les plus à l'ouest de la falaise. Elle abat sept rebelles dans sa ruée furieuse. Les fellagha rompent le combat. De petits groupes débandés se défilent vers le nord, vers les mailles du large filet que leur tend la Légion. Le feu meurt tout à fait devant les commandos. Les voltigeurs ramènent un butin considérable près de leur pacha. Ils ont récupéré une M.G., cinq fusils-mitrailleurs d'assaut, cinq mitraillettes et vingt-deux fusils qui ont été pris sur les trente-quatre cadavres qui gisent entre les rochers et les cinq prisonniers de la corvée d'eau qui a trahi le gros de la katiba légère.

Les opérations se poursuivent à bon rythme après le violent choc du Goursifane. Les commandos de Richard sont tour à tour en état d'alerte. Les hommes de Scheidauer sont mis sur le pied de guerre sur leur base d'Aïn Sefra le 26 octobre 1960. Ils sont amenés en camion jusqu'au bordj de Boussemghoun, à soixante kilomètres à l'est de la ville aux trois piscines, où des hélicoptères les attendent.

Scheidauer, fidèle à son habitude, passe de section en section.

— Barret, ordonne-t-il en arrivant près de la deuxième section, prenez un groupe de la une en renfort, et venez avec moi... Nous allons nous poser les premiers sur le Bou Lherfad avec mon groupe de commandement...

Le vainqueur de Zacharia rameute vite un groupe de la une. Des Sikorsky enlèvent les sticks de bérets-verts et les posent sur le djebel qui vit la mort de Sulpis.

Une Alouette se pose près des commandos. Un capitaine en descend. Il apporte des précisions sur l'opération au pacha de Jaubert.

— Un élément du 8e R.I.Ma est accroché là-bas, apprend-il au marin aux yeux toujours aussi pétillants, les rebelles ont réussi à faire quelques prisonniers...

Scheidauer plisse son front pas très large.

— Mais, poursuit le fantassin, ils ne sont pas nombreux... Treize tout au plus...

L'officier de Marine situe exactement le lieu de l'accrochage sur la montagne qu'il connaît à fond depuis le 16 août 1959. Il ne réclame pas plus d'explications à son interlocuteur.

— Les rebelles auraient une pièce de M.G., ajoute pourtant ce dernier avant de regagner le P.C. de l'opération.

Scheidauer lance sa manœuvre d'approche vers l'accrochage confus. Il donne l'ordre à Barret de marcher très au large sur sa gauche, pour contourner le feu.

— Nous, décide-t-il ensuite en entraînant son groupe de commandement renforcé par le second maître Desprez, un ancien des commandos Delayen en Indochine, on marche tout droit.

Les bérets-verts parcourent cinq cents mètres à bonne allure. Une mitrailleuse arrose soudain de balles la progression de la deuxième section. Des avions tournent au large du Bou Lherfad.

Un commando récupère après le tumulte du combat.

Scheidauer a longtemps hésité à leur demander de plonger sur la position rebelle et refusé cette éventualité pour ne pas risquer de sacrifier les prisonniers de la Coloniale. Barret fait avancer sa section par petits bonds vifs. Les rebelles ne réussissent pas à toucher un seul de ses commandos.

Le feu de l'ennemi s'épaissit dangereusement.

— Barret, ordonne le pacha par radio, rabattez-vous vers moi...

L'enseigne de vaisseau de réserve infléchit sa progression malaisée vers la droite. Ses hommes sont bientôt obligés de s'aplatir au bord de la deuxième ravine qui le séparait du pacha. Ce dernier décide alors de détourner sur lui le tir de la M.G. pour permettre à sa deuxième section d'achever sa manœuvre. Son groupe court sur quelques mètres. Il est bientôt pris sous un feu d'une violence inouïe sans que diminue pour cela l'intensité de celui qui maltraite les bérets-verts de Barret.

— On ne me fera jamais croire qu'il n'y a que treize fells là-haut, souffle le matelot Jeandaine, le radio du pacha, ils sont au moins cinquante...

Le second maître Desprez épie les réactions de ses compagnons inhabituels. Le quartier-maître Voisin, de la deuxième section, un des plus anciens tireurs au F.M. du commando, lâche une rafale précise d'A.A.52 sur un fellagha qui allait réussir à prendre quelques commandos à revers.

Le deuxième élément de Jaubert, mené par l'enseigne de vaisseau Hamel, et comprenant le reste de la première section et la troisième section du premier maître Bourven qui a remplacé Guillerm, est héliporté à son tour un peu après seize heures. Les grondements de quelques blindés légers de la Légion se font entendre entre les rafales. Scheidauer, les yeux dans le soleil ordonne à Hamel d'approcher des rebelles par leur droite. Et refait le coup de feu au milieu de son groupe de commandement, comme un simple voltigeur. Les fellagha profitent au maximum de leur position dos au soleil pour augmenter encore leur pression de feu. Desprez apprécie leurs forces intactes.

— Ils sont beaucoup plus nombreux qu'on nous avait dit, rage-t-il en se lançant vers deux bérets-verts trop mal placés sous le feu, ça va être dur...

Le pacha se tasse soudain contre le rocher, d'abord en avant, puis tout doucement sur le côté droit. Sa carabine U.S. tombe au sol.

Barret, le bras pansé après l'assaut du M'Zi, et François, deux chefs de section des commandos.

— Le pacha, hurle une voix déformée par la tension nerveuse, il est touché...

Jeandaine appelle Desprez. Ce dernier bondit vers la forme molle de l'officier de Marine.

— Faut le tirer en arrière, ordonne-t-il au radio et au quartier-maître Ossola qui a crié, vite...

L'ancien des commandos du Nord-Vietnam se penche sur son chef au crâne fracassé par une balle qui l'a frappé juste entre les deux yeux.

— Nom de Dieu, gronde-t-il, il est mort...

Le matelot Sénéchal, un tout jeune embarqué au commando, vit son baptême du feu. Il tire une à une ses grenades à fusil. Les explosions de ses V.B. obligent les rebelles à freiner un peu leur ardeur. Desprez, une fois que le corps du pacha a été reculé de quelques mètres, s'empare de la radio de Jeandaine, annonce le drame qui vient de se jouer, et réclame de l'aide.

Les rebelles reprennent leurs tirs de plus belle et s'enhardissent à amorcer un mouvement d'assaut. L'ancien béret-noir de Delayen s'aperçoit à temps de la menace. Il regroupe ses hommes choqués par la mort du pacha et les oblige à étaler le choc hurlant des djounouds. Un ordre jaillit des rochers. Les fellagha reculent.

Un hélicoptère canon s'annonce par radio.

— Je vais vous appuyer, claironne l'opérateur de l'engin, tenez le coup...

Desprez apprécie le renfort inespéré. Sénéchal cesse soudain de lancer ses grenades. Son chef de groupe tourne la tête vers lui, et constate qu'il est mort.

— Et ça continue, gronde le sous-officier plusieurs fois cité en Indochine, la chance nous poursuit...

Le pilote de l'hélicoptère armé annonce par radio que son tireur au canon de 20 est gravement blessé. L'engin s'éloigne. Le servant de la M.G. rebelle touche aussi le Piper qui tournait en observation au-dessus de l'accrochage pour renseigner une compagnie de Légion qui marche au feu.

Deux T.6 se présentent au-dessus des fellagha. La mitrailleuse de l'A.L.N. blesse le pilote de l'avion leader qui prenait de grands risques en plongeant sur les rochers au ras des commandos. Desprez commence à douter de l'issue de l'engagement.

Des légionnaires parviennent à se porter à la hauteur du groupe menacé. Le second maître soulagé reçoit d'Hamel l'ordre

Scheidauer en opération quelque temps avant sa mort sur le Bou Lherfad.

de sortir du feu. Ses bérets-verts épargnés empoignent les corps de Scheidauer et de Sénéchal et amorcent leur repli sous la mitraille mollissante pendant que Bourven, délesté lui aussi d'une bonne partie du feu par l'arrivée des képis-blancs, réussit à avancer un peu plus. Ses voltigeurs récupèrent un adjudant du 8e R.I.Ma et deux de ses marsouins.

— Où sont vos copains ? interroge le remplaçant de Guillerm en prenant le sous-officier de la Coloniale par les épaules.

Le marsouin roule des yeux fous. Il ne semble même pas voir le marin qui lui parle calmement. Il ne répond rien. Bourven n'insiste pas et le lâche. L'homme à bout de forces et de nerfs s'affale à l'abri d'un rocher, près des deux marsouins aux yeux perdus dans le vague.

Des cris montent soudain du côté du renfort de la Légion étrangère. Bourven prend l'écoute radio, se doutant bien qu'un nouveau drame vient de se jouer. Il apprend que les képis-blancs du 2e R.E.I. viennent de perdre leur chef, le lieutenant de Crozè de Clesmes qui a été tué tout près de l'endroit où Scheidauer est tombé.

Le commando De Penfentenyo arrive à son tour à la rescousse avec le commando Cobra, de l'armée de terre. Les hommes de Large manœuvrent sur la gauche de Barret qui demeure pris sous le feu violent des rebelles.

La nuit tombe sur la pagaille du Bou Lherfad. Le corps de Scheidauer est emmené loin de ses hommes choqués.

— Rien ne sera plus jamais pareil, grommelle un chef de groupe tassé derrière un rocher, c'est pour lui que nous nous battions...

La nuit passe, infernale. Les rebelles réussissent à filer entre les mailles du bouclage des éléments de renfort. Les commandos fouillent leurs emplacements de combat abandonnés à l'aube. Ils ne retrouvent qu'une dizaine de cadavres rebelles au milieu des rochers criblés de balles.

37

ACCROCHAGE SUR L'EL BHEDA

Les bérets-verts poursuivent leurs actions dans le Sud au gré des autorités qui les manipulent. Richard a conservé le système d'alerte des commandos mis sur pied par Servent. Chaque pacha d'unité placée en attente d'intervention garde une section prête à partir dans la minute suivant la réception d'un message de mise en guerre.

Le commando De Penfentenyo veille à son tour d'intervention au poste de Djenien Bou Rezg. Sa deuxième section doit partir la première en cas d'alerte. Large a recommandé à ses gradés de veiller à ce que leurs bérets-verts demeurent en tenue de combat complète et ne s'éloignent pas de leurs armes.

— Il n'y aura plus rien aujourd'hui, décide La Peau, le quartier-maître Orhand, après quelques heures de veille, je vais faire un tarot avec Le Canu...

Et le quartier-maître rebelle à toute forme de discipline qui ne soit pas imposée par le feu rejoint tranquillement une tente occupée par un groupe de la première section du commando et qui est plantée à une centaine de mètres de celle de son groupe. Le béret-vert désobéissant s'est défait de sa tenue de combat. Il est en flottant de sport, rangers, et torse nu.

La partie de cartes bat son plein. Les longs tarots poissés par l'usage s'étalent sur un lit picot. Des exclamations saluent l'apparition des meilleurs atouts.

— Nom de Dieu, rugit soudain La Peau, l'alerte...

Le quartier-maître jette sa main en vrac sur la couche encombrée qui tient lieu de table de jeu, bouscule des boîtes de

Munch, chef de la deuxième section du commando De Penfentenyo.

bière, vides et pleines, qui sont alignées entre les jambes des joueurs, et court comme un dératé vers sa tente d'où jaillissent ses camarades en armes.

— Tes fringues sont parées sur ton pieu, lui hurle un des hommes de la pièce d'A.A. 52 qu'il commande, magne-toi...

Le retardataire empoigne sa mitraillette et son brêlage alourdi de deux sacoches porte-chargeurs qui ont remplacé depuis peu la classique chasuble des commandos, puis s'empare de sa tenue camouflée qu'il ne prend pas le temps d'enfiler.

La Peau rattrape son groupe sous les pales des hélicoptères qui tournent déjà. Lesteven, son chef de section, lui lance un regard furieux. Le groupe de commandement de Large renforce les deux groupes d'intervention. Les Sikorsky décollent, et volent vers le sud-est. Orhand s'habille rapidement, puis se penche à la porte béante de son hélicoptère.

— Où on va ? hurle-t-il dans le vacarme.

Personne ne lui répond. Il se rassied sur la banquette de croisillons de grosse toile du Sikorsky. Les quatre hélicoptères se posent dans des nuages de sable sur le plateau aride d'El Bheda. Les bérets-verts bondissent au sol et se tapissent en attente derrière des rochers. Lesteven étudie rapidement sa carte d'état-major, la plie sans soin, la fourre dans la poche à soufflet de son pantalon de treillis camouflé, et lance sa section vers le lit ocre et empierré d'un oued à sec. Ses groupes ne comprennent exceptionnellement pas d'officiers-mariniers. La terre desséchée du plateau s'effrite sous les semelles des pataugas de ses hommes. Des échos de coups de feu traînent sur le désert. Ils proviennent d'un amoncellement de rochers cerné par un peloton de cavaliers musulmans et quelques légionnaires. Les petits chevaux gris et brun des supplétifs sont groupés, indifférents, à trois cents mètres du feu.

— On dirait que ça chie pour de bon, fait remarquer La Peau à Guivarch, son tireur au F.M., un quartier-maître noir de cheveu et sec comme un pruneau, au moins on n'est pas venus pour rien...

Lesteven est à l'écoute de sa radio. Il fait des petits mouvements de tête pour acquiescer aux instructions qu'il reçoit. Un sergent musulman le repère, et se dirige vers lui en escaladant le flanc du plateau sec. Il salue le marin dans un froissement de sa courte djellaba de toile écrue.

— Les fellagha sont rentrés dans une grotte, annonce-t-il après la marque de respect automatique, nous ne pouvons pas les approcher… Il y en a d'autres dans des buissons devant la grotte… Nous avons déjà huit camarades blessés…

Lesteven grimace en scrutant le site en feu à la jumelle.

— Et, poursuit le gradé des cavaliers supplétifs, ils ont aussi blessé un sergent de la Légion…

Le jeune chef de section fait un large signe de bras. Ses groupes se relancent dans les éboulis qui mènent au bord de l'accrochage sanglant. Les commandos passent près des chevaux qui frissonnent pour chasser des nuages de mouches. Ils ne sont bientôt plus qu'à cent mètres du feu.

— On ne bouge plus, ordonne Lesteven, l'hélico canon va donner…

Un Sikorsky armé frôle les hauts du plateau, rase ses pentes, et se met en point fixe à cinquante mètres au-dessus des buissons de l'oued signalés par le sergent harki. Son canon de 20 mm tonne.

— Qu'est-ce qu'ils prennent, commente Roume, un petit Auvergnat au visage tout rond, il ne va certainement pas nous en rester gros…

Le barlut-canon s'éloigne. Lesteven remet ses groupes en marche. Les bérets-verts manœuvrent en bonds vifs pour échapper aux tirs des rebelles embusqués dans la grotte. La Peau place sa pièce à soixante mètres des points de feu. Vrigneaux, l'autre quartier-maître qui fait office de chef du premier groupe de la section , l'imite. Les deux armes automatiques prennent en tenaille l'entrée du repaire ennemi d'où s'écoule une longue langue de sable piquetée de touffes d'alfa. Lesteven, dégoulinant de sueur, fait glisser ses voltigeurs dans l'oued. Ces derniers éventrent les buissons hachés par le canon de 20 mm.

— Merde, grogne Orhand en découvrant quatre cadavres de rebelles complètement déchiquetés et un âne agonisant, ils ont foutu un sale bordel les copains de l'hélico…

Le bourricot agite convulsivement ses pattes raidies, et meurt. L'oued sent la poudre et le sang chaud. La grotte n'est plus qu'à trente mètres des commandos.

— J'allume l'entrée, propose Guivarch qui a manœuvré pour rejoindre Orhand.

La Peau calme les impatiences du tireur.

— Attends encore un peu, lui ordonne-t-il, tu risquerais de toucher les blessés…

L'homme à l'A.A.52 est déçu. Il grimace. Mais obéit. Ses compagnons avancent sous sa protection vers le feu qui gicle de la grotte. Orhand et Roume se retrouvent sur la droite de son entrée. Doyenard, un des rares appelés qui servent aux commandos, bondit de l'autre côté du large trou avec Chardin et Joffre, deux baroudeurs de métier. L'hélicoptère canon tourne à deux cents mètres au-dessus de l'accrochage. Mais ne peut plus intervenir sans risquer de faire souffrir les commandos. Les harkis profitent de la manœuvre des bérets-verts pour sortir leurs blessés du feu.

— Qu'est-ce qu'on glandouille, s'impatiente La Peau en quêtant du regard un ordre de Lesteven, y a plus qu'à rentrer là-dedans... On va tout de même pas attendre qu'ils crèvent de faim...

L'enseigne de vaisseau fait un mouvement de bras. Le béret-vert impatient change de chargeur pour être sûr de pouvoir utiliser trente balles de 9 mm, fait un signe de connivence à Roume, dégoupille une grenade offensive, la lance dans la grotte, en arme une seconde, la projette dans l'ombre et, suivi du petit Auvergnat, bondit dans l'abri rebelle enfumé.

— Putain que c'est profond, s'étonne-t-il en découvrant une longue salle tapissée de sable dans les retombées de ses grenades, on est pas sortis de l'auberge...

La grotte fait un large coude. Les rebelles se sont tassés derrière une murette qu'ils ont aménagée avec des pierres, des souches et du sable. Orhand et Roume lancent deux nouvelles grenades offensives. Les fellagha tirent toujours.

— On va leur foutre une défensive sur la gueule, annonce La Peau à son compagnon, planque-toi bien...

Le commando assourdi par les explosions et les détonations dégoupille un lourd engin de fonte à quadrillage intérieur. Il plisse un instant ses paupières pour protéger ses yeux attaqués par les émanations piquantes des premières déflagrations.

— J'y vais, prévient-il en laissant fuser la grenade pendant quelques secondes, fais bien gaffe...

La défensive explose juste derrière l'abri rebelle. Des cris de douleur suivent son fracas. Orhand bondit en libérant une longue rafale de mitraillette à travers des retombées de sable. Les fellagha hurlent des insultes en tiraillant dans la pénombre. Roume se lance à l'assaut sur la gauche de son adjoint de groupe. Doyenard, Chardin et Joffre se ruent aussi à la curée. Les quatre soldats de l'A.L.N. meurent. Orhand est soudain assailli par des étourdissements. Il sort de la grotte enfumée en titubant et, une fois parvenu au grand jour, se laisse tomber au sol, le dos contre le rocher. Il s'aperçoit que du sang s'échappe de son cou. Il veut crier. Aucun son ne sort de sa gorge transpercée.

— J'ai rien senti, s'étonne-t-il en fixant, incrédule, sa main gauche poissée de sang.

Lesteven, qui s'apprêtait à pénétrer dans la grotte maintenant peuplée de silence, l'aperçoit.

— Amenez-le vers les harkis, ordonne-t-il à deux bérets-verts, je vais arrêter l'hélico...

Et le chef de section court à grandes enjambées vers un Sikorsky qui s'apprête à décoller avec les musulmans les plus gravement touchés et le sergent de la Légion. Il l'empêche de partir. Les yeux troubles, Orhand se laisse hisser dans l'appareil vibrant qui décolle dès qu'il s'est calé tout contre le gradé du 2e R.E.I. qui a été touché à cinq reprises par les rebelles.

L'hélicoptère se pose à Djenien Bou Rezg. Large, le pacha de Penfentenyo est là, et Richard aussi.

— On va t'emmener tout de suite à l'hôpital de Méchéria, annonce au blessé l'ancien commandant de Jaubert, on te paye même le voyage en Broussard... Tu as de la chance...

Un infirmier du groupement donne les premiers soins au quartier-maître qui n'a pas vraiment la sensation de souffrir. Une soudaine envie de fumer hante ce dernier. Il réclame par gestes une cigarette à l'homme qui le soigne à gestes doux.

— C'est pas recommandé pour ce que tu as, lui rétorque l'infirmier, sois patient...

Le quartier-maître à la tenue camouflée couverte de sang insiste. L'effort l'oblige à fermer les yeux pour échapper aux vertiges qui l'assaillent. Richard se penche sur lui. L'officier a entendu le refus de l'infirmier. Il demeure silencieux pendant quelques secondes. Puis se tourne vers ce dernier.

— Le cou, c'est tout ou rien, lui dit-il d'un ton sentencieux, la mort ou la convalescence... S'il doit y passer, donne-lui une cigarette... Ça ne changera pas grand-chose...

L'infirmier fait la moue. Mais allume une troupe et la glisse entre les lèvres sèches du gisant aux yeux clos.

Le Broussard réclamé par radio se pose sur le sable. Le commando blessé y est hissé en même temps que le sergent de la Légion aux cinq blessures. L'appareil parcourt les cent quarante kilomètres qui séparent Djenien Bou Rezg de Méchéria en un peu plus d'une demi-heure. Orhand est vite opéré, et couché dans une chambre isolée dans laquelle il reprend péniblement connaissance.

— Il passera pas la nuit le mataf, entend-il dans un rêve ouaté, il est foutu...

Et il décide de vivre.

Le commando turbulent ne supporte pas l'ennui de l'hôpital. Très affaibli, il s'en échappe trois jours plus tard, et regagne Aïn Sefra en auto-stop.

— Ce ne sont pas des choses à faire, lui reproche Richard à qui il se présente dans sa tenue couverte de sang séché, les biffins de Méchéria te considèrent comme déserteur... C'est malin... Va te changer...

Le pacha du groupement arrange vite les choses. Orhand n'est pas puni. Il refuse la convalescence à laquelle il a droit, est cité à l'ordre du corps d'Armée, et reprend le combat à la tête de sa pièce d'A.A.52.

38

LES *STURMGEWEHR* DE L'OUED SEBDOU

Le commando Jaubert quitte les déserts du Sud oranais en janvier 1961. Il transporte ses pénates à Zérifête, dans les monts de Tlemcen. Il est maintenant commandé par le lieutenant de vaisseau Champierre de Villeneuve, un ancien des commandos du Nord-Vietnam qui s'est rapidement imposé à ses hommes comme un chef en tout point digne de succéder à Scheidauer. Les bérets-verts s'adaptent vite au relief boisé des montagnes qu'ils fouillent sans grand succès dès leur retour dans le Nord oranais. Ils sont héliportés le 22 février sur les traces d'une bande rebelle qui vient de franchir le barrage algéro-marocain. Les fellagha sont vite retrouvés. Champierre rend compte de son premier contact de feu par radio au P.C. de l'opération et, dépité, reçoit l'ordre inattendu de bloquer son action.

— On nous prend pour de vulgaires chiens de chasse tout juste bons à lever le gibier pour les autres, râle-t-il en obéissant à contrecœur.

Et c'est une unité d'élèves sous-officiers de la Légion qui monte de Sidi-bel-Abbès pour donner l'assaut aux rebelles piégés. Les bérets-verts ont l'impression d'avoir été volés comme au coin d'un bois. Les plus anciens d'entre eux regrettent les immensités arides du grand Sud, où ils étaient les maîtres.

— On aura notre revanche, promet Champierre à ses chefs de section, et on ne la laissera pas passer... Faites-moi confiance...

Une nouvelle bande de l'A.L.N. franchit le barrage électrifié dans la nuit du 2 au 3 avril. Toutes les troupes basées au sud-ouest de Tlemcen sont lancées à leurs trousses en vains ratissages dans la forêt des Beni Bou Saïd pendant que Jaubert demeure en réserve héliportée au campement de Zérifète.

Champierre de Villeneuve est alerté par radio le 3, en début d'après-midi. Des hélicoptères viennent charger les sticks de bérets-verts aussitôt après le message, et les déposent vingt minutes plus tard sur un plateau qui surplombe les méandres de l'oued Sebdou.

Le colonel Martin-Siegfried, qui commande l'ensemble de la manœuvre de poursuite explique rapidement la situation au pacha de Jaubert.

— Les fellagha ont marché bien plus vite que nous ne le pensions, précise-t-il au marin au nez légèrement de travers, ils doivent être une soixantaine...

Champierre cueille le chiffre comme une promesse de bilan pendant que le colonel matérialise sur sa carte d'état-major le cheminement de la katiba.

— Tout le secteur est bouclé, conclut l'officier supérieur, c'est maintenant à vous de jouer...

L'ancien d'Indochine hèle ses chefs de section, Berlie, pour la première, Rio, qui a remplacé Barret à la seconde, et Bourven, qui commande toujours la troisième section. Les quatre hommes étudient rapidement la carte de l'oued.

— Il paraîtrait que ces messieurs sont fortement armés, souligne le pacha de Jaubert en plissant les yeux dans le soleil, ils auraient même pas mal de *Sturmgewehr*, il ne nous reste plus qu'à les situer plus précisément... C'est tout, messieurs...

Les trois chefs de section rejoignent leurs hommes. Des avions mitraillent l'oued dont les bords sont tapissés de buissons épais et d'éboulis de rochers. Un hélicoptère canon prend bientôt la relève de la chasse. Les commandos s'énervent.

— A nous, ordonne Champierre de Villeneuve.

Il est presque quatorze heures. Les sections de bérets-verts s'ébranlent. Les commandos de Berlie doivent parcourir près de trois kilomètres au flanc du djebel pour aller se placer en bouclage de l'oued. Les groupes de Bourven et Rio doivent ratisser chaque rive du cours d'eau, et le pacha, avec son groupe de commandement, se propose de progresser en plein milieu de l'oued.

Les voltigeurs attendent pour manœuvrer que les commandos de la première section parviennent à leur base de travail. Champierre n'a pas le loisir de suivre son plan à la lettre. Des rafales giclent des buissons devant Berlie. Krémadès, un matelot d'un groupe commandé par Caroff, le rescapé de Ninh Binh revenu depuis peu au commando, s'écroule en hurlant derrière un buisson, troué de balles de *Sturmgewehr*. Ses compagnons ne semblent pas pressés d'aller lui porter secours. Caroff n'apprécie pas du tout leurs hésitations. Il se lève sous le feu, furieux.

— Bouge pas, hurle-t-il au blessé invisible qui râle, je viens te chercher...

Tous les commandos du groupe se reprennent. Ils font boule de feu pour protéger leur chef. Ce dernier saute au milieu des broussailles qui égratignent sa tenue camouflée, agrippe Krémadés, et le ramène à l'abri, poursuivi en vain par des rafales ennemies.

— Ça va aller maintenant, promet-il au blessé, ne te fais plus de bile...

L'officier-marinier retourne au feu.

— Passe-moi le poste, ordonne-t-il à son radio, le matelot Defferard.

Le jeune commando qui se tenait aplati derrière un rocher bondit vers le grand second maître. Il saigne de la face sans se plaindre. Caroff entre en liaison avec le second groupe de sa section qui se tient à bonne distance du feu et demande à son chef de manœuvrer vers lui. Les rebelles devancent le mouvement d'encerclement et reculent entre les rochers.

— Ils vont tomber en plein sur les copains, se réjouit le chef de groupe des deux blessés, ils sont joliment coincés...

L'oued tout entier résonne d'explosions et de détonations. Champierre rameute au-dessus de lui un hélicoptère canon dont les tirs de 20 mm brisent net le mouvement de fuite de quelques rebelles séparés du gros de la bande par l'avance rapide de ses groupes.

Bourven accroche à son tour sur le bord droit du cours d'eau. Ses voltigeurs pris sous le feu rebelle ne voient rien à plus de cinq mètres.

— Il n'y a qu'une solution pour se sortir du merdier, envisage calmement l'officier marinier blond, il faut foncer tout droit et bien en ligne...

Le feu aveugle s'enrage au fil des minutes. Le successeur de Guillerm décide d'effectuer un appel rapide de ses hommes éparpillés dans les buissons.

— Manque Monnet, lui annonce un de ses chefs de groupe quand les bérets-verts qui ne peuvent se voir entre eux se sont comptés, il est parti vers la deux...

Bourven grimace lorsque le radio de l'enseigne de vaisseau Rio lui apprend que personne n'a vu le voltigeur manquant.

Une pièce rebelle se dévoile. Ses rafales régulières obligent Bourven à oublier Monnet.

— Faut absolument les contrer, enrage-t-il, ils vont nous bloquer...

Le chef de section cherche de l'aide du regard. Il aperçoit sur sa gauche le second maître Roger Aman, un vieux baroudeur alsacien. Il lui fait signe de contourner les rebelles. L'Alsacien comprend, et disparaît dans les broussailles à la tête d'une pièce d'A.A. 52. Il parvient vite en haut d'un groupe de rochers d'où il domine les positions ennemies. Sa pièce crache la mort. Bourven exulte.

— On va pouvoir foncer à l'assaut, prévient-il, tout le monde tire, et on y va...

Les A.A.52 de la troisième section balayent toute la largeur des buissons qui recèlent les fellagha. Ses tireurs au fusil lance-grenades pilonnent adroitement les arrières des positions rebelles. Le feu est infernal.

— En avant, hurle le premier maître qui juge que la préparation est suffisante.

Ses voltigeurs réagissent dans la seconde. Ils hurlent en s'infiltrant dans les broussailles et en lançant des grenades offensives. Les rebelles sont obligés de rompre devant la ruée volontaire. Les commandos stoppent net leur avance devant d'énormes blocs de rochers dans lesquels se sont terrés les fellagha impitoyablement bousculés. Bourven a les yeux en feu. Il reprend contact radio avec les autres sections. Les hommes de Rio, qui ne sont plus au contact direct avec la gauche de sa section, sont durement accrochés eux aussi. Aman domine toujours la situation et cloue les rebelles sur leurs positions.

Champierre de Villeneuve est harcelé à la radio par les autorités de l'opération qui, du haut du plateau, lui proposent des renforts. L'officier de Marine, qui n'a pas digéré l'affront du 22 février, refuse toute intervention. Les bérets-verts de son groupe de commandement apprécient sa détermination.

— Cette fois, lance joyeusement l'un d'eux à l'un de ses compagnons, on ne va pas lâcher le morceau... Tout est pour nous...

Les accrochages durent déjà depuis près d'une heure et demie.

Il est près de seize heures. Le combat s'intensifie vers la deuxième section. Jean Carré, l'ancien chef de groupe lance-roquettes du djebel Taoudet, mène ses voltigeurs vers des buissons dont les branches ont anormalement remué. Deux rebelles meurent devant lui. Puis l'immense officier-marinier de Plouay aperçoit une forme tassée à moins de cinq mètres de lui.

— On dirait un gars de chez nous, se dit-il en braquant sa mitraillette sur la forme suspecte, faut faire gaffe...

Puis il fait un signe de bras à un de ses voltigeurs. L'homme se lance vers le buisson qui masque à demi l'inconnu étendu.

— Chef, crie le jeune commando, c'est Monnet...

Le voltigeur de Bourven est étendu face contre terre. Il a perdu son béret-vert. Et son fusil est tombé à un mètre de lui. Il saigne abondamment du flanc gauche.

— Il n'y a plus rien à faire pour lui, lâche sourdement Carré, il est mort depuis un bout de temps...

Les buissons s'agitent à nouveau devant le large second maître. Sa mitraillette crache quelques courtes rafales. Les branchages s'immobilisent.

— J'ai dû l'avoir, se dit le gradé du pays vannetais en changeant de chargeur.

Deux bérets-verts extraient de la broussaille deux corps de rebelles ensanglantés. Le premier est armé d'un fusil Mauser, et le second tient dans la main droite une grenade défensive américaine à quadrillage extérieur qu'il n'a pas eu le temps de lancer sur les commandos.

— On a eu chaud, réalise le chef de groupe en se baissant pour ramasser la Mills.

Une rafale de *Sturmgewehr* gicle des buissons. Les commandos se jettent en arrière. Leur chef est touché de trois balles, dont l'une lui a ouvert le front. Il s'affale sur les deux rebelles morts.

— Le chef est tombé, hurle Lamoureux, un de ses voltigeurs.

Les commandos deviennent enragés. Leurs armes ébranchent les buissons au-dessus du gisant aveuglé par le sang. Ce dernier lève un bras pour indiquer avec précision la position des rebelles qui l'ont abattu et ont reculé de quelques mètres.

— Baisse ton bras, lui hurle le timbre alsacien d'Aman, je vais les avoir au-dessus de toi...

L'Alsacien a fait à nouveau manœuvrer sa pièce d'A.A.52 pour épauler au plus près la deuxième section en difficulté. Les rafales de sa pièce taillent net dans les buissons. Les rebelles tirent à nouveau et décrochent vers un groupe de rochers. Les voltigeurs de Carré dépassent leur chef couvert de sang en hurlant des insultes.

— Je suis foutu, souffle le blessé aveuglé, je vais mourir...

Les bruits de la bataille ne lui parviennent qu'en lambeaux d'échos sourds. Les cris de ses hommes s'éloignent. Il décide d'essayer de les rejoindre. Une intolérable douleur lui vrille le crâne lorsqu'il commence à ramper sur les brisées de l'assaut.

— Il faut que je me lève, j'aurai moins mal, dit le colosse foudroyé en se redressant sur les genoux.

Tétanisé par la douleur, le second maître se met sur ses jambes. Il étend ses longs bras vers les buissons qu'il ne voit plus, fait quelques pas en titubant, et s'écroule à nouveau, face en avant.

— Cette fois je crève, a-t-il le temps de se rendre compte en sombrant dans l'inconscience, c'est fini...

Quelques-uns de ses hommes reviennent à sa recherche.

— Il est là, hurle le quartier-maître François en faisant signe à deux de ses compagnons essoufflés de venir le rejoindre, il ne bouge plus... Il est *tiêt*...

Deux commandos soulèvent les quatre-vingt-dix kilos de muscles de leur chef agonisant. La douleur ranime leur fardeau.

— On va lui mettre un pansement, décide l'un des bérets-verts en s'apercevant que le Vannetais vit encore, faut le reposer...

Les deux hommes se défont de l'ensanglanté inerte. L'un d'eux ouvre rapidement sa boîte de pansements individuels dégage un peu du sang déjà caillé qui encombre le large front du blessé, plaque sa compresse sur la plaie étroite de la balle de *Sturmgewehr*, et noue sommairement le pansement derrière la nuque musclée de son patient passif.

Carré gémit de sa voix de basse lorsque ses sauveteurs le réempoignent, la tête en bas.

Bourven débouche près du blessé maladroitement pansé. Ses yeux se font durs en le contemplant.

— Le pacha a déjà demandé une évacuation, annonce-t-il aux deux bérets-verts qui ahanent sous leur charge, un hélico va venir se poser... Dépêchez-vous de le grimper là-haut...

Les rebelles qui ont touché le Breton se sont profondément enfoncés dans un fouillis de rochers encastrés les uns dans les autres et serrés de broussailles. Bourven retourne vers eux, bien décidé à venger Carré.

— Patron, vient lui annoncer dès son retour près du feu un voltigeur à la veste camouflée déchirée, on a fait des prisonniers...

L'œil bleu acier du chef de section s'allume. Il bondit vers un des captifs et l'empoigne durement par le cou.

— Toi, lui hurle-t-il à la face en le traînant vers une dalle de roche, tu vas demander à tes copains de se rendre...

Le fellagha renaude.

— Ils vont me tuer, chef, supplie-t-il, je veux pas avancer...

Bourven insiste.

— Si tu n'y vas pas, hurle-t-il, ils vont tous mourir...Et toi avec...

Le musulman tremble de peur. Mais s'approche au-dessus de ses compagnons invisibles qui ne se manifestent plus que par quelques rafales éparses. Il gueule quelques mots en arabe en prenant bien garde de se plaquer au maximum sur le rocher. Personne ne lui répond. Une rafale gicle des rochers.

— Demande-leur encore de sortir de là, crie le premier maître allongé tout près de son captif, dépêche-toi...

Le captif roule des yeux de dément. Il réitère son invite pressante d'une voix brisée. Une minute passe. Bourven s'impatiente.

— S'ils ne bougent pas dans deux minutes, décide-t-il, je donne l'assaut, et il n'y aura plus rien de vivant dans leurs trous à rats...

Trois soldats de l'A.L.N. sortent prudemment de leur abri. Ils tiennent leurs courts fusils-mitrailleurs d'assaut au-dessus de leurs têtes.

— Avancez vers moi, leur hurle Bourven soulagé, on ne vous fera pas de mal...

Les trois hommes, visiblement à bout de nerfs, jettent leurs *Sturmgewehr* aux pieds de leurs vainqueurs. Plus personne ne tire sur les fonds de l'oued. Le bruit d'un hélicoptère grossit.

— Il vient certainement chercher Carré, imagine Bourven en ne détournant pas le regard des rochers qui recèlent certainement d'autres rebelles.

Les commandos retiennent leur souffle.

— Ils vont tous sortir, espère un quartier-maître, ils se sont maintenant rendu compte qu'on n'a pas flingué leurs copains...

Deux minutes passent encore, énervantes. Des branches de buissons bougent entre les rochers éraflés de traces de balles. Un djounoud sort de l'antre enfumé. Il est armé d'un fusil Mauser. Il est bientôt suivi par un second soldat de l'A.L.N. Les deux hommes rejoignent sans mot dire leurs compagnons qui se sont assis, les mains sur la nuque, contre la base d'un rocher. Deux autres rebelles se risquent à leur tour tout doucement à l'air libre.

— Combien sont-ils encore là-dedans ? demande Bourven au dernier fellagha.

L'homme, qui tend son fusil à un matelot, lève ses yeux rougis d'où perlent des larmes vers le chef de section.

— Y a plus personne, lâche-t-il d'une voix brisée, y a plus que les camarades qui sont morts...

Bourven se retourne vers ses voltigeurs.

— Fouillez-moi tout le fourbi en vitesse, leur ordonne-t-il, mais faites bien attention...

Et il jette un coup d'œil vers l'arête d'un rocher sur laquelle s'est posé en équilibre sur une roue le Sikorsky qui est venu recueillir Carré.

— Il va s'en tirer, s'entend-il murmurer, il faut qu'il vive...

L'hélicoptère s'arrache au djebel, et file vers le nord-est, vers l'hôpital de Tlemcen. Champierre de Villeneuve reçoit l'ordre de faire sortir ses sections de l'oued Sebdou. Bourven fait porter la dépouille molle de Monnet par deux de ses prisonniers, tandis que d'autres sont chargés des armes récupérées que les commandos ont eu la prudence de désapprovisionner.

L'oued est bientôt désert. Il ne reste dans les fouillis de ses flancs qu'une trentaine de cadavres. Des troupes de secteur se placent en large bouclage autour du champ de bataille silencieux et qui fume par endroits. Jaubert rentre au camp de Zérifète.

— Carré va s'en tirer, annonce tard dans la nuit Champierre de Villeneuve à ses chefs de section, mais il ne verra sans doute plus jamais le jour...

39

LA DERNIÈRE BATAILLE

Les feux ardents de mai 1958 ne sont plus que cendres tièdes. Les gens amenés au pouvoir par le vent d'Alger ne sont plus les farouches partisans de la pérennité de la présence française en Algérie qu'ils étaient au début de la Ve République. Personne, du moins dans les hautes sphères de l'autorité, ne semble plus décidé à permettre le développement de grandes actions contre les restes des katibas de l'A.L.N. étrillées par les opérations mises en œuvre par le général Challe qui ne commande plus en chef en Algérie depuis le mois d'avril 1960. Les états-majors impatients de l'armée bougent, comme en 1958. Les généraux Jouhaud, Challe et Zeller, bientôt rejoints par le général Salan, versés depuis peu dans la deuxième section, étalent au grand jour le 21 avril 1961 les menées putschistes qu'ils fomentaient depuis quelque temps déjà.

Le capitaine de corvette Richard, gaulliste indéfectible depuis son engagement dans les F.N.F.L., évite toute tentation à ses hommes. Il fait tout pour tenir son groupement à l'écart des remous d'Alger et se contente de faire la guerre à l'A.L.N. et au F.L.N. Le commando Jaubert est rentré en France métropolitaine et De Montfort, toujours commandé par Le Deuff l'a remplacé à Zérifète.

Une katiba traverse le barrage quatre jours après le putsch des généraux qui a échoué. Les fellagha sont repérés et fixés sur le djebel Neher, à quatre-vingts kilomètres au sud-ouest de Tlemcen et vingt kilomètres de la frontière, tout près de Mazzer. Les groupes de Le Deuff grenouillent au moment de l'alerte à

ORIGINAIRE DE PLOUAY

Le second-maître Jean CARRÉ

devenu aveugle des suites de blessures subies en Algérie

est décoré de la Légion d'honneur

TOULON (de notre correspondant). — Le second-maître fusilier Jean Carré, du commando Jaubert, ayant reçu de graves blessures au cours d'un engagement en Algérie, est devenu aveugle.

Lors d'une prise d'armes qui s'est déroulée sur le pont d'envol du « Dixmude », bâtiment-base du corps Amphibie de la Marine, le vice-amiral d'escadre Barthélémy, commandant l'escadre, lui a remis la croix d echevalier de la Légion d'honneur, et la croix de la Valeur militaire avec palme.

Le second-maitre Jean Carré va être réformé. Aussitôt après il se rendra à Paris afin de suivre, dans un établissement spécialisé, des cours de rééducation.

Puis il rejoindra sa famille à Plouay (Morbihan) dont il est originaire.

Notre photo : le glorieux officier-marinier reçoit la Légion d'honneur des mains de l'amiral Barthélémy.

quelques kilomètres de leur base. Des hélicoptères les arrachent à leurs traques. Le Deuff regroupe tout son monde, et plonge sur l'ennemi. Le pacha a décidé de poser en premier sa première section commandée par son officier en second, l'enseigne de vaisseau Robin. Les bérets-verts giclent rapidement des hélicoptères qui ne font que frôler de leurs roues le sol du djebel. Ils courent à travers des buissons rares et empierrés pour s'étaler en garde de la D.Z.

Les rebelles signalés sont là. Ils dévoilent tout de suite leurs armes automatiques. Les commandos de Robin n'ont pas le temps de réaliser ce qui se passe. Ils s'aplatissent dans les broussailles, pris à partie sous tous les angles. Les fellagha sont particulièrement bien armés. Ils ont presque tous des *Sturmgewehr* fraîchement débarqué au Maroc de bateaux bulgares, yougoslaves ou allemands de l'Est. Les commandos, implacablement cloués au sol ne peuvent s'extirper du guêpier. Le Deuff fait héliporter le reste de ses sticks un peu plus au large. Une de ses sections, menée depuis peu par l'enseigne de vaisseau Percepied dont le front s'orne d'une petite frange rebelle, tombe elle aussi sous les feux de la katiba très étalée. Denœux, un de ses quartiers-maîtres les plus anciens est touché d'une balle à l'épaule. Les bérets-verts ripostent à l'aveuglette au feu qui les submerge. Touché d'une balle dans le cou, Percepied glisse contre le rocher qui l'abritait mal. Il meurt en quelques secondes.

Le Deuff a bientôt posé tous ses sticks. Il manœuvre sa deuxième section dans des éboulis battus par le feu tandis que les Sikorsky s'éloignent, dangereusement poursuivis par des rafales rebelles. Le lieutenant de vaisseau tente de regrouper son commando pour lancer des contre-attaques. Ses bérets-verts ne réussissent qu'à progresser de quelques mètres dans l'enfer bruyant. Le pacha décide alors de demander des renforts pour prendre la katiba en tenaille. Un hélicoptère canon approche du large volcan en éruption. Il émiette des broussailles au ras des bérets-verts.

— Sa pièce va toucher les miens, rage l'officier de Marine, nous sommes trop près des fells...

Et, décidant de se passer du solide appui du canon de 20 mm, il ordonne par radio au pilote du Sikorsky de s'éloigner et de demeurer en attente.

L'enseigne de vaisseau Robin s'écroule, la cuisse brisée par une balle de *Sturmgewehr*. Le Deuff est touché lui aussi. La situation critique s'aggrave de minute en minute. Les rebelles, bien supérieurs en nombre et en armement, manœuvrent bien. Ils encerclent presque les bérets-verts. De jeunes commandos tombent, leurs cris de douleur soulignent le fracas des rafales. Les renforts réclamés par le lieutenant de vaisseau blessé au haut de la cuisse droite approchent du feu dans des hélicoptères. Le capitaine de corvette Bastard, qui commande le 1er bataillon de la D.B.F.M. pousse une de ses compagnies en pointe en même temps qu'une harka menée par le maître Basset, un ancien du commando Yatagan. Les nouveaux venus en enfer perdent tout de suite des hommes. Les accrochages s'étalent bientôt sur près de deux kilomètres.

Le Deuff souffre. Ses sections, un peu soulagées par l'arrivée des solides renforts réussissent à manœuvrer. Les bérets-verts peuvent enfin regrouper leurs blessés à l'abri de quelques rochers.

— Nous avons six morts, annonce un officier-marinier à son pacha lorsque le mouvement de récupération s'achève.

Le Deuff accuse le coup. Il oublie ses propres douleurs et demande une évacuation sanitaire. Les rebelles donnent enfin quelques signes de lassitude. Ils rompent le combat. Leurs groupes tentent de filer entre les commandos et les harkis de Basset qui sont au corps à corps. Les hélicoptères demandés par Le Deuff se posent, bien protégés par le A.A. 52 de Montfort. Le pacha dirige rapidement l'évacuation de ses blessés. Il refuse tout net de quitter ses hommes dont les plus jeunes sont durement choqués par l'ampleur des pertes subies au fil des heures.

Le feu se calme un peu. Les hommes de Bastard ont souffert eux aussi, et les commandos musulmans du colonel Leroy rameutés de Sassel déplorent la mort de sept des leurs. Un ballet ininterrompu d'hélicoptères éloigne du feu qui se meurt les blessés les plus atteints. Les ratissages serrés des marins de la D.B.F.M., des harkis de Basset, des bérets-verts de Le Deuff et des commandos à bérets noirs de Leroy retrouvent plus de cinquante cadavres de rebelles. Dix prisonniers demeurent aux mains des Français qui récupèrent trente-six *Sturmgewehr* et une trentaine de fusils et pistolets automatiques.

A bout de forces, Le Deuff accepte enfin de se laisser évacuer lorsque les ratissages se terminent, un peu après dix-huit heures trente. Son commando est ramené à Zérifète à la tombée de la nuit. Les bérets-verts ont les oreilles bourdonnantes des échos de la bataille confuse. Ils ont passé près de sept heures en enfer sous le feu des rebelles. Ils ne trouvent pas facilement le sommeil. Ils pensent au jeune officier tué au début de l'engagement, aux trois quartiers-maîtres, Houlot, Coat et Périssin, qui l'ont suivi dans la mort, et aux matelots Crémaret et Mahaut, tombés eux aussi sous les balles rebelles.

Les dix-huit morts de l'opération sont honorés par les autorités du corps d'Armée le 1er mai au cours d'une cérémonie qui se déroule entre les arbres de l'hôpital de Tlemcen.

La guerre n'est plus ce qu'elle était les années précédentes. Le putsch avorté a définitivement créé une cassure dans l'armée. Le capitaine de corvette Biard remplace Richard au commandement du groupement de bérets-verts dont les gradés les plus anciens, à de rares exceptions près, ont été éloignés du combat. Les commandos vivent la fin de l'année 1961 dans la routine, entre Sidi-bel-Abbès et Tlemcen. Le lieutenant de vaisseau Cucherat a remplacé Le Deuff à la tête de Montfort, Eliès a transmis le commandement de Trepel à Bordier, et Revillon tient les rênes de Penfentenyo. Les commandos grenouillent timidement et par roulement vers Geryville, Aïn Sefra, Le Kreider et Brézina. Ils reçoivent des missions que leurs officiers ne remplissent pas de gaieté de cœur, comme celle qui lance De Montfort à la poursuite de six harkis d'un commando de chasse qui ont déserté avec leurs armes.

— Ils ont foutu le camp plus pour être certains de pouvoir se défendre contre le F.L.N. que pour déserter, plaide leur chef, le lieutenant Meyer, auprès de Cucherat, il faut les comprendre...

Les commandos ne font pas de zèle. Ils ne retrouvent pas les déserteurs désespérés par la tournure que prennent les affaires de la guerre. Cucherat choisit peu après les chemins de la désobéissance. Il gagne un maquis de l'O.A.S. sans chercher à entraîner ses hommes dans l'aventure sans issue.

Le cessez-le-feu du 19 mars 1962 enraye les rouages de la belle machine de guerre des commandos de la Marine. Les restes des katibas de l'A.L.N. se regroupent impunément. Les autorités françaises leur accordent des zones d'influence dont ils ne doivent pas sortir. La katiba 534 s'installe sur un plateau désertique tout proche de Bou Alem. Champierre de Villeneuve campe avec son commando à Geryville pour veiller à la stricte application des accords entérinés à Evian. Les soldats de l'A.L.N., que les commandos ne peuvent plus appeler rebelles, s'enhardissent au fil des jours. Ils hantent de plus en plus souvent les larges villages de regroupement qui s'étalent au bord de la route Geryville-Bou Alem qui court à l'est du camp des commandos.

Des harkis placés sous la protection des soldats français signalent tous les mouvements illicites de la katiba pressée de jouir de sa souveraineté. Champierre de Villeneuve décide de mettre un frein aux débordements des anciens fellagha qui ne sont pas encore tout à fait les maîtres du grand Sud.

Il décide d'aller survoler en Piper la zone suspecte où grenouillent les gens de la katiba 534. Il est radieux en redescendant de l'appareil d'observation et se presse pour rendre compte de ses observations au colonel qui commande tout le secteur.

— Les fellagha se sont mélangés à la population d'un regroupement, annonce-t-il à l'officier supérieur avec la ferme intention de lui arracher un ordre d'intervention.

Le colonel, un officier d'artillerie, consulte sa carte d'état-major sans répondre. Le marin, matois, l'épie.

— Bon, décide le patron de toutes les troupes du secteur de Geryville après quelques secondes de réflexion, on va y aller...

Champierre apprécie la décision courageuse.

— Avec les hélicos, expose-t-il, je suis sur eux dans moins d'une demi-heure...

La guerre reprend possession du secteur désertique. Le colonel de Geryville met une compagnie portée du 2e R.E.I., commandée par le capitaine Danguy des Déserts, en alerte. Des avions de chasse T.28, qui ont remplacé les vieux T.6 jaunes, prennent l'air comme au temps des grands combats. Jaubert embarque dans les Sikorsky de la 32 F. L'hélicoptère canon précède le vol d'assaut.

— Allez-y tout de même sur la pointe des pieds, conseille le colonel qui a donné l'autorisation d'action.

Le marin promet, et rejoint en jeep ses sticks impatients de voler vers la katiba qui déborde sur les privilèges qu'elle a gagnés sur le tapis vert des négociations.

Les hélicoptères de l'Aéronavale, qui agissent sous les ordres du lieutenant de vaisseau Debaeker, tournent bientôt au-dessus de dizaines de rhaïmas qui ressemblent, vues du ciel, à un immense troupeau de dromadaires baraqués.

Champierre scrute de son Alouette III la zone à investir.

— Pourvu qu'ils bougent, espère-t-il en lançant l'hélicoptère canon au ras du regroupement.

Le paysage demeure inanimé pendant de longues minutes. Les commandos commencent à craindre qu'on ne les pose pas. Soudain, une demi-douzaine d'hommes en djellabas surgissent des tentes basses. Ils courent en direction des hauteurs qui dominent le village vers le nord.

— Les fells, jubile le pacha de Jaubert, ils foutent le camp...

Et il donne l'ordre aux pilotes de déposer leurs sticks. Les suspects se défont tout en courant des djellabas qui recouvrent leurs tenues de combat. D'autres rebelles en infraction demeurent au milieu de la population apeurée du gros village de tentes. Champierre renonce à faire donner le canon de la 32 F, pour ne pas risquer de tuer des musulmans innocents. Ses commandos piétinent le sable à foulées rageuses. Les rebelles ouvrent le feu les premiers. Un béret-vert, le matelot Reicher, demeure étendu au sol à quelques mètres seulement de l'endroit où les hélicoptères ont largué les premiers sticks. Son sang coule. Les plus anciens baroudeurs du commando retrouvent en quelques secondes leurs automatismes des grands affrontements des années passées. Ils entraînent irrésistiblement leurs plus jeunes compagnons à la poursuite de l'ennemi. Champierre de Villeneuve vit avec passion ce qu'il devine être son dernier combat en Algérie. Robelin, un de ses quartiers-maîtres se crispe au sol. L'officier de Marine ameute la compagnie Danguy des Déserts qui arrive en camion à la rescousse. Un message radio lui annonce que le colonel de Geryville désire se rendre sur les lieux de l'accrochage qui tourne au combat en règle. Le marin lui dépêche son Alouette III.

— Commandant, lui apprend aussitôt après le départ de l'hélicoptère léger l'enseigne de vaisseau Raguet, un grand officier très maigre qui commande la première section du commando, il y a une pièce de F.M. qui fout le camp sur ma droite...

Champierre étudie le champ de bataille désolé à la jumelle. Il retrouve soudain la façon de parler de ses ancêtres de haute race.

— Courez au cul d'icelui, ordonne-t-il à l'enseigne au profil d'aigle, et me le ramenez...

Raguet s'exécute. Il se lance à la poursuite du fusil-mitrailleur dont les servants tentent de gagner l'abri des hauteurs du plateau résonnant de coups de feu.

Deux autres commandos, Miossec et Robineau souffrent tour à tour du feu rebelle. Champierre estime que la population du regroupement ne risque plus rien. Il fait donner l'hélico canon. Le rythme lent des rafales de 20 mm de l'Aéronavale ajoute au vacarme de l'engagement. Des rebelles tombent. Leurs compagnons les empoignent et les entraînent dans leur fuite. L'Alouette III dépêchée à Geryville se pose au ras des rhaïmas de laine brune. Le colonel d'artillerie en descend. Champierre, l'œil vif, l'accueille et lui explique à mots précis le déroulement de ses actions.

— Il ne me reste plus qu'à coincer ceux qui protègent le repli de leurs compagnons, conclut-il, et cela ne va pas nous demander longtemps...

L'affaire a pris des proportions qui dépassent de loin la simple intervention de maintien de l'ordre. Le colonel fronce les sourcils. Champierre s'éloigne de lui pour lancer son dernier assaut. Les rafales lui parviennent en écho du plus loin des engagements.

— C'est Raguet qui entreprend ses fells au F.M., se dit-il, il va les avoir...

Quelques rebelles aux abois réussissent à revenir dans les rhaïmas pour y chercher la protection des femmes et des enfants. Les commandos déchaînés retiennent leurs rafales. Le feu meurt peu à peu. Raguet revient vers Champierre et se fige à deux mètres de lui. Ses yeux brillent de contentement. Un de ses voltigeurs porte fièrement le fusil-mitrailleur Bar qu'il a arraché à l'ennemi défait. Champierre sourit en étirant légèrement ses lèvres fines.

Un H.S.S. se pose de l'Alouette. Des bérets-verts hissent dans ses flancs leurs trois blessés et la dépouille inerte de Reicher. Le calme s'abat sur les rhaïmas après l'envol du Sikorsky. Les commandos dénombrent vingt-sept cadavres rebelles. Ils ont vécu, trois ans jour pour jour après le combat du Bou Amoud, les derniers feux de leur guerre d'Algérie.

Ils rentrent au camp de Geryville. Robelin meurt quelques heures après, dernier maillon de la longue chaîne des cinquante-cinq commandos Marine tombés depuis 1955 sur les djebels en feu.

CE QU'ILS SONT DEVENUS

Richard, le pacha passionné de Jaubert, puis du groupement des commandos, a terminé sa carrière au grade de capitaine de vaisseau. Guillerm, son solide adjudant de compagnie à Jaubert, a atteint le grade d'officier principal des équipages. Charles Alefsen de Boisredon d'Assier est haut fonctionnaire dans un organisme humanitaire international. Le Catalan, Maurice Montjaux, a servi après Jaubert au commando de supplétifs créé par Delayen, il est mort stupidement d'un banal accident de la route dans les années 70. Costagliola, le remplaçant de Richard à Jaubert et premier pacha du groupement des commandos en Algérie, a fini sa carrière au grade de contre-amiral. Fossat a longtemps fait partie des nageurs de combat du commando Hubert. Capitaine de frégate, il commandait il y a peu de temps l'école des fusiliers marins de Lorient. Bonnot, le frère de guerre de Fleury, est premier-maître de réserve, il vit près de Toulon. Médina, La Bohème, a longtemps servi dans la Gendarmerie. Il vit à Epinal, sa ville natale. Caroff, un des rescapés de Ninh Binh, vit en famille près de Toulon, tout comme Pierre Pihan, le Quintal, qui a fait l'objet du livre *le Commando*. L'officier des équipages Saerens a fini sa longue carrière à cinq galons. Fuzeau, qui commandait le commando du centre Siroco, est actuellement préfet maritime à Cherbourg. Aubry, dit Picpus, est maire d'un bourg d'Ille-et-Vilaine. Salaun est toujours dans la Marine, il a longtemps servi comme nageur de combat au commando Hubert sans aucun souci de carrière. Philibert Boutier vient de prendre sa retraite pour vivre dans sa Bourgogne natale. William Godier est mort dans un accident de la route, comme le Catalan. L'Helgouach, l'adjudant de compagnie du commando De Penfentenyo, a atteint le grade d'officier des équipages en chef. Ancher, le premier blessé de l'affaire de l'oued Bou Kiou, sert dans les C.R.S. en Lorraine. Leresteux s'est retiré près de Dinard. Omphalius, le miraculé du combat du 5 juillet 1959, est garde du polygone de tir de la pointe de Grave. Le Guen est officier de police. Georges Le Lann travaille en Bretagne aux Affaires maritimes. Desprez, qui a vu mourir le lieutenant de vaisseau Scheidauer sur le *Bou Lherfad*, sert encore dans la Marine comme officier spécialisé. Bourven a terminé sa carrière exemplaire au grade d'officier principal des équipages, comme Guillerm qu'il avait remplacé à Jaubert. Jean Carré, qui a perdu la vue dans l'oued Sebdou, a maintenant six filles, et exerce la profession de kinésithérapeute à Plouay. Pierre Barret, le vainqueur de Zacharia est aujourd'hui a la tête d'Europe 1. Raguet, qui a enlevé le dernier fusil-mitrailleur de la guerre des commandos en Algérie à la katiba 533, a commandé plus tard l'école des fusiliers marins de Lorient et poursuit sa carrière dans la Marine. Bonbon, le second de Sulpis à De Montfort, est maintenant contre-amiral, et Le Deuff, qui n'a pratiquement jamais quitté les commandos, a été, il y a peu de temps, le premier commandant de tous les fusiliers marins sous le vocable de Cofusma. Quant au quartier-maître Fleury, il écrit.

TABLE

L'impression de ce livre
a été réalisée sur les presses
des Imprimeries Aubin
à Poitiers/Ligugé

pour les Éditions Grasset

Achevé d'imprimer en octobre 1985
N° d'édition, 6806 — N° d'impression, L 20602
Dépôt légal, octobre 1985

Composition : Eurocomposition à Paris

ISBN 2-246-35371-8

Imprimé en France